Komm dir näher

Titel der Originalausgabe:
Come closer
© 2006 by Chameli Gad Ardagh
Published by Self X Press, Grass Valley, CA

Chameli Gad Ardagh:
Komm dir näher
Projektkoordination:
Marianne Nentwig
© J. Kamphausen Mediengruppe
GmbH, Bielefeld 2008
info@j-kamphausen.de

Übersetzung: Elfriede Ammann
Lektorat: Adele Gerdes
Typografie/Satz: Wilfried Klei
Umschlag-Gestaltung:
Shivananda Heinz Ackermann
Druck & Verarbeitung:
CPI – Clausen & Bosse, Leck

www.weltinnenraum.de

5. Auflage 2014

Bibliografische Information der Deutschen Nationalbibliothek

Die Deutsche Nationalbibliothek verzeichnet diese
Publikation in der Deutschen Nationalbibliografie;
detaillierte bibliografische Daten sind im Internet
über **http://dnb.d-nb.de** abrufbar.

ISBN 978-3-89901-131-9

Mehr Bäume.
Weniger CO$_2$.
www.cpibooks.de/klimaneutral

Chameli Gad Ardagh

Komm dir näher

...und l(i)ebe
deine tiefste
Sehnsucht

TEIL 2: DAS ZUSAMMENSPIEL

TEIL 3: DAS ERWEITERTE HERZ

Einleitung

Die tiefste Sehnsucht

*Weiterentwicklung ist nur durch Sehnsucht möglich.
Und wie der Pfad der Entfaltung unendlich ist, so sollte
die Sehnsucht unendlich sein. Also wird die Sehnsucht
an sich zu einem Ausdruck des Unendlichen – erstrebens-
wert um ihrer selbst willen. Aus diesem Grund besingen
die Mystiker die Sehnsucht. Ein anderes Wort für Sehnsucht ist Liebe.*[1]

IRINA TWEEDIE

Was ist deine tiefste Sehnsucht?

Was ist das für ein Ruf in deinem Herzen, der dich in kalten
Winternächten in das Kaminfeuer starren lässt und – sobald der
Wind im Frühling umschlägt – unwillkürliche Freudensprünge machen lässt? Jenes Sehnen, das alle anderen Wünsche aufzehrt, die
Flamme in deinem Herzen, die dich in Bewegung hält? Wenn du
ein Leben ohne jede Zerstreuung führen könntest, was würde dich
anspornen, am Morgen aufzustehen?

Diese Frage habe ich Frauen auf der ganzen Welt gestellt, und
ich stelle sie immer wieder an mich selbst. Ich habe entdeckt: Außerordentlich viele Frauen setzen das herab, was sie in tiefstem
Herzen für das Wesentliche halten. Das passiert in zahllosen verschiedensten Situationen, die wir in diesem Buch näher betrachten
werden. Doch der Hauptgrund dafür, unsere tiefste Sehnsucht zu
verraten, ist: Wir haben sie nicht wirklich gründlich erkundet.

Ich unterscheide zwischen Verlangen und Sehnsucht. Aus meiner Sicht ist Verlangen der Wunsch, etwas Fehlendes zu erlangen;

es ist jener Impuls, der uns die Erfüllung im Außen suchen lässt. Spreche ich hingegen von Sehnsucht, beziehe ich mich auf ein intuitives Erkennen, ein ursprüngliches Erinnern des Lebens in seinem unmittelbarsten Ausdruck. Wir sehnen uns danach, tiefer in dem zu ruhen, was bereits da ist.

Wir verlangen nach einer vollkommenen Beziehung, während sich unser tiefes Sehnen auf eine echte liebende Bindung richtet. Wir verlangen nach Bestätigung, während unser tiefes Sehnen in der Vollkommenheit von allem verweilen möchte.

Selten allerdings halten wir inne, um uns zu fragen, wohin uns unsere tief gründende Sehnsucht ruft. Betrachten wir jene Ziele näher, denen wir in den westlichen Gesellschaften kollektiv nachjagen, könnten die Antworten auf diese Frage möglicherweise so ausfallen:

- mehr Geld zu verdienen,
- befördert zu werden,
- ein größeres Haus zu haben,
- Beziehungen zu führen, wie sie in Kinofilmen dargestellt werden,
- cleverer als alle anderen zu sein,
- so schlank wie nur möglich zu sein.

Wir leben in diesem Hamsterrad, immer „mehr" zu erwerben und ein „besseres Ich" zu finden – sofern wir uns nicht die Zeit nehmen, innezuhalten und jene tiefere Sehnsucht zu ergründen, die den uns antreibenden Wünschen zugrunde liegt.

Manchmal zwingt uns das Leben dazu, anzuhalten. Das kann bei Verlusten, bei Krankheiten oder bei einem finanziellen Ruin geschehen – in solchen Momenten legt das Leben uns nahe, zu erwachen und unsere Lebensweise zu hinterfragen. Möglicherweise ist es uns schon in jungen Jahren nie wirklich gelungen, die Leere aufzufüllen, von der jene Werte widerhallen, die unser Leben gestalten. Ich hatte schon als Kind den Verdacht, „das kann es nicht sein", und ich suchte nach erfüllenderen Lebensweisen. Das brachte mich – wie viele andere auch – schließlich dazu, mich der Spiritualität als Alternative zuzuwenden. Spirituelle Lehren und Lehrer berühren jenen Teil in uns, der weiß: „Es muss noch mehr geben als das." Und das gibt uns andere erstrebenswerte Werte und Ziele vor. Mir erschien diese Alternative umfassender und befriedigender als der ausgesprochen materialistische Ansatz, und ich nahm also diese Lehren als ausdrückliche Wahrheit an, doch ich unterließ es, die Essenz meiner Sehnsucht unmittelbar für mich selbst zu ergründen. Wenn wir uns näher mit den „Zielen" der unterschiedlichen spirituellen Lehren beschäftigen – die viele von uns zu erfüllen versuchen –, liegt die Annahme nahe, dass unsere Sehnsucht dahin geht,

- dass das Leben eines Tages vollständig still ist,
- dass wir erlöst werden,
- dass wir unseren Emotionen, unseren Gedanken und unserem Körper entwachsen,
- dass wir ganz aufhören, insbesondere „negative" körperliche Empfindungen und Gefühle zu haben.

Diese Liste ist offensichtlich überaus grob verallgemeinernd. Indessen sind diese Punkte meiner Erfahrung nach kennzeichnend für eine weit verbreitete Auslegung dessen, worum es bei der Spiritualität eigentlich geht. Um meine Sichtweise zu verdeutlichen, stelle ich nun kurz einige Stationen meines eigenen spirituellen Weges dar.

Meine Reise zu einer weiblicheren Spiritualität

Ich hatte mich jahrelang mit östlichen spirituellen Lehren beschäftigt, die viele der oben aufgelisteten Werte hervorhoben. In meinem leidenschaftlichen Sehnen nach dem Göttlichen unterwarf ich mich – ebenso nachdrücklich wie entschlossen – den spirituellen Dogmen, die ich mittlerweile als unausgewogen männlich wahrnehme. Nicht nur, dass all unsere größeren Religionen von Männern gegründet wurden – sie wurden auch meist von Männern ausgeübt und daher durch sie gestaltet. Obwohl diese Religionen und spirituellen Lehren außerordentliche Klarheit und Weisheit bergen, sind die weiblichen Prinzipien in ihnen noch nicht integriert beziehungsweise nicht einmal gern gesehen; deshalb sind ihre Lehrinhalte unausgewogen. Als Frau habe ich das als Kampf gegen meine eigene Natur erlebt. Doch aus Mangel an irgendwelchen Alternativen übernahm ich diese Werte im Interesse einer spirituellen Reife; ich ignorierte einfach die schlichte Weisheit meiner ursprünglichen Sehnsucht.

Meine Lebensweise war zielorientiert und zurückgezogen. Gefühle oder gar Kinder zu haben, galt als hinderlich auf dem Weg zur Wahrheit. Das ging soweit, dass ich schließlich glaubte, das Göttliche sei nur dann zu verwirklichen, wenn man sich vom gewöhnlichen Leben abspalte. Über viele Jahre zog ich nicht einmal die Tatsache in Betracht, all diese spirituellen Konzepte könnten überwiegend männlich geprägte Deutungen unseres Verhältnisses zum Göttlichen sein. Ich glaubte an diese Denkmodelle, als seien sie die göttliche Wahrheit – statt innezuhalten, um darüber nachzudenken, dass Männer und Frauen ihrem Wesen nach verschiedene Ansätze haben, um Spiritualität zu erfahren, und dass wir, wenn wir sowohl das Weibliche als auch das Männliche ehren, in eine Spiritualität hineinwachsen können, die gesünder, ganzheitlicher und einbeziehender ist, als wir sie seit sehr langer Zeit auf der Erde gesehen haben.

Über eine einbeziehendere Spiritualität begann ich nachzusinnen, als ich zum ersten Mal einer weiblichen spirituellen Lehrerin, ShantiMayi, begegnete. Eines Wintermorgens, während eines Zusammenstoßes mit ihrem radikalen, doch ganz schlichten Verständnis von Liebe, küsste mich die wundersame Einfachheit des Lebens sanft auf die Stirn, und ich purzelte aus jenem Hamsterrad, in dem ich permanent nach einer in der Zukunft liegenden Erleuchtung suchte. Es war ein klarer Tag, und ein warmer Wind zog ins Tal herauf. Die Silhouette des Gebirges zeichnete sich scharf gegen den Himmel ab, nachdem der Nachtregen die Luft gereinigt hatte. Der Ganges war über seine Ufer getreten. Ich saß mit ShantiMayi und ungefähr zwanzig anderen Schülern in einem kleinen Tempel mit großen Fenstern, die den Blick auf die großartige Natur freigaben. Die Luft war mit Räucherduft und dem Klang des Gayatri-Mantras geschwängert – ein Gebet für das Erwachen aller zu ihrem wahren Wesen jenseits des persönlichen Ichs.

Als ich mich vollständig in diesem Lied, in diesem Chant, in diesem Gebet für uns alle auflöste, hatte ich wahrlich kein Empfinden eines getrennten Ichs mehr; ich wurde das Gebet, ein Gebet für jeden. Es fehlte an nichts.

Auf meiner Suche nach Erleuchtung war ich im Gefolge von verschiedenen Lehrern nach Indien und an andere Orte gereist und hatte allerlei Methoden praktiziert. Ich hatte zahlreiche spirituelle Erfahrungen gemacht und Öffnungen des Geistes erlebt, doch da ich gebannt war von der Vorstellung, wie die Erleuchtung auszusehen hatte, war ich bereit, erneut den anstrengenden Aufstieg zu etwas mehr anzutreten. Ich war entschlossen, das endgültige Gefühl der Leere zu erlangen – jenen Zustand, in dem jedweder menschliche Ausdruck schwinden würde. Diese Suche hatte mich letztlich dazu geführt, mich den ganzen Tag mit *meinem* Prozess, mit *meinem* persönlichen Wachstum, mit *meiner* eigenen Erleuchtung zu beschäftigen.

Einfach am Fuß des Himalaya zu sitzen und für das Erwachen aller Menschen zu singen, war die schiere Freiheit. Ich kümmerte mich nicht mehr darum, irgendetwas loszuwerden oder irgendein Ziel zu erreichen. Es war eine reine Liebesäußerung, die meine Identifikation mit mir selbst vollständig auflöste. Ich erkannte: Der Vorsatz, etwas zu erreichen, unterschied sich gänzlich von der tiefen Gegenwärtigkeit, die ich nun erlebte. Und ich erkannte: Der weibliche Aspekt der Empfänglichkeit ist entscheidend dafür, das Geschenk zu erhalten, zu erfahren, wer wir bereits sind.

Seit jenem Tag habe ich nie bezweifelt, dass ich Liebe bin, dass wir Liebe sind, zu jeder Zeit, und dass es in der Gesamtheit der

Existenz nichts Wichtigeres für mich gibt, als dem Leben die Gelegenheit zu bieten, ein Ausdruck von Liebe zu sein. Ich habe eine greifbare Intuition von der Möglichkeit, diese Liebe vollständig zu verkörpern und auf bodenständige, praktische Art ein wahres Geschenk für die Erde zu sein. Nicht im Sinne eines Konzepts, sondern als Liebe, welche die Menschen für sich selbst empfinden können. Nicht um dem Leben zu entfliehen, sondern um ganz darin aufzugehen und der Liebe zu ermöglichen, sich konkret – durch diesen Körper und diese Gefühle – im Alltag, im täglichen Leben zum Ausdruck zu bringen.

Um diese Erkenntnis unverfälscht zu verwirklichen, zu erhalten und zu vertiefen, ist es mir ein Bedürfnis, sie in einer Weise anzuwenden, die mir hilft, jene Mechanismen zu erkennen, die der Liebe entgegenwirken, und jene Punkte wahrzunehmen, wo ich mich mit Unwesentlichem identifiziere und mich aufreibe. In diesem Buch werde ich die Anwendungen beschreiben, die mich und andere Frauen dabei unterstützt haben, ein Leben zu erkunden, das auf Spontaneität und Kreativität beruht und dem Körper ermöglicht, ein größeres Maß dieser Präsenz, dieser tieferen Liebe, auszustrahlen.

Die von mir entdeckten Praktiken unterscheiden sich beträchtlich von jenen, die meine männlichen Lehrer aus dem Osten mir beibrachten. Obgleich ich immer noch täglich eine Weile lang still dasitze, ruht das Hauptgewicht meiner spirituellen Praxis heute auf dem Ausdruck, dem Gebet und der Vertiefung mit anderen Frauen, auf meiner Ehe und Familie, darauf, dass ich mich mit liebevoller Präsenz rückhaltlos ins Leben einbringe. Ich praktiziere nicht, um in der Zukunft eine Auszeichnung dafür zu erhalten. Ich praktiziere, um im Hier und Jetzt für eine noch größere Liebe empfänglich zu werden.

Eine inbegriffene Spiritualität

Das Weibliche in jedem Menschen ist die Fähigkeit, ganz und gar im Augenblick zu leben und das gesamte Spektrum des Lebens mit all seinen Farben, Gerüchen und Gefühlen, seinem Gebären und Sterben zu genießen. Das erwachte Weibliche – als ein Aspekt, der sowohl in Männern als auch in Frauen vorhanden ist – lacht über die Vorstellung eines künftigen Zustands der Erleuchtung, betrachtet sie lediglich als intellektuelles Konstrukt. Es stellt die Frage: *„Haben wir wirklich Zeit, es aufzuschieben, unsere Liebe im Herzen zu leben?"*

Überall auf der Welt erwachen die Frauen. Und jede von uns löst sich auf ihre eigene Weise von den veralteten Dogmen, um der Wahrheit näher zu kommen. Was hat es mit dieser Sehnsucht im Inneren auf sich? Entspricht das, was dir als Erstrebenswertes dargestellt wurde, wirklich dem, wonach sich dein Herz zutiefst sehnt? Das Herz ist authentisch; seine Weisheit vermag uns Hoffnung zu verleihen auf ein besseres Leben auf unserer Erde. Schau nach innen, und möglicherweise wirst du – wie ich und Hunderte anderer Frauen, mit denen ich gemeinsam geforscht habe – herausfinden, dass du folgende Sehnsüchte hegst:

- deine wahren Anlagen auszudrücken,
- das Leben willkommen zu heißen,
- vollständig gegenwärtig und offen für die Ganzheit des Lebens zu sein,
- einfach und natürlich zu leben,
- ohne Abwehr zu leben,
- alles zu fühlen,
- sich verbunden zu fühlen,
- sich der Einheit hinzugeben,
- in jedem Aspekt deines Wesens vollständig geliebt und angenommen zu werden,
- zu lieben,
- Liebe zu sein.

Wenn wir uns der Einfachheit des Herzens umfassend verwirklichend verpflichten, findet eine tief greifende Veränderung unserer Spiritualität statt. Wir trachten nicht mehr danach, unser Leben „zu transzendieren", sondern vielmehr danach, im Körper zu sein und uns – jetzt und hier inmitten von allem – einem multidimensionalen Leben zu öffnen. Dann erkennen wir: Unsere Vorstellungen hinsichtlich eines künftigen Zustands der Vollkommenheit halten uns davon ab, uns der Vollkommenheit, die schon jetzt gegenwärtig ist, offen hinzugeben. Wir spüren das Leiden, das jeder Form von Dualität innewohnt, und atmen allmählich in den Körper hinein, indem wir das menschliche Leben als Gelegenheit willkommen heißen, die Liebe auf handfeste Weise zu erkunden. Dieser Wandel gebiert die ganzheitliche Spiritualität. In *Komm näher* beschreibe ich meine eigenen Erfahrungen und die Geschichten, die mir andere Frauen erzählt haben, und stelle Anwendungsmöglichkeiten vor, die hilfreich sind, um diesen Prozess zu umarmen.

Bei Einkehrtagen und in Seminaren, bei individuellen Begegnungen und in Weisheitszirkeln hatte ich die Ehre, viele bemerkenswerte Frauen aus der ganzen Welt kennenzulernen und mit ihnen zu ergründen, wie ein Leben aussehen kann, in dem unsere tiefste Sehnsucht Achtung erfährt. Wir haben untersucht, wie unbelastet sich das Leben jenseits der vom Verstand geprägten Konzepte und Vergleiche darbietet. Diese Frauen und ich haben erforscht, wie wir miteinander und mit dem Leben sein können, wenn wir uns körperlich entspannen, uns öffnen und uns dem Gefühl des Augenblicks voll und ganz hingeben. Wir waren bereit, freimütig Angewohnheiten aufs Korn zu nehmen, die das Weibliche verzerrt haben, wie beispielsweise zu rivalisieren, zu verurteilen, zu klatschen, herabzuwürdigen, zu beschuldigen, in gefühlsduseligen Dramen zu schwelgen. Und wir sahen uns gezwungen, uns immer wieder von den geschlechtspezifischen Stereotypen abzukoppeln, die uns allesamt einschränken. Diese Weisheit ist zum Vorschein gekommen dank der Bekenntnisse vieler Frauen. Und heute bin ich in der Lage, sie wiederum dir mitzuteilen.

Das Männliche – das Weibliche

Einige behaupten, Mann und Frau könnten von verschiedenen Planeten stammen; andere wiederum erklären, dass wir uns jenseits unserer kulturellen Konditionierung fast überhaupt nicht voneinander unterscheiden. Diese Diskussion werde ich hier nicht vertiefen; ich denke jedoch, wir können darin übereinstimmen, dass wir alle multidimensionale Wesen mit einer beeindruckenden Vielfalt von Charaktereigenschaften und Talenten sind. Wenn wir sorgsam auf unser Inneres hören, können wir den Ruf nach einer Spiritualität vernehmen, die sowohl die männliche als auch die weibliche Seite umarmt. Wir haben als Männer und als Frauen beide Aspekte in uns. Die weiblichen Qualitäten, die zur Umgestaltung unserer Welt so dringend gebraucht werden, stehen gewiss nicht nur Frauen zur Verfügung, sondern sind auch ein wesentlicher Aspekt eines jeden Mannes. Eigenschaften, die ich als weiblich bezeichnen würde, sind beispielsweise: nährend, umfangend und gefühlvoll zu sein; im Augenblick zu sein; im Fluss zu sein; mitfühlend, rund, strahlend, weich, fürsorglich, spielerisch, nachgiebig, leidenschaftlich, empfänglich zu sein; Erdhaftigkeit, Körperlichkeit, bildhafte und kinästhetische Wahrnehmung. Eigenschaften, die ich als männlich bezeichnen würde, sind beispielsweise: zweckmäßig, durchdringend, konzentriert, linear, anleitend, präsent, zuversichtlich, rivalisierend, entschieden, visionär, ideenreich, transzendent. (Natürlich gibt es viel mehr als die hier genannten Aspekte in uns. Gestatte es dir, einigen meiner Vorschläge nicht zuzustimmen.)

Selbst wenn Frauen häufiger (doch keineswegs immer) weibliche Aspekte verkörpern und sich darin eher zu Hause fühlen und für Männer dasselbe eher bei männlichen Aspekten zutrifft, verfügen wir alle über Aspekte der genannten Eigenschaften. Die Frage, ob aufgrund von Konditionierungen und kulturellen Erwartungen oder aufgrund von biologischen Gegebenheiten, ist wohl noch ungeklärt.

Wenn wir den Blick auf die komplette Existenz ausdehnen, können wir die gesamte Welt als Manifestation des weiblichen Prinzips betrachten, das fortwährend vom männlichen, nicht realisierten Bewusstsein durchdrungen wird. In Indien bezeichnet man dies als den Tanz von Shiva und Shakti – das göttlich Weibliche und das göttlich Männliche –, und im Taoismus spricht man vom Gleichgewicht zwischen Yin und Yang.

Das Eine kann nicht ohne das Andere existieren, da es sich um Aspekte einer Ganzheit handelt. Und uns bietet sich nun die Gelegenheit, das Männliche und das Weibliche im eigenen Leben auszugleichen. Ich glaube, dass der Prozess, die Tiefe der weiblichen Dimensionen auszuloten und zu erneuern, zunächst von den Frauen erfüllt werden muss, da wir diejenigen sind, die den Verlust des Weiblichen am dringlichsten spüren – wenngleich er prinzipiell sowohl in Männern als auch in Frauen stattfinden muss. Diese Dringlichkeit wird uns gelegen kommen, wenn wir feststellen, wir wandern ohne Landkarte, die uns den Weg weisen könnte, durch vergessene Gebiete.

Ich glaube, dass das Weibliche am besten gemeinsam mit anderen Frauen zurückgewonnen werden kann. Manchmal nenne ich die Arbeit, die wir miteinander leisten, Genesungsarbeit – Genesung von spirituellen Konzepten und von dem ausgeprägten Ungleichgewicht zugunsten des Männlichen, mit dem wir schon so lange gelebt haben. Wenn wir Frauen einander treffen und die innewohnende Weisheit der Mutter Gottes, das erwachte Weibliche, in einander erkennen, schöpfen wir wieder Vertrauen in die Weisheit unserer tiefsten Sehnsucht. Der Einfachheit des Herzens treu bleibend, beobachten und lernen wir von dem sorgfältig ausgewogenen Gleichgewicht in der Natur, wo das Männliche und das Weibliche nicht voneinander zu trennen sind. Einzig dank der verzerrten Wahrnehmung unseres Verstandes haben wir es geschafft, das Eine über das Andere zu stellen.

Umfangen vom weiblich Göttlichen

Die Achtung der Weisheit des heiligen Weiblichen erfordert nicht etwa, irgendeiner Sekte oder Religion beizutreten. Wir müssen uns weder in einer bestimmten Weise kleiden oder bewegen, noch bestimmte Regeln oder Dogmen befolgen. Das heilige Weibliche wohnt nicht in einem Buch oder einem Tempel. Es ist ja im Ausdruck des Lebens an sich gegenwärtig. Möglicherweise vollführst du deinen täglichen Tanz auf Stöckelschuhen entlang der Wall Street, barfuß im Wald, allein in deinem Künstlerstudio oder unter krakeelenden Kindern in der Küche. Wo auch immer du dich aufhältst – die Weisheit des Weiblichen steht dir in jedem Augenblick zur Verfügung.

Glücklicherweise stand die heilige Matrix des Lebens dem Weiblichen stets zur Seite, trotz der Zeitspannen von Unterdrückung und einschüchternder Propaganda. Zeitweilig wurde den Frauen eingeredet, ihre natürliche Weisheit, ihre Verbindung zur Erde und der weibliche Leib seien Werke des Teufels. Zu anderen Zeiten wurde uns sogar eingeredet, spirituelle Freiheit sei nur für Männer vorgesehen und alles, was wir als erhaben betrachten, sei lediglich Zerstreuung.

Einige von uns wurden angewiesen, sich entweder für eine Familie oder ein spirituelles Leben zu entscheiden – und ihnen wurde beigebracht, das abstrakte Prinzip sei wertvoller als konkrete, verschiedenartige Erscheinungsformen. „Sei auf der Hut! Das Fleisch wird dich vom rechten Weg abbringen." Andere haben sich bloß zu stark verzettelt, indem sie versuchten, für alle da zu sein, und verzweifelt zwischen selbstgemachten Muffins und Vorstandssitzungen umhereilten. Nachts im Bett – mit dem Gefühl, als ob unser Herz sich zur Faust balle – haben wir Gebete in die Dunkelheit geflüstert, darum gebetet, ein bisschen Zeit zu haben, um nach innen zu lauschen. Währenddessen lächelte die weibliche Seele hinter ihrem Schleier und hütete ihre Schätze – in Erwartung jener Zeit, in der sie wahrlich gesehen werden würden.

Das heilige Weibliche erkennen wir in den funkelnden Augen einer Frau, in der Fürsorge für jene, die wir lieben, in der Empörung gegen Ungerechtigkeit und in der bedingungslosen Liebe für alles. Es ist sowohl in den schwingenden Hüften und im Bauchgelächter anwesend als auch in der abgrundtiefen Trauer um unschuldige Kinder, die missbraucht und verletzt worden sind. Es ist in dem zarten Kuss, der auf dem Nacken des Geliebten landet, in dem klopfenden Herzen, das gerade genügend Vertrauen aufbringt, sich selbst zu offenbaren. Es ist in tobenden Stürmen und im kühlen Herbstmorgen.

Es ist in der Tiefe deiner Sehnsucht, in der stillenden Brust, in moderndem Laub und in der Stimme, die die Wahrheit flüstert. Es schüttelt dich, wenn du dich beschämen lässt, und tanzt dich in Ekstase; die Göttin ist alles: jede Form, wild und bunt, tief und fortwährend ihre Gestalt wandelnd. Sie ist die Stimme, die sich vor allem für die Liebe entscheidet, während sie nichts ausschließt.

Das Leben als Lehrer

Eine weiblich bestimmte Spiritualität öffnet uns dafür, wertvolle Lektionen nicht nur aus Büchern oder von Lehrern, sondern direkt vom Leben zu lernen. Das Weibliche lehrt uns, unsere Gewohnheit zu durchschauen, „Weltliches" vom „Spirituellen" zu trennen. Aus seiner Sicht ist jede Dimension des Lebens ein Teil des gleichen Geistes. Unsere spirituellen Konzepte wandeln sich zu einer greifbaren, verkörperten Liebe.

In diesem Buch denken wir darüber nach, inwiefern die größte spirituelle Lehre darin liegen kann, alle Aspekte des Lebens zu umarmen, einschließlich der Beziehung zu unseren Intimpartnern, Freunden, Familienangehörigen, zur Erde und zu uns selbst. Das Buch ist in drei Teile aufgeteilt. Der erste behandelt die Verkörperung der Spiritualität, der zweite beschäftigt sich mit dem zwischenmenschlichen Austausch, und der dritte konzentriert sich darauf, wie wir unsere Herzensregungen äußern können.

Übungen

Gegen Ende eines jeden Kapitels gibt es einen Abschnitt mit Übungen. Dort sind Anwendungsmöglichkeiten zu finden, die es dir erleichtern, auf deiner Forschungsreise noch tiefer zu den Wurzeln des Weiblichen vorzudringen. Die Übungen unterstützen dich darin, dich mit dem göttlich Weiblichen vertraut zu machen und überdies allmählich deinen einzigartigen Stil zu verkörpern, der durch dich zum Ausdruck kommt. Diese Übungen eignen sich hervorragend, um sie mit einer Gruppe von Frauen auszuführen, doch die meisten lassen sich auch allein durchführen.

Komm dir näher

Am Ende jedes Kapitels wirst du mithilfe einer geführten Meditation dazu eingeladen, dich deiner eigenen Gegenwärtigkeit zu nähern. Bei diesen Meditationen kannst du die speziellen „Lehrer", die in dem Kapitel vorgestellt wurden (wie beispielsweise *der Körper* oder *das Mitgefühl*), auf unmittelbare Weise erfahren.

Wenn du den Abschnitt *Komm dir näher* liest, wirst du gebeten, deine Augen zu schließen und eine Weile lang innezuhalten. Stelle dir vor, jede Meditation würde dich einladen, diesem Augenblick und deinem eigenen Wesen näher zu kommen. Nach einigen Minuten kannst du weiter lesen – nachdem du nun gelöster und tiefer mit deiner eigenen Essenz verbunden bist.

Möge dieses Buch dazu dienen, den Geist des Weiblichen in dir zu würdigen und zu erwecken. Möge es die heilende Macht nähren, nach der unsere Mutter Erde ruft, damit wir wieder im Gleichgewicht und im Frieden des Herzens leben können. Obwohl ich dieses Buch vorwiegend für Frauen geschrieben habe, fühle ich mich geehrt, wenn auch Männer es lesenswert finden.

Während du die Seiten durchblätterst, wirst du eingeladen, dein Inneres zu umkreisen, um die Weisheit deines Herzens wiederzubeleben – statt dich auf einen linearen Prozess des Verstehens einzulassen, bei dem du mit intellektuellen Standpunkten konfrontiert wirst. Von Anbeginn der Zeit trafen sich Frauen überall auf dem Globus in erhabenen Zirkeln. Umfangen zu sein vom Kreis, sättigte und erinnerte uns an unsere Weisheit und Macht. Der Kreis zieht uns zu unserem Kern. Mein Gebet richtet sich darauf, dass dieses Buch dich anregen möge, dich auf vielfältige Weise zu öffnen. Denn der Raum des Weiblichen wird nicht nur betreten, indem man den Intellekt transzendiert. Er ist zutiefst fühlbar und dies wird – obwohl es dem analytischen Verstand unverständlich bleiben mag – von unserem sehnsüchtigen Herzen stets begriffen.

TEIL 1
VERKÖRPERTE
SPIRITUALITÄT

Kapitel 1

Gegenwärtig sein:
Der Körper als Lehrer

Nach einer Kraft ... nach einer unüberwindlichen
Herzkraft ... denn die muss einmal am Menschlichen
aufgebunden sein, sonst bricht sie hoch oben, wo ihr
dann niemand mehr helfen kann, und welkt in die
Luft. [1]

RAINER MARIA RILKE

Deine Bereitschaft, gegenwärtig zu bleiben – wie dem auch sei –, ist
deine Eintrittskarte zum Abenteuer der weiblichen Praxis. Sei willkommen. Keiner verlangt von dir, dich zu vervollkommnen, zu verbessern oder zu verändern. Lediglich deine Bereitschaft, anwesend
zu sein, ist unerlässlich, und die Reichhaltigkeit des Lebens selbst
wird dein strengster Lehrer werden. Spirituelles Erwachen ist kein
Prozess, der auf einer Zeitschiene abläuft. All unsere Erinnerungen
an die Vergangenheit oder unsere Pläne für die Zukunft sind lediglich Gedanken, die auftauchen und verschwinden. Unsere eigene
leuchtende Präsenz ist stets genau hier und jetzt – unverfälscht und
dem Verstand unfassbar. Wir können sie nur *leben*, indem wir uns
jedem Augenblick hingeben.

Der menschliche Geist verfügt über eine außergewöhnliche
Visions- und Schaffenskraft, was jedoch, wie wir alle wissen, auch
ein Fluch sein kann, da wir dazu neigen, uns in endlosen Gedanken-
ketten zu verlieren. Ist dies der Fall, nutzen wir unsere Gedanken
nicht mehr als Werkzeug, stattdessen beherrschen sie uns; dann
zieht das Leben vorüber, ohne unsere eigene leuchtende Präsenz.
Aus diesem Grunde kann der Körper unser unnachgiebigster spiri-

tueller Lehrer sein; er ist der vollkommene Anker im Hier und Jetzt. Ob bewusst oder unbewusst – stets sind wir uns der Präsenz unseres Körpers gewahr. Deshalb beginnen wir hier – im Körper.

Unser Körper atmet und schläft, er durchlebt im Verlauf einiger kostbarer Jahre Wohlgefühle und Schmerz, und dann stirbt er. Jede Zelle im Körper ist eine ganze Welt für sich, die genetische Erinnerungen an die nächste Generation von Zellen weitergibt. Doch in ihrer innersten Essenz, an jenen Kreuzungspunkten, wo die Wissenschaftler und die Mystiker einander – ungeheuer überrascht – anstarren, finden wir nichts außer Leere. Nähmen wir uns die Zeit, auf unseren Körper zu lauschen, könnten wir feststellen, wie viel er uns über das Mysterium des Lebens zu sagen hat. Tatsächlich brauchen wir nicht weiter als in unseren Körper zu reisen, um auf das Göttliche zu stoßen.

Im Augenblick sein: Das Leben echt zu leben

Eine meiner Lieblingsfilmszenen ist aus *A Beautiful Mind – Genie und Wahnsinn*. Russell Crowe spielt John Forbes Nash, einen Nobelpreisträger für Mathematik. Im Film entdeckt Nash, dass viele seiner Freunde und einige andere umfangreiche Bereiche seines Leben nicht wirklich, sondern lediglich in seinem Verstand existieren; später wird ihm Schizophrenie attestiert. Dies ist natürlich sowohl für ihn als auch seine Frau eine tragische Botschaft. In meiner Lieblingsszene sitzen sie beide im Schlafzimmer, wo ihn seine Frau fragt: *„Möchtest du wissen, was wirklich ist?"* Sie legt seine Hand auf ihr Herz und sagt: *„Das ist real."* Als sie ihre Hand auf seinen Kopf legt, fährt sie fort: *„Vielleicht ist der Teil, der um das Erwachen aus dem Traum weiß, nicht hier."* Sodann legt sie ihre Hand auf sein Herz und sagt: *„Aber hier."*

Dieser Mann war ein mathematisches Genie, der, als er sein Problem entdeckte, selbstverständlich verzweifelt versuchte, es intellektuell zu begreifen. Je mehr er darüber nachdachte, umso mehr verirrte er sich im Dickicht seines überladenen Verstandes.

Nach Einsteins bekanntem Aphorismus lassen sich Probleme nicht auf der Bewusstseinsebene lösen, auf der sie entstanden sind. Nashs Frau zeigte ihm – und uns –, dass er sich aus seinem Verstand herausbegeben musste, um jenseits des Denkens das Wirkliche zu begreifen. Obwohl dieser Kinofilm von einem Mann handelt, der ernsthaft gestört ist, sind wir alle – in unterschiedlichem Maß – leicht von unseren Gedanken zu verführen, manchmal so sehr, dass wir die Verbindung mit der Wirklichkeit verlieren.

Einige Jahre zuvor hatte ich als Therapeutin in einer Wohneinrichtung mit suchtkranken Heranwachsenden gearbeitet. Irgendwann war die Arbeitsbelastung gigantisch. Neben den Sitzungen mit den Patienten galt es, eine Milliarde von Einzelheiten im Gedächtnis zu behalten und eine Menge Papierkram zu erledigen. Die meisten Menschen, die dort arbeiteten und lebten, hasteten wie Lemminge durch den Tag und bewegten sich permanent am Rande einer chronischen Erschöpfung. Meinen ersten Weckruf erhielt ich, als ich mit Schlüsseln in der Hand vor einer Tür stand und mich nicht erinnern konnte, wie ich dorthin gelangt war beziehungsweise was ich tun wollte, sobald ich die Tür geöffnet hatte. An jenem Tag war das bereits zum vierten Mal geschehen. Der zweite Weckruf ertönte, als ich feststellte, dass ich auf der falschen Straßenseite fuhr, nachdem ich den „irrsinnigen" Autofahrer beschimpft hatte, der mir auf der „falschen Spur" entgegenkam. Glücklicherweise geschah das auf einer Landstraße und mir begegnete kein weiterer Wagen, ehe ich wie aus einer Trance aufwachte und mit klopfendem Herzen am Straßenrand anhielt. Was war mit mir los? *„Ja, Burnout"*, sagte der Arzt. Das Heilmittel? Innehalten, atmen, sein.

Verkörperte Spiritualität

Es klingt großartig: bloß präsent sein. Wer würde sich nicht dafür entscheiden? Betrachtet man es ein wenig näher, wird ersichtlich, dass wir, um *es* zu leben, im Körper sein und die Fähigkeit entwickeln müssen, in der Gegenwart und für das Unvorhersehbare offen zu sein. Der folgende Dialog fand in einem Seminar statt, das ich zusammen mit meinem Mann Arjuna in Kalifornien leitete. Ich hatte soeben eine Gruppenmeditation angeleitet, um gegenwärtig im Augenblick zu sein. Als wir eine Fragen- und Mitteilungsrunde eröffneten, hob eine spirituell Suchende mit gelangweiltem Gesichtsausdruck – vom Typus „Kenn-ich-schon-hab-ich-schon-gemacht" – die Hand; sie sagte: *„Na ja, ich habe über das Gegenwärtigsein im Augenblick gelesen. Ich wusste schon vor zehn Jahren, wie man im Augenblick ist."*

„Wie wär's jetzt damit?", fragte Arjuna sie.

Sie sah ihn verdutzt an und antwortete: *„Ich verstehe nicht, wozu es gut sein soll, es immer wieder zu wiederholen."*

Jeder Augenblick ist neugeboren. Er kann nicht aufbewahrt werden. Unsere Gedanken sind nützliche Werkzeuge, um sich zu erinnern, etwas zu beschreiben, sich etwas vorzustellen und die Zukunft zu planen. Versuchen wir allerdings, den Augenblick mit dem Erinnerungsvermögen festzuhalten und ihn intellektuell zu erfassen, verkommt die Redewendung „im Augenblick sein" leicht zu einer unbedeutenden Worthülse. Selbst freundliche spirituelle Gedanken sind auch nur Gedanken.

Im Körper und empfangsbereit zu sein und Ja dazu zu sagen, das Leben in seiner Ganzheit willkommen zu heißen, ist nicht immer angenehm. Es kostet einen hohen Einsatz, sich fortwährend auf das Unbekannte einzulassen, es tief zu fühlen und ihm in jedem Augenblick neu zu begegnen. Die Hingabe an den Augenblick entscheidet darüber, ob man sich verletzt fühlt oder die kalten Lippen der gestrigen Glückseligkeit küsst. Es ist verlockend zu versuchen, in einer Welt aus Tagträumen und wohlgeordneten Gedanken zu verweilen, statt im gegenwärtigen Augenblick zu leben. Viele von uns nutzen den Intellekt und selbst die Spiritualität (was ich gewiss getan habe) beim Unterfangen, diesem wilden, kunterbunten Durcheinander, das wir menschliches Leben nennen, zu entfliehen.

Für das Weibliche (sowohl in Männern als auch Frauen) ist es indes zu zaghaft, in diesen erhabenen Sphären goldenen Glanzes zu verweilen. Es sehnt sich danach, rückhaltlos ins Leben einzutauchen. Es erkennt mit seinem ganzen Wesen, dass es den Geist nicht von der Materie trennen kann und dass das Göttliche sich eben nicht irgendwo anders aufhält. Mit seiner Bereitschaft, vollständig präsent zu sein, ermöglicht es dem Geist, Gestalt anzunehmen. Die weibliche Spiritualität, auf die wir angewiesen sind, ist eine *verkörperte* Spiritualität. Unsere Vorgehensweise ist, das Leben zu umfangen, indem wir die Umklammerung des Verstandes und der Gefühlsdramen hinreichend lockern, sodass wir die Welt mit einer greifbaren Verkörperung der Gegenwärtigkeit und Liebe beschenken können.

Das Erwachen ist da

Wenn wir uns unaufhörlich in die zahllosen Vorkommnisse unseres Lebens verwickeln lassen, werden wir zu Sklaven jeder Gefühlsregung und jedes Gedankens. In eine ähnliche Falle gehen wir, wenn wir uns unablässig mit Strategien beschäftigen, um exakt diese Gedanken und Gefühle zu vermeiden.

Die Dinge verändern sich, sobald die Seifenoper, die unser Leben umklammert hält, ihren Griff genügend lockert, sodass unsere Achtsamkeit im Augenblick verweilen kann. Wenn wir uns der Gegenwärtigkeit öffnen, weitet sich unser Gewahrsein, wodurch wir flüchtige Einblicke in die umfassendere Perspektive des Gesamtgeschehens erhaschen können. Dann begreifen wir, dass wir uns nur in einem winzigen Bruchteil der Existenz engagiert haben und dass dort eine Intelligenz zu Gange ist, die das Denken übersteigt. Nicht etwa der wirbelnde Tanz des Lebens hält inne – oder wird je enden; vielmehr verändert sich unser Bezug zu dem, was geschieht.

In dem Moment, wo die Vorherrschaft unserer Gedanken ein wenig ruht und wir vollständig im Hier und Jetzt sind, können wir das strahlende, alles durchdringende Bewusstsein entdecken und erkennen: Dies ist im Wesentlichen das, woraus wir geschaffen sind. Einige nennen es die Liebe selbst; andere nennen es das Leben, die Kraft oder Gott. Manche werfen einen kurzen Blick in diese Dimension der Wirklichkeit und heißen sie als leider flüchtige Erfahrung, die bald zur Erinnerung verblasst, willkommen – und leben ihr Leben wie gewohnt weiter. Andere werden von Grund auf aufgewühlt und erkennen darin die neue Grundlage für ihr Leben. Haben wir einmal die nachhaltige Freude und den Frieden dieser elementaren Natur entdeckt, erlangen unsere Gedankenwelt und unsere Gefühlsdramen nie wieder die gleiche Bedeutung wie zuvor. Diese fundamentale Einsicht wird häufig als „spirituelles Erwachen" bezeichnet.

Das spirituelle Erwachen wird bisweilen als äußerst seltenes Vorkommnis angesehen. Es gilt als der Gipfel der spirituellen Suche, als etwas, das nur sehr wenigen östlichen Mönchen, Meistern oder Gurus widerfährt. Nachdem ich mittlerweile jedoch Tausenden von Menschen auf der ganzen Welt begegnet bin und mir ihre Erlebnisse angehört habe, hege ich keinen Zweifel mehr daran: Wir alle erleben kürzere oder längere Augenblicke, in denen unser Ich-Empfinden in etwas Größeres eingeht. Häufig sind es gerade die Mythen in Bezug auf das spirituelle Erwachen, die uns jene gesegneten Einblicke in unser natürlichstes und unverfälschtes Wesen übersehen lassen. Vielleicht hast du dich von einer breiteren Lebensströmung aufgesogen gefühlt, während du maltest oder musiziertest, während du ergriffen vor einer majestätischen Naturlandschaft standest, während du im Meer tauchtest, während du im Liebesakt hinweg gespült wurdest oder während des Gebärens. Meine Freundin rang nach Luft, nachdem sie ihre Tochter geboren hatte: *„Ich habe mich nie so eins mit der Unendlichkeit, mit dem Mysterium, gefühlt wie in jenem Augenblick, als sie so außerordentlich vollkommen aus meinem Körper herausschlüpfte."*

Vor vielen Jahren vermittelte mir das Leben eine frappierende Kostprobe dieser absoluten Gegenwärtigkeit; es war in einem überfüllten Bus in Indien. Ich war vierundzwanzig. Die Außentemperatur betrug beinahe 40 Grad Celsius, und die Geschwindigkeit, mit der dieses verrostete Gefährt fuhr, veranlasste mich, mich bei all meinen geliebten Mitmenschen und von meinem Leben zu verabschieden. Weder die scharfen Kurven noch die schlafenden Kühe mitten auf der Straße, noch die Schlaglöcher in der Straße, noch nicht einmal spielende Kinder bewegten den Fahrer dazu, das Tempo zu verringern. Überhaupt nichts. Ich war allein, mir war heiß, ich hatte Todesangst, als ich plötzlich, inmitten von all dem, fühlte, dass mein Bauch sich mit meinem Atem bewegte. Ich spürte, dass meine Füße den (mehr als schmutzigen) Fußboden berühren, und ich empfand Frieden. Ich war vollständig eins mit dem Augenblick; alle Widerstände waren verschwunden. Die Bewegungen meines Atems, das Chaos, der Lärm und die Hitze waren die wunderbarsten Darbietungen des Lebens. Mittendrin war absoluter Frieden, war Ruhe und innere Stille.

Wenngleich sich dieses Erlebnis der Gegenwärtigkeit spontan einstellte – wie ein Kuss der Gnade –, ist es möglich, Gegenwärtigkeit herbeizuführen, und zwar mittels der einfachen regelmäßigen Praxis, unser Augenmerk von unseren Gedanken in den Körper zu lenken. Es folgen nun einige Vorschläge, wie dies zu bewerkstelligen ist. Im Übungsteil am Ende des Kapitels findest du weitere Anwendungsmöglichkeiten.

Sei dir deines Atems bewusst

Solange du lebst, bist du lebendig. Und deine Atemzüge sind eine ständig greifbare Mahnung des Augenblicks. Einatmen, ausatmen. Genau hier. Richte dein Gewahrsein auf den Atem, immer dann, wenn du dich in Gedanken verloren fühlst. Achte darauf, wie er verläuft. Die Tiefe deines Atems ist ein verlässliches Barometer dafür, was in deinem Körper vor sich geht. Wenn dein Atem oberflächlich und verspannt ist und sich schnell im Brustkorb bewegt, könnte es sein, dass du vermeidest, etwas zu fühlen. Das eigene Gewahrsein einfach auf den Atem zu richten, verhilft häufig dazu, dass der Atemfluss weicher und entspannter abläuft und tiefer in den Bauch geht. Es hilft uns, in der Gegenwart zu sein und für das, was das Leben mit sich bringt, empfänglich zu sein.

Durchleuchte den Körper

Gewöhne dir an, deinen Körper tagsüber regelmäßig mit Gewahrsein abzutasten. Verweile fünf Atemzüge lang in deinen Schultern. Dann ruhe fünf Atemzüge lang in deinem Kiefer, in deinem Brustkorb, in deinem Bauch und in deinen Füßen. Die Fähigkeit, das Gewahrsein in deinen Körper zu lenken, kann eine unschätzbare Unterstützung sein, insbesondere in stressigen oder konfliktbeladenen Zeiten. Im Laufe des Tages bemerkst du vielleicht, dass du dich völlig bei dem Versuch aufreibst, einen Mitmenschen zu ändern. Natürlich sind wir uns dieser unangenehmen Augenblicke nicht immer bewusst; doch selbst wenn du nur einen flüchtigen Einblick in das Gewahrsein erhältst, genügt das, um die Gelegenheit wahrzunehmen, das Gewahrsein auf diesen Punkt zu lenken. Es ist, als ob du dich stehend im Sattel eines galoppierenden Pferdes gehalten hättest, und nun kannst du dich wieder auf den Sattel setzen und in deinen Körper hineinhören. Du wirst in die Gegenwärtigkeit, in den Augenblick zurückkehren und fähig sein, gelassener mit den Umständen umzugehen.

Erfreue dich deiner Sinne

In jedem Augenblick vermagst du mit deinen Sinnen etwas zu genießen. Es kann die Farbe des Hemdes von jemandem sein; die Art, wie sich dein Nacken anfühlt, wenn du den Kopf bewegst; die Art, wie die Atemluft die Lunge aufpumpt; das Prasseln des Regens, die Bewegungen deiner Zunge. Mit deinen Sinnen kannst du dich in jedem Moment auf etwas einstimmen. Es ist, als ob du jede Zelle dem Augenblick erschließt und ihm so begegnest, als würdest du einen Geliebten treffen. Meine Freundin Helena hat es beispielsweise zu ihrer Meditation gemacht, Wege ausfindig zu machen, Wohlgefühle zu empfinden, sobald sie sich – in beliebigen Situationen – in einem Gefühlsdrama gefangen fühlt und ihr der Zugang zur Gegenwärtigkeit des Augenblicks fehlt. Möglicherweise genügt schon das Gefühl, wenn sich zwei Finger berühren. Eventuell ist es nur die Atmosphäre im Raum, oder vielleicht wird sie gewahr, wie der Regen an die Fenster trommelt, wodurch sie sich im Nu selbst findet und wieder gegenwärtig ist.

Der Fluch des Spaghetti-Verstandes

Hin und wieder treffe ich eine Frau, die den erschöpften Blick eines Menschen hat, der sich in den endlosen Schlingen des *Spaghetti-Verstandes* verheddert hat. (Stell dir deinen Kopf als eine Schüssel Spaghetti vor – Mamma mia!) Ihre Augen sind matt, sie kaut sorgenvoll an ihren Fingernägeln. Ihr Atem reicht nur bis zum Brustkorb, ihr Gesichtsausdruck ist starr. *„Was soll ich tun?"*, fragt sie. *„Soll ich bleiben oder gehen?"* (Obwohl dieses Beispiel von einem Beziehungsproblem handelt, taucht dieses Syndrom auch überaus häufig in Bezug auf die Situation am Arbeitsplatz oder gar im Fall eines anstehenden Wohnungswechsels auf.)

Diese Frau hat vermutlich jede verfügbare Quelle um Rat gebeten. Ihre beste Freundin empfiehlt ihr täglich übers Telefon, *„sich endlich von dem Lumpen zu trennen!"* Im Meditationszentrum empfiehlt man ihr: *„Bearbeite deine Themen, sonst wirst du nie erleuchtet."* *„Welche Beziehung hast du zu deinem Vater?"*, fragt ihre Friseuse und Möchtegern-Psychologin, und ihre Mutter stimmt mit ein in den Chor jener heiteren Stimmen, die da sagen: *„Alle Männer sind so, man kann ihnen nicht vertrauen."* All diese Stimmen geben sich ein Stelldichein in ihrem Kopf, der sich mittlerweile in einen italienischen Marktplatz verwandelt hat. Nun steht sie hier vor mir, und es ist augenfällig: Sie denkt, sie braucht bloß noch eine weitere Antwort, und zwar dieses Mal die richtige, dann wird sie wissen, was zu tun ist. Ihr ganzer Körper fleht: *„Bitte, ich kann diese Qual nicht mehr ertragen. Sag mir, was ich tun soll!"*

Wir alle standen schon einmal – so oder anders – in den Schuhen dieser Frau, oder wir haben zumindest jemanden in dieser Situation gekannt. Es ist natürlich offensichtlich, dass ein weiterer Beitrag in dem Durcheinander kein Wunder vollbringen kann. Noch ein Ratschlag wird die Kakophonie ihres Verstandes lediglich um noch eine Stimme bereichern. Wenn wir uns in dieser Konstellation vorfinden, ist das ein Zeichen, dass uns die Verbindung zur eigenen Essenz abhandengekommen ist. Wir fühlen uns wie eine abgelegene Insel in einem Meer aus Gefahren und Fehlentscheidungen. Wir neigen dazu, uns auf unsere Gedanken zu verlassen; wir hoffen, „die richtige Antwort" zu finden – und wir verirren uns in dem endlosen Gewirr des Spaghetti-Verstandes.

Das nächste Mal, wenn du eine Freundin (oder dich im Spiegel) mit diesem grauen Ausdruck und jener tiefen Stirnfalte zwischen den Augenbrauen siehst, weißt du: Das Heilmittel ist ein „kalter Entzug" von gedanklicher Entscheidungsfindung und eine Menge Zeit, sich wieder mit dem eigenen Inneren zu verbinden. Die Verwirrung ist lediglich ein Symptom; uns ist daran gelegen, die Hauptursache dieser Krankheit einzukreisen: Die Abkoppelung von ihrem Körper und ihrer inneren Weisheit und die Trennung vom Ganzen sind zwei tödliche Übel für die sterbende weibliche Seele. Das Problem, das sie mit dem Verstand zu lösen versucht hat, muss augenblicklich zur Seite gelegt werden, damit sich die Frau auf den unumgänglichen Heilungsprozess konzentrieren kann. Das Problem ist zweitrangig – und es verliert seine Brisanz, sobald sie sich wieder mit ihrem Körper, mit ihrer Essenz, verbindet.

Einige Frauen werfen ihre Schuhe fort, lassen die Haare herunter und laufen hinaus in den Wald. Einige setzen sich einfach an einen abgelegenen Strand und lassen ihren Blick über den Horizont schweifen, während andere nur beharrlich in ihrem Zimmer bleiben. Sie nisten sich im Inneren ein, indem sie einfach Zeit mit sich allein verbringen. Wenn jedoch die Isolation über einen langen Zeitraum gediehen und erstarrt ist, wird Zurückgezogenheit mehr schaden als nutzen. In diesem Fall benötigt die Frau Anleitung von jemandem, dem sie vertraut. Das kann ein Therapeut, eine weise Frau, ein Freund, ein Mentor oder ein Frauenkreis sein – Menschen, die ihre Hand fassen und mit ihr den manchmal holprigen Heimweg antreten können.

Der Heilungsprozess mag viele Jahre andauern oder möglicherweise im Bruchteil einer Sekunde stattfinden, je nachdem, wie ausgeprägt die Entfremdung ist. Wir erleben ständig flüchtige Phasen der Unverbundenheit, und im gesunden Zustand kehren wir fortwährend zu dem zurück, was wirklich ist. Wir erkennen einfach: Ah, hier sind Gefühle, dort sind Gedanken, und da ist die leuchtende Gegenwärtigkeit, in der all das geschieht. Augenblicklich sind wir zu Hause angekommen, wenn wir mit den Füßen fest auf der Erde stehen und mit dem Herzen die Stille umarmen, die uns alle verbindet. Ist die Abspaltung hingegen zur Angewohnheit geworden und wurde ihr gestattet, wild zu wuchern und viele Aspekte des Lebens anzustecken, nimmt der Prozess der Rückverbindung vielleicht längere Zeit in Anspruch. Ein erster Schritt ist, sich selbst die erforderliche Zeit einzuräumen – wie lange es auch dauern mag.

Wenn du die Gelegenheit hast, täglich Zeit in der Natur zu verbringen, bist du in den allerbesten Händen. (Alle Übungen in Kapitel 4 bieten großartige Unterstützung, um für die Heilung durch die Natur empfänglich zu werden.) Ob die Natur für dich nun verfügbar ist oder nicht, die Reise beginnt, wenn du dich mit den Füßen auf dem Boden mit deinem Körper und deinen Gefühlen verbindest und darauf achtest, tief hinunter in den Bauch zu atmen.

Fällt es dir schwer, das Geschnatter des Verstandes abzustellen – da er fortwährend an dem „Problem" tüftelt –, tausche dich mit einer Freundin darüber aus oder ergründe auf einem Blatt Papier all die Annahmen und Überzeugungen, die du hinsichtlich dieses Themas in dir trägst. Du kannst einen deiner Glaubenssätze ausmachen und dich fragen: Ist er absolut wahr? Würde jeder Körper zustimmen, dass er wahr ist? Wenn wir diese Überzeugungen laut aussprechen oder sie auf einem Notizblock festhalten, wird normalerweise offensichtlich, wie überspannt es ist, sich der Tortur des endlosen Gedankenkarussells auszuliefern. Sobald du eine Glaubensüberzeugung gesichtet hast, wirst du die nächste entdecken, die das Gegenteil besagt. Und höchstwahrscheinlich wird es Situationen geben, in denen sich beide wahr anfühlen. Es folgen einige Beispiele von Glaubenssätzen einer Frau, die nicht von einer vergifteten

Beziehung loskam: *Eines Tages wird er einsehen, dass wir füreinander geschaffen sind. Ich verhalte mich so, dass es ihn verärgert; kein Wunder, wenn er mich schlecht behandelt. Wenn ich nur einen anderen Mann hätte, dann könnte ich mein Herz öffnen. Er wird unter die Räder kommen, wenn ich gehe.*

Spirituelle Begründungen hören sich so an: *Wenn ich eifersüchtig werde, wenn er mit anderen Frauen unterwegs ist, ist das mein Problem, das ich anschauen muss. Wenn ich ihn verlasse, muss ich die gleiche Thematik wieder durchleben, nur mit einem anderen Mann. Wir sind auf der Seelenebene miteinander verbunden. Ich lebe im Augenblick, wer bin ich denn, um irgendetwas zu entscheiden? Ich sollte mein Herz offenhalten und lieben, wie dem auch immer sei.*

Wir untersuchen unsere Glaubensüberzeugungen nicht etwa, um auszuknobeln, welche die besten sind! Es geht darum, gewahr zu werden, wie ermüdend sie sind, und einzusehen, wie absurd es ist, diesem Endlosgeschnatter die Oberaufsicht anzuvertrauen. Es gibt vielerlei Wege, Überzeugungen aufzulösen, sie als das zu sehen, was sie sind, und unsere Identifikation mit ihnen zu lockern. (Wir bieten die *Living Essence*-Seminare[2] und Byron Katie bietet *The Work*[3] an – um nur zwei kraftvolle methodische Ansätze zu erwähnen.)

Mit der schlichten Erkenntnis: „Du bist nicht deine Gedanken", kannst du dich entspannen und in der natürlichen Gegenwärtigkeit verweilen, in der du das Leben unmittelbar erlebst. Die Gedanken werden dabei zu nützlichen Werkzeugen, die bei Bedarf genutzt werden, statt unsere Wahrnehmung zu verdunkeln. Dann können wir den Duft einer Lilie wieder schnuppern, ohne ihn zu analysieren; wir können eine bittersüße Traurigkeit in der Brust spüren, ohne sie rational zu begründen. Wenn wir uns der Gegenwärtigkeit nachhaltig verpflichten, werden wir die nötigen Schritte ganz selbstverständlich gehen. Es übersteigt das Richtig-oder-falsch-Denken zweifellos – denn es ist einfach.

In dem Film *A Beautiful Mind – Genie und Wahnsinn* ist John Nash in seiner imaginären Welt in Verschwörungstheorien und Spionage verstrickt; bei uns – gewöhnlich geistig gesunden – Frauen agieren

zwei andere „Zwillingsdämonen" Hand in Hand, die uns mit Inbrunst davon abhalten, im Körper zu sein: das Bewerten und das
Vergleichen.

Der Wahn des Bewertens und Vergleichens

Dieser Körper, den wir haben und der jetzt hier sitzt ...
mit seinen Gebrechen und seinem Wohlbehagen ... ist
genau das, was wir brauchen, um vollständig mensch-
lich, vollständig wach und vollständig lebendig zu sein.

PEMA CHÖDRÖN

Stell dir vor, du stehst nackt da. Hinter dir steht deine Mutter, die
auch nackt ist. Und hinter ihr steht deine Großmutter, hinter der
deine Urgroßmutter steht, und hinter ihr wiederum deren Mutter.
(In deiner Vorstellung kannst du diese Blutslinie bis hin zur allerers-
ten Mutter zurückverfolgen.) Alle sind nackt. Wenn du einen Moment lang den Blickwinkel erweiterst und dir diese Reihe von Kör-
pern, ihre Gestalt und Größe, anschaust, siehst du wahrscheinlich,
dass dein Körper eine Form hat, die jener der Frauen hinter dir
ähnelt – und dass diese Körpermerkmale aufweisen, die denen der
dahinter stehenden Frauen gleichen. Dies sind Gestaltmerkmale,
die über Generationen hinweg weitergereicht wurden.

Aus dieser Sicht entdecken wir: Unser Körperbau hat einen
ganz anderen Zweck als nur den, mit der Mode unseres Jahrzehnts
konform zu gehen. Er wurde vor langer Zeit geschaffen und weitergereicht. Wenn wir unseren Körper abwerten und ihn mit den kulturellen Vorgaben belegen, wie ein vollkommener Körper aussehen
sollte, werten wir zugleich unsere Blutslinie ab. Ihn nur an den
heutigen Modevorstellungen zu messen, heißt, eine vollkommene
evolutionäre Entwicklung herabzusetzen, die einem Zweck dient,
der sehr viel umfassender ist als das Bedürfnis, dem aktuellen Zeit-
geist zu entsprechen. Womöglich haben die Frauen, die hinter dir
stehen, auch ihren Körper abgewertet; womöglich entsprachen

auch sie nicht der Vorstellung von Perfektion in ihrer Zeit. Diese Körper haben allesamt ihr Bestes getan: Herzen schlagen, Lungen atmen, alle Zellen und der Blutkreislauf funktionieren Jahrzehnte lang fleißig, ohne gewürdigt zu werden – weil wir alle dem Wahn des Vergleichens anheim gefallen sind.

„Ich bin hässlich, ich bin fett, ich bin zu alt, und mein Mann wird bald mit einer jüngeren Frau davonlaufen." So lauten die Stimmen des Vergleichens und Bewertens.

Unsere inneren Organe verurteilen wir nicht so bedenkenlos. Wir enthalten uns solcher unsinnigen Kommentare bezüglich des übrigen Körpers, nur nicht im Hinblick auf unser Äußeres. Bewerten, Kritik und Vergleich sind ausnahmslos ersonnene Verhaltensmuster und Programmierungen, die wir übernommen haben und unbewusst fortdauernd verstärken. Sie sind das Resultat unserer tief sitzenden sozialen und kulturellen Neigung, den Körper zu vergegenständlichen.

Es ist natürlich, Schönes zu lieben und sich von Schönheit angezogen zu fühlen. Sie reizt und fasziniert uns, selbst wenn unsere Vorstellung von Schönheit sich im Lauf der Zeit ändert. Wenn jemand in unserer Augenfarbe oder in der Wölbung unserer Oberschenkel Schönheit wahrnimmt, können wir das als wohltuend und belebend erfahren. Dies verschließt uns nicht unweigerlich der Gegenwärtigkeit; im Gegenteil, es vermag uns derart aufzulockern und zu öffnen, dass unsere Strahlkraft noch deutlicher scheinen kann. Unsere Pein beginnt, sobald wir unseren Körper nicht von innen erfühlen, sondern als ein Gebilde sehen, das mit den Augen der anderen betrachtet wird. In den Fünfzigern schrieb die französische Schriftstellerin Simone de Beauvoir in *Das andere Geschlecht*[4] darüber, dass der Verlust des inneren Selbst eine Art „Hypnose" sei, die sogar ganze Menschengruppen niederhalten könne – wenn sich eine Unterschicht beispielsweise selbst so erlebt, wie sie von der Oberschicht gesehen wird.

In ähnlicher Weise sind viele Frauen in dem Spiel gefangen, schön und sexy zu sein – ein Spiel, das man in Kinofilmen bis ins

Extrem ausgereizt sehen kann, wo Frauen häufig lediglich zur Dekoration dienen. Wir sehen es in Musikvideos, in der Werbung und in der explodierenden Pornografie-Industrie im Internet. Man vereinfacht diese Angelegenheit zu sehr, wenn man nur mit dem Finger auf die Männer zeigt, um sie als die missbrauchende Seite anzuklagen. Das Problem liegt in unserem Verhältnis zum Weiblichen. Den Befreiungsprozess können wir – Männer wie Frauen – einleiten, indem wir unsere eigenen Überzeugungen und Urteile hinterfragen.

Spüre deinen Körper, wie er gerade jetzt ist. Dein Herz schlägt untadelig. Deine Zellen verrichten ihre Arbeit redlich. Selbst wenn du krank bist, kannst du sicher sein, dass dein Körper sein Bestmögliches tut, um gesund zu werden. Spüre innerlich, welches Wunder dein Körper ist. Er ändert sich mit den Jahreszeiten und den Mondzyklen. Er ist ein vollkommener Organismus, der sich mit angemessener Ernährung und liebender Zuwendung bewegt, heranwächst und in eigener vollkommener Weise liebt. Verfallen wir allerdings dem Wahn des Bewertens und Vergleichens, sind wir nicht mehr im Körper anwesend. Die Folgen sind vielfältig.

Wir kappen unsere Verbindung zur inneren Weisheit.

Wie können wir nach innen lauschen, wenn wir täglich einen misstönenden Chor raunen hören, wie fehlerhaft unser Körper sei? Wie können wir uns auf die Weisheit unseres Schoßes, auf unser Bauchgefühl einstimmen, wenn wir ein Korsett tragen, das so eng ist, dass wir kaum atmen können? Wir büßen die Fähigkeit ein, uns von innen her mit der Natur verbunden zu fühlen.

Wir betreiben zerstörerisches Konkurrenzdenken.

Wenn wir den Körper mit starren Maßstäben messen, verlieren wir den Blick für die Schönheit jedes einzigartigen Ausdrucks des Weiblichen. Der Anblick einer Frau mit einem attraktiven Busen macht uns klein, wenn wir ihn mit unserem eigenen vergleichen. Vergiftet durch das bittere Gebräu der Konkurrenz, suchen wir eifrigst die Fehler der anderen Frauen; das soll uns helfen, uns besser zu fühlen – wobei wir vergessen, dass wir einen einzigartigen Ausdruck des Weiblichen bewerten. Dies schadet unserer Verbundenheit mit uns selbst, denn wir beginnen, das Weibliche auch in uns abzuwerten.

Wir begrenzen unseren Schönheitssinn.
Indem wir uns und andere Frauen von außen statt von innen betrachten, büßen wir ein umfassendes, multidimensionales und alles durchdringendes Schönheitserleben ein. Schönheit können wir mit den Augen erblicken, aber Schönheit kann ebenso über die Haut gefühlt werden, und wenn wir uns beim Lachen und sogar im Schmerz öffnen, können wir Schönheit als Beschaffenheit, die dem Leben selbst innewohnt, *fühlen.* Wenn wir nur oberflächlich hinschauen, sehen wir Schönheit als etwas von uns Getrenntes, während wir die Einheit im Wesensgrund unseres Seins ignorieren – jene Einheit, die sich danach sehnt, gesehen zu werden.

Wir verlieren das natürliche Gespür für Grenzen.
Wenn wir unseren Körper vergegenständlichen, hören und vertrauen wir nicht mehr auf unsere intuitive Wahrnehmung, wenn sich im Inneren etwas *schräg* anfühlt. Wenn ein Mensch näher an uns heranrückt, als es sich für uns richtig anfühlt, macht sich normalerweise irgendwo im Körper, womöglich im Bauch, eine Spannung bemerkbar; dann rücken wir entweder ab oder können aufzeigen, wo unsere Grenze ist. Wer nicht im Körper gegenwärtig ist, registriert diese natürlichen Signale nicht – was möglicherweise die Gefahr körperlicher oder psychischer Gewalt zur Folge hat. Viele Frauen berichten, wie sie in der Idee des *netten Mädchens* – dessen spirituelle Vertreterinnen *ein empfängliches Herz haben* – so sehr verhaftet sind, dass sie sich darum bemühen, sogar den Leuten zu gefallen, die sie schlecht behandeln. Sie sind außerstande, ihr Inneres zu spüren – und wenn sie es doch bemerken, vertrauen sie ihm nicht.

Das Geschenk des Wartens

Die Angewohnheiten, zu bewerten und zu vergleichen, sind oftmals tief verwurzelt. Sobald wir glauben, sie entsorgt zu haben, kommt eine weitere Schicht zum Vorschein. Ich habe festgestellt, dass die Teilnahme an Frauenzirkeln mir die heilendste und wachste Unterstützung dabei bietet, diese Eigenarten zu durchschauen. Es erfordert ein gewisses Engagement, sanfte Unterstützung und schonungslose Ehrlichkeit, seinen Weg aus dem Dickicht tief verwurzelter Glaubensüberzeugungen zu finden und sich dem eigenen Körper und dem gegenwärtigen Augenblick zuzuwenden. Während wir eine gesunde Beziehung zu unserem Körper wieder aufbauen, wartet das innere Weibliche geduldig darauf, offenbart und mitgeteilt zu werden. Sobald der Körper einer Frau vollständig beseelt ist, ist jede Kurve gelöst, offen und weich. Vielleicht ist dir aufgefallen, wie wohl es tut, sich in der Gegenwart einer Frau aufzuhalten, die in ihrem Körper ist. Diese heilende Strahlung kann bei jeder Frau – jeder Altersstufe, jeder Hautfarbe, jeder Größe und Figur – durchscheinen. Es ist die Strahlkraft eines unschuldigen Herzens und tief empfundener Gefühle. Das Glühen entsteht, wenn man dem gegenwärtigen Augenblick selbst nahe ist. Der entspannte Bauch einer Frau lässt Vertrauen schöpfen. Ihre vollständig bewohnten Hüften strahlen Lebendigkeit aus, ihr Gesicht lässt die Liebe in dir anklingen, von der du einst gekommen bist. Ihre Augen schauen furchtlos in die dunkelsten Winkel deines Wesens. Ein solcher Körper bringt deinen vergleichenden Verstand nicht auf Trab – denn dein Herz wird unwillkürlich berührt und du wirst sanft in die Gewässer auf dem Grund deiner Existenz zurückgeführt.

Die griechische Mythologie kennt Baubo, die Bauchgöttin; sie setzt ihren Körper als wirksames Werkzeug ein, um Herzen zu öffnen und das Lachen anzuregen, was der sterbenden Erde Fruchtbarkeit einbringt. Als Demeter, die Ernte- und Korngöttin, die Entführung ihrer Tochter Persephone in die Unterwelt betrauert – was dazu führt, dass die Erde ihre Fruchtbarkeit einbüßt –, entblößt

Baubo ihren Bauch und ihre Vulva in so obszöner und humorvoller Weise, dass Demeter nicht mehr an sich halten kann und in tiefes Bauchgelächter ausbricht. Durch dieses befreiende Lachen ist Demeter erneut mit ihrer weiblichen Macht verbunden und gewinnt ihre Stärke zurück; sie kann ihre Suche fortsetzen und findet schließlich ihre geliebte Tochter. Die Erde wird wieder fruchtbar.

In der japanischen Mythologie spielt Uzume, die Göttin der Freude und des Glücks, eine ähnliche Rolle. Man erzählt sich, wie Uzume die Sonnengöttin Amaterasu aus der Höhle hervorlockte, in der diese sich versteckt hatte, indem sie einen humorvollen Tanz aufführte, wobei sie die Rockschöße hochhob und Witze riss. Auch hier wurde die Fruchtbarkeit der Erde wiederhergestellt.

Sei mild und mitfühlend mit dir und anderen, wenn du damit anfängst, deinen Körper wieder zu beseelen. Jahrzehnte lang ist unser Körper durch die Gewohnheit des Urteilens und den kollektiven Wahn der Getrenntheit geformt worden, was uns eine chronisch angsterfüllte, unsichere Körperhaltung eingebracht hat. Unsere Praxis besteht in einem nachhaltig umwandelnden Prozess: Wir trainieren unser Nervensystem, sich auszudehnen, sobald der unwillkürliche Impuls auftaucht, sich zusammenzuziehen; wir entwickeln die Fähigkeit, uns in offener Gegenwärtigkeit zu entspannen, statt uns von zwanghaften Gedanken aufbringen zu lassen. Dieser Prozess kann manchmal unangenehm sein. Es ist, als ob man eine über sehr lange Zeit zusammengepresste Faust entspannt, die sich nun zunächst steif und sogar schmerzhaft anfühlt. Wenn wir uns jedoch den Prozess erlauben, uns auseinanderzufalten, werden wir mit einer völlig beweglichen Hand belohnt, die sich ausstrecken, die geben und empfangen kann, so wie es für sie ursprünglich vorgesehen war.

ÜBUNGEN

Das Hara – dein Bauchchakra

Im Japanischen bezieht sich das Wort *Hara* sowohl auf den Bauch als auch auf die elementaren Eigenschaften, die mit diesem Chakra verbunden sind. Wer aus dem *Hara* lebt, ist eingewoben in Mut, Aufrichtigkeit, Integrität und das Gefühl der Zentriertheit. Er ist mit der Stärke der Erde verbunden. Die Verbindung mit dem *Hara* ist in den Kampfsportarten und Traditionen des Bogenschießens fundamental, wo man sich darin übt, jede Handlung aus sich hochsteigen zu lassen.

Sich mit dem Hara verbinden

Stelle deine Füße schulterbreit auseinander. Achte darauf, dass deine Knie und das Becken locker und beweglich sind. Lege eine Hand genau auf die Stelle unterhalb deines Nabels und die andere auf die Kreuzbeinregion. Stelle dir vor, dass zwischen deinen beiden Händen eine Schnur gespannt ist. Konzentriere dich nun auf den Mittelpunkt der Schnur. Dieser ist dort, wo dein *Hara*, dein Bauchchakra, ist; es atmet in diesem Ort und erfüllt ihn mit Gegenwärtigkeit. Du kannst auch deine Hüften kreisend bewegen, um die Präsenz in der Mitte des Kreises zu erwecken, oder gegebenenfalls etwa zehn Zentimeter unterhalb des Nabels sanft mit den Fingerspitzen auf deinen Bauch klopfen.

Während du nun dein Gewahrsein im *Hara* verweilen lässt, erlaube dem Körper, sich zu bewegen. Achte darauf, wie es sich anfühlt, sich von hier aus zu bewegen. Du kannst auch damit experimentieren, von hier aus zu sprechen. Was sagt dein *Hara*?

Sich noch tiefer einlassen – in den Mutterschoß eintreten

Außer bei unserer Monatsblutung oder wenn wir schwanger sind, schenken wir unserem Schoß gewöhnlich nicht viel Achtsamkeit. Diesen geheimen Ort unseres Körpers bewusst zu beachten, kann allerdings die überraschendsten Geschenke bereithalten. Möglicherweise empfinden wir ein wohltuendes Gefühl der Ausgewogenheit und des Geerdetseins, oder vielleicht erfahren wir eine stärkere Verbindung mit der Weiblichkeit in uns und in anderen. Wir hören uns vielleicht sprechen, getragen von einem tiefen Gefühl der Zuversicht und Weisheit.

Lenke dein Augenmerk einfach hinunter in deine Gebärmutter und atme dabei, um vollständig in den verborgenen Kern des Weiblichen einzutreten. Die Übung kannst du sitzend, stehend oder auf dem Rücken liegend ausführen. Gegebenenfalls hilft es, eine Hand auf den Unterbauch zu legen, um dich zu unterstützen, gegenwärtig zu bleiben. Eventuell regt sich ein Widerstand oder Unwohlsein in dir. Verwende dann wiederum den sanften Atem, um hindurchzugleiten. Gewähre dem, was auch immer auftaucht, Raum.

Das Erwachen des Körpers

Um diese Übung machen zu können, musst du fünfzehn bis zwanzig Minuten ungestört sein und etwas Raum haben, um dich im Körper zu bewegen. Stelle die Füße schulterbreit auseinander auf. Stehe mit leicht gebeugten und lockeren, nicht durchgedrückten Knien. Halte den Oberkörper aufrecht, jedoch entspannt.

Überprüfe deinen Körper, um sicherzustellen, dass Kiefer, Schultern, Becken und Knie allesamt locker und entspannt sind. Schüttle und dehne deinen Körper ein wenig, ehe du zur Ausgangsposition zurückkehrst. Kreise nun mit dem Becken rechts herum und links herum, indem du größere und kleinere Kreise beschreibst. Kehre zur Ausgangsposition zurück. Denke daran, deine Knie während der gesamten Übung angewinkelt zu lassen. Sollten deine Beine anfangen zu zittern, lass sie zittern. Sollten Gefühle aufsteigen, lass sie aufsteigen. Öffne dich mit Hilfe von Atmung und Tönen, um die anschwellenden Empfindungen zu erleben.

Atme ein und kippe die Hüften leicht nach hinten. *Atme aus* und kippe die Hüften nach vorn. Öffne beim *Einatmen* deine Hüften und fülle dein Becken mit Luft. Drücke beim *Ausatmen* die Luft durch die Beine hinunter und in die Erde hinein. Erlaube der Luft beim *Einatmen* hochzusteigen, als ob du sie von der Erde hochsaugst und durch deine Beine ziehst. Beim *Ausatmen* presst du die Luft durch deine Beine in die Erde.

Lass deinen Atem seinen eigenen Rhythmus finden, manchmal weich und sanft, manchmal wild und energisch. Lass deinen Körper sich im Rhythmus des Atems entspannen, erlaube deinem Nacken und deinen Händen, sich zu entspannen. Lass Töne hervorquellen, sofern du dich an einem Ort befindest, wo das möglich ist. Wenn du müde wirst, erlaube deinem Oberkörper nach vorn zu fallen und sich locker Richtung Boden auszuhängen, das Ganze stets mit angewinkelten Knien. Nachdem du dich einige Minuten ausgehangen und entspannt hast, rolle deinen Körper geschmeidig wieder hoch und richte dich in der Ausgangsposition ein, indem du daran denkst, deine Knie angewinkelt zu halten.

Setze die Übung fünfzehn bis zwanzig Minuten lang fort.

Beende sie, indem du Musik auflegst, deine Beine kräftig ausschüttelst und deinen Körper dem Tanz überlässt. Achte auf die Energie, die in deinem Körper fließt. Wenn du etwas mehr Zeit hast, lege dich auf den Rücken und ruhe so lange, wie es dir beliebt.

Im Körper fließen

Diese Übung zählt zu meinen Lieblingsübungen. Sie kann überall und jederzeit ausgeführt werden. Ich mache sie gern, wenn ich mich während eines Spaziergangs unterhalte, um sicherzustellen, dass ich gegenwärtig bleibe und mich nicht in intellektuellen Sphären verirre. Sie eignet sich auch wunderbar, wenn man sich angekratzt fühlt, verärgert oder sonst irgendwie verstimmt ist.

Während du gehst oder still stehst, richtest du deine ganze Aufmerksamkeit auf den Kopf. Fülle den Kopf mit Gewahrsein und Energie, fange an, in deinen Kopf zu atmen, fast so, als ob du einen Ballon mit Luft aufbläst. Ermögliche mit etwa zehn aufbauenden Atemzügen, dass jeder Winkel des Gehirns und des Schädels sich mit Luft und Gewahrsein auffüllt. Hole beim letzten Einatmen wirklich tief Luft, die du einen Augenblick lang anhältst, und stelle dir nun vor, dass in deinem Hals ein geschlossenes Tor vorhanden ist. Stelle dir beim Ausatmen vor, dass sich das Tor öffnet und die ganze Energie sich in deinen Brustraum und die Rippenbögen ergießt.

Wiederhole nun den Vorgang dort. Atme und fülle deinen Brustraum und die Rippen mit Energie und Luft. Halte beim letzten Einatmen an, und stelle dir vor, dass in deinem Solarplexus, der zwischen den Rippen und deinem Bauch liegt, ein geschlossenes Tor ist. Lass beim Ausatmen die ganze entstandene Energie hinunterfließen und deinen gesamten Bauch- und Beckenraum ausfüllen. Wiederhole den Ablauf.

Halte beim letzten Einatmen die Luft an, und stelle dir in deiner Leistengegend, zwischen dem Becken und den Beinen, zwei geschlossene Tore vor. Und wenn du ausatmest, öffnen sich die Tore, und die gesamte Energie fließt hinunter und ergießt sich in deine Beine und Füße. Baue die Energie in den Füßen auf; lenke deine ganze Aufmerksamkeit in deine Füße. Lass die Tore unter deinen Füßen sich beim Ausatmen öffnen und die ganze Energie in die Erde ausfließen. Richte dein ganzes

Augenmerk auf die Erde, indem du in sie hinein atmest. Baue erneut unten in der Erde ein Energiefeld auf, und während du beim letzten Einatmen dann loslässt, stelle dir vor, dass die gesamte Energie zum letzten Mal nach unten abfließt und überdies noch tiefer sinkt, genau in die Mitte, in den eigentlichen Kern der Erde hinein.

Bewahre dein Gewahrsein vor Ort. Auch dann, wenn du die ganze Übung stillstehend gemacht hast, gehe an dieser Stelle ein wenig umher, während deine Aufmerksamkeit im Inneren der Erde ruht, nur, um dir bewusst zu werden, wie es ist.

Selbst wenn du dich zu diesem Zeitpunkt wahrscheinlich gegenwartsnaher und geerdeter als sonst fühlst, empfiehlt es sich, sich erneut in den Kopf zu begeben und die Übung ein bis zwei Mal zu wiederholen. Falls du anfangs eine Verkrampfung im Körper gespürt hast, lenke nun dein Gewahrsein an die Körperstelle, wo du dich verspannt gefühlt hast. Wenn sie sich weiterhin unzugänglich anfühlt, wiederhole die Übung so häufig wie nötig. Sobald die Spannung sich gelöst hat, genieße die neu gewonnene Bewegungsfreiheit und Lockerung.

Die Tempelpflege

Früher pflegten sich spirituell orientierte Frauen bisweilen dafür zu entscheiden, ihre weibliche Schönheit zu verhüllen oder zu entstellen. Unser Verhältnis zum Körper wird bereichert, wenn wir ihn als Tempel des Weiblichen achten und wertschätzen. Demnach ist es natürlich, sowohl unserer äußeren Erscheinung als auch unserer inneren Gesundheit Anmut und Schönheit zuzuführen. Wir pflegen unseren Tempel durch Yoga, Tanz oder sonstige körperliche Aktivitäten und indem wir frische, gesunde Nahrung zu uns nehmen. Indem wir farbenfrohe, schöne Kleider tragen, unterstützen wir ihn, in Bestform zu strahlen. Das Weibliche fühlt sich zu Hause in Schönheit, die sowohl uns versorgt als auch Farbe und Freude in die Umwelt bringt.

Reinigung durch Hauteinreibung

Diese Einreibung wird sowohl Haut und Haare tief säubern als auch das Energiefeld reinigen, das den Körper umgibt. Du kannst sie in der Badewanne, in der Dusche, in einem Fluss oder einem See ausführen. Dazu brauchst du eine kleine Schale, drei Esslöffel flüssigen Honig, eine Tasse Bittersalz und Wasser. Verrühre den Honig und das Salz in der Schale, bis das Salz golden ist. Verreibe die Mischung überall auf dem Körper, in deinem Gesicht und in deinen Haaren. Vergiss deine Fußsohlen und Hände nicht. (Spare die Schleimhautbereiche aus.) Lass die Mischung fünf bis zehn Minuten einwirken. Möglicherweise spürst du ein Kribbeln, während das Salz arbeitet. Wasche dich mit warmem Wasser ab. Genieße es, die erstaunliche Weichheit von Haut und Haaren und die köstliche Klarheit des Geistes zu spüren.

Komm dir näher

Kannst du die Gelegenheit wahrnehmen, genau hier zu sein? So vertraut in diesem Augenblick zu sein, wie du es mit einem Liebsten bist? Kann sich dein Körper in diesem elementaren Zustand entspannen? Kannst du dieses Erlebnis umarmen, so wie es ist, und dich hingeben? Und weich darin werden? Kannst du die Geräusche um dich herum hören? Einige wirklich tiefe Atemzüge zu nehmen, wird dir es ermöglichen, noch gegenwärtiger zu werden. Die vertrauensvolle Liebkosung der Luft, die deinen Bauch innen berührt, kannst du in deinem Körper willkommen heißen. Wenn du dem Augenblick noch näher rückst – kannst du spüren, wie die sanften Wellen der Schwerkraft an dir ziehen? Wenn du innig hinhörst, kannst du möglicherweise deinen eigenen Herzschlag hören. Das Herz pumpt unverzagt und treu unentwegt Blut aus jedem verborgenen Winkel deines Körpers. Komm noch etwas näher ... So nah, dass du spüren kannst, wie die Zellen in purer dynamischer Aktivität pulsieren. In dieser Gegenwärtigkeit wird das Leben real und schimmert dennoch wie ein Traum, und die Bewegungen, die aus diesem Augenblick geboren werden, sind makellos und unermüdlich. Nimm noch einen weiteren tiefen Atemzug, und lasse einfach los ...

Kapitel 2

Das weibliche Fließen:
Gefühle als Lehrer

Erlaube dir, offen zu sein, und das Leben wird leichter
verlaufen. Ein Löffel voll Salz in einem Glas Wasser
lässt das Wasser ungenießbar werden. Ein Löffel voll
Salz in einem See ist fast nicht zu merken.

BUDDHA

Wenn wir beginnen, mehr in unserem Körper anwesend zu sein, bietet sich uns die Gelegenheit, auf ganze neue Weise mit unseren Gefühlen umzugehen. In diesem Kapitel ergründen wir, wie man Gefühle als energetisches Geschenk spüren und erfahren kann, statt sie – wie das vielfach der Fall ist – als zersetzende Beeinträchtigung unseres inneren Friedens und unserer Beziehungen zu erleben.

Ich war ein Kind mit heftigen Gefühlsregungen, die ich dramatisch zum Ausdruck brachte. Als ich etwa sieben oder acht Jahre alt war, wurde mir aufgetragen, den Flur unseres Hauses zu staubsaugen. Damals – und das ist auch heute noch der Fall – sind elektrische Geräte und ich nicht besonders gut miteinander ausgekommen. Ich erinnere mich, wie ich mit dem Schlauch kämpfte, um ihn in die Richtung zu lenken, wo ich ihn haben wollte, und wie er sich weigerte, mit mir im Team zu arbeiten. Ich war sicher, der Schlauch führte etwas gegen mich im Schilde. Irgendwann wurde es mir zu bunt! Außer mir vor Ärger donnerte ich den Staubsauger mit einem jähzornigen Schrei an die Wand; die ganze Nachbarschaft wurde dadurch aufgeschreckt. Meine Mutter kam die Treppe heruntergerannt und fand mich rasend vor Wut, schreiend und weinend auf dem Fußboden vor; meine Vorstellung war reif für den Oscar. Meine

Mutter indes ließ sich davon nicht beeindrucken. Ihre Reaktion – ihre Antwort auf meinen Wutanfall – hat sich mir dauerhaft eingeprägt: *„Wenn du nicht lernst, wie man seine Gefühle beherrscht, wirst du es im Leben nicht weit bringen."*

Leichter gesagt, als getan, sollte ich entdecken. Dennoch hatte an jenem Tag ein Prozess eingesetzt. Und in den verbleibenden Jahren meiner Jugendzeit war es mir dermaßen gut gelungen, meine Gefühle zu bändigen, dass ich nahezu überhaupt nichts mehr empfand. Ich hatte meine Gefühle unter Kontrolle, wofür ich den Preis zahlte, abgeschottet und außerstande zu sein, wirkliche Vertrautheit mit den Menschen in meiner Nähe zu erleben. Als ich gelernt hatte, zu meditieren, erwies sich das für mich als eine weitere Methode, meinen Emotionen zu entgehen. Alle spirituellen Bücher, die ich las, ermutigten mich, weiterhin einen Zustand anzustreben, in dem alle Gefühle auf immer verschwänden. (So zumindest deutete ich meine damalige Lektüre.)

Als ich zweiundzwanzig war, verließ mich – nach einer zweijährigen Beziehung – mein Freund. Ich war am Boden zerstört. Meinem Schmerz begegnete ich, indem ich in abgrundtiefe Teilnahmslosigkeit versank. Monatelang wachte ich jeden Morgen auf, um mich zu fragen, weshalb ich mir die Mühe machte, aufzuwachen. Eines Tages saß ich am Fenster und schaute hinaus in den Regen, als mir ein Gedanke kam: *Es muss etwas Radikales passieren, ich muss aus diesem Nebel erwachen.* Ich dachte daran, mit einem Fallschirm aus einem Flugzeug zu springen. Da ich freilich äußerst verzweifelt war, entschied ich mich für einen Sprung ohne Fallschirm: Ich nahm an einer Gruppentherapie teil. Die Vorsehung fügte es glücklicherweise, dass ich mich im extremsten Therapieprogramm einfand, das man sich vorstellen konnte: nicht zu schlafen, sich die Lunge herauszubrüllen, schonungslose Rückmeldungen zu erhalten und so viel Liebe, dass mein bedauernswertes Ego keine Chance hatte, zu überleben.

Ein Freund hatte mir eine Hauszeitschrift eines Therapie- und Meditationszentrums in Holland gegeben, und in derselben Nacht packte ich meine Taschen und trampte per Anhalter von Norwegen nach Holland. Am nächsten Tag kam ich spät abends in einem imposanten Backsteingebäude an, das mich an eine überalterte Internatsschule erinnerte. Eine Gruppentherapie unter dem Titel *Gefühle* hatte soeben begonnen. Ich hatte noch nie eine Therapie gemacht und keine Ahnung, was mich erwartete. Es war mir nicht einmal in den Sinn gekommen, dass ich meine Ankunft hätte ankündigen sollen. Ich wurde in ein Büro gebeten, um die Therapeutin zu treffen, die die Gruppe leitete. Sie stellte mir mit professioneller Haltung zunächst Fragen, um sicherzugehen, dass ich „okay" war. Mit einem misstrauischen Blick sah sie mich schließlich an. *„Weshalb bist du hier?"*, fragte sie, um mich dabei vom Scheitel bis zur Sohle zu mustern.

„Ich möchte Gott finden", hörte ich mich antworten – schwindlig und müde von der langen Reise. Vor allem wollte ich mich duschen und ins Bett. Sie schaute ihre Assistentin mit hochgezogener Augenbraue an, als ob sie sagen wollte: *„Hast du gehört, was ich gehört habe? Ist sie eine Spinnerin, oder was?"* Aber sie ließ mich in die Gruppe, und danach durfte ich mich duschen. Auf das Bett musste ich lange Zeit warten, da dieses spezielle Therapieprogramm Schlafentzug als eine Strategie verwendet, die Verteidigungsmechanismen zu schwächen und tiefe Gefühle hervorzurufen. Als Folge davon – und anderer ähnlich ungewöhnlicher Methoden – fand ich mich drei Tage und drei Nächte in einem Wirbelbad von Gefühlen. Ich durchlebte Kummer, Wohlgefühle, Zorn und Gelächter, und am Ende der drei Tage war ich neugeboren. Ich fühlte ein widerhallendes *JA* zum Leben, das ich, seitdem ich ein sehr kleines Kind gewesen war, nicht mehr gefühlt hatte. Ich war frei und offen; der Damm war gebrochen. Ich erinnere mich, es hatte sich so ergeben, dass ich auf der Rückreise in den Norden mitten in der Nacht die Grenze zwischen Deutschland und Dänemark zu Fuß passierte, indessen ich mich in einem derartigen Zustand der Glückseligkeit befand, dass die Zollbeamten unschlüssig waren, was sie mit mir anfangen sollten. Nachdem sie meine Taschen durchsucht hatten,

ohne irgendwelche spannenden Partydrogen zu finden, beschlossen sie, jeden Lastwagen anzuhalten, bis sie einen Fahrer gefunden hatten, der mich nach Hause mitnehmen konnte.

Indem ich mich dem Gefühl des tiefen emotionalen Schmerzes öffnete, konnte ich wieder tiefe Liebe spüren. Ich erkannte: Dies war ein ganz anderer Zugang, um für das ungebändigte Spektrum von Gefühlen, das mir in diesem Leben überantwortet wurde, Verantwortung zu übernehmen, als das Unterfangen, sie zu „kontrollieren". Ich wusste, ich hatte zu lernen, in der Essenz meiner Gefühle zu verweilen und ihnen zu erlauben, in sicherer Obhut meiner eigenen Gegenwärtigkeit zu fließen.

Obwohl ich der Psychotherapie für die Einweihung in die Welt der Gefühle dankbar bin, möchte ich betonen: Der Prozess des Mit-den-Gefühlen-Seins, den wir in diesem Kapitel erkunden werden, unterscheidet sich grundsätzlich von der Herangehensweise der Psychotherapie. Ein großer Bereich der Psychotherapie konzentriert sich darauf, Gefühle einzuordnen und ihre Ursachen in der Kindheit zu erfassen. Dies kann ein sehr hilfreicher Ansatz sein, um die Verhaltensmuster der Persönlichkeit nachdrücklicher wahrzunehmen. Einige deutlicher körperorientierte Zweige der Psychotherapie betonen den Wert der Katharsis, bei der man „Gefühle herauslässt". Dies ist ein guter Ansatz, um Emotionen aufzulösen, die als chronische Verspannungen im Körper eingelagert sind.

Unser Augenmerk hier richtet sich allerdings darauf, wie man als Frau die Einheit und die tiefe Kommunion mit der eigenen Essenz wiederentdecken kann, wenn man sich darin übt, sich Gefühlen gegenüber zu öffnen und sie als Energiewelle willkommen zu heißen, statt sich in Angst und Widerständen zu verkrampfen und aufzureiben. Wir können erforschen, wie Gefühle kommen und gehen, und dabei lernen, dass sie nicht unser Wesenskern sind. Wir ermöglichen den Gefühlen, durch uns zu fließen, und erleben sie schlicht als das, was sie sind: eine bewegte Energieladung. Durch diesen elementaren Teil der weiblichen Praxis entwickeln wir eine wohlwollende Beziehung zu unseren eigenen Gefühlen und zu denen anderer. Es ist nicht nötig durchzuarbeiten, woher das Gefühl kommt oder welche Ursache es hat. Und es geht beim Spüren von Gefühlen auch nicht darum, sie loszuwerden. Wir üben uns darin, uns aufgeschlossen gegenüber unseren Gefühlen zu zeigen, weil das zum menschlichen Leben dazugehört.

„Denk positiv"

Kürzlich bekam ich eine jener ungebetenen E-Mails, die häufig in meinem elektronischen Postkasten landen: mehr oder weniger interessante Nachrichten, Aufforderungen, mein Liebesleben zu verbessern oder Anfragen, eine Petition zu unterzeichnen. Es handelte sich hier um eine der interessanteren Sorte. Berichtet wurde über veröffentlichte Forschungsergebnisse, inwiefern emotionale Zustände auf die DNS wirken. Im Experiment wurde nachgewiesen, dass die DNS sich buchstäblich verschließt, wenn man heftige Gefühle von Wut oder Kummer spürt, und dass sie sich öffnet und ausdehnt, wenn man Glück und Harmonie fühlt. Ich finde es stets faszinierend, wenn man Wege findet, das wissenschaftlich zu beweisen, was wir längst erleben. In dem ehrgeizigen Kinofilm *What the Bleep Do We (K)now!? – Ich weiß, dass ich nichts weiß*[1] wird mithilfe ungewöhnlicher visueller Effekte die Realität aus der Quantenperspektive vorgeführt; danach lernen wir unbewusst, unsere Zellen zu trainieren, bestimmten Stimmungen gegenüber empfänglich zu sein. Je mehr wütende Gedanken und Gefühle man hat, desto mehr Wut-Rezeptoren bilden sich auf Zellebene und desto mehr Wut erlebt man in der eigenen Realität.

Was mich bei diesen und ähnlichen Beispielen aufwühlte, waren nicht die wirklich faszinierenden Studien an sich, sondern die Schlussfolgerungen, die anhand der Ergebnisse gezogen wurden; sie spiegeln die übliche Sicht auf die Psyche und die Gefühle wider. In beiden Fällen werden – nicht weiter hinterfragte – Vermutungen darüber angestellt, wie man „positive" Rezeptoren kultivieren kann beziehungsweise man sich beruhigen und die eigene DNS mittels

„positiver Gedanken" ohne Beimischung von „negativen Gefühlen"
aufschließen kann.

Meine Erfahrung mit Gefühlen ließ mich hingegen zur Einsicht
gelangen, dass nicht die Gefühle an sich das Problem sind, sondern
vielmehr das Denkschema, das die Gegebenheiten allesamt in negativ und positiv einteilt. Das Denkschema, das alles in „dies und
nicht das" aufteilt, ist die Wurzel unseres Leidens. Es ist unser gän-
giger Widerstand gegenüber Wut und das Sich-Verschließen angesichts von Wut, was die Wut so zerstörerisch machen – es ist nicht
die Wut als solche. Statt gegenwärtig im Körper zu bleiben, einzu-
atmen und sich der Wut zu öffnen, unterdrücken wir sie – oder
agieren sie aus, wodurch wir für uns und die Umstehenden eine
Hölle schaffen, so wie ich es damals mit dem armen Staubsauger
tat. Ich hatte damals noch nicht die Fähigkeit entwickelt, meine
Gefühle schlicht zu fühlen. Keiner in meiner Umgebung hatte überhaupt die leiseste Ahnung von dieser Möglichkeit. Aus Liebe zu mir
wollte meine liebe Mutter von mir, dass ich „meine Gefühle im
Zaum hielte", und so kam es, dass ich lange Zeit glaubte, mir blie-
ben nur diese beiden Alternativen: meine Gefühle entweder unter
Kontrolle zu halten oder sie auszuleben.

Die meisten Menschen betreiben einen großen Kraftaufwand,
um gewisse Gefühle fortzuschieben und andere herbeizuwünschen
und sich dabei so sehr in ihnen zu verheddern, dass sie zum Dreh-
und Angelpunkt ihres Lebens werden. Wir beeinträchtigen die ganz
einfachen und völlig natürlichen Energiebewegungen, indem wir
uns in einen lebenslangen Kampf gegen Gefühle hineinziehen lassen. Wir zucken unwillkürlich zusammen und leisten Widerstand,
wenn Gefühle auftreten, die wir als negativ einstufen, und in derselben Weise ziehen wir uns zusammen, wenn wir im Verlangen
nach willkommenen Gefühlen – wie Glück oder Gelassenheit – versuchen, diese festzuhalten.

Es gibt keine negativen Energien

In vielen spirituellen Lehren betrachtet man Gefühle als Ablenkung. Viele von uns haben sich in ihrem Frausein unwohl gefühlt dank ihres Engagements innerhalb spiritueller Traditionen, die beteuern, Gefühle würden uns von der Wahrheit und vom Göttlichen ablenken, die empfehlen, sichere Gefühle zu entwickeln und unsichere zu vermeiden. Für das Weibliche fühlt sich das an, als würde ein Arm amputiert, wenn Frauen gesagt wird, dass ihre Gefühle verschwinden müssen und sie weniger fühlen sollen. Die meisten Frauen, sofern sie gesund und mit der weiblichen Weisheit verbunden sind, wissen zweifelsohne, dass es widernatürlich ist, sich gegen diesen Fluss zu stemmen. Wenn auch die Schöpfer dieser geistigen Lehren Männer waren, die vermutlich begrenzte Kenntnisse des Reichs der Gefühle hatten, so waren sie die einzigen spirituellen Autoritäten, die uns Frauen als Führer zur Verfügung standen. Folglich fügten wir uns in dem schmerzlichen Auftrag, gegen unsere eigene Natur anzukämpfen, und unser Selbstvertrauen schwand.

Mit der Rückkehr des weiblichen Göttlichen wird uns eine Vorgehensweise vorgestellt, mit unseren Gefühlen zu sein – ohne uns mit Teufelshörnern oder mit Engelsflügeln zu verkleiden.

Wenn wir Frauen alle Konzepte und Gedankenschemata darüber, wie wir sein sollten, tilgen, wissen wir im Grunde unseres Herzens: Ein Gefühl als solches ist unschuldig; es erzeugt keine Anspannung. Gefühle sind weder positiv noch negativ. Ein angsterfülltes Verhältnis zur Gefühlswelt veranlasst uns bloß dazu, sie zu kategorisieren und uns gewissen Gefühlen zu widersetzen, während wir andere hegen und pflegen. Arjuna drückt es häufig so aus: *„Es gibt keine negative Energie, nur verwehrte Energie."* Die Widerstände und der lebenslange Kampf gegen Emotionen bringen die „schlechten Rezeptoren" hervor, erzeugen Anspannung und langfristig außerdem körperliche Krankheit. Weibliche Praxis heißt nicht, sich niemals zu ärgern; weibliche Praxis heißt jedoch, sich inmitten des Wutkerns fortwährend zu entspannen. Dieses entspannte, empfängliche Vorgehen wandelt die zerstörerische Kraft der Wut in ein Energiegeschenk um.

Bis hin zu Gott fühlen

Ich bin in der Küche des Kummers gewesen und habe alle Töpfe ausgeleckt. Sodann bin ich, in Regenbögen gehüllt, eine Harfe und ein Schwert in den Händen, auf ragenden Gipfeln gestanden.[2]

ZORA NEALE HURSTON

Die meisten Leute sind verblüfft, wenn ich den Umgang mit Gefühlen als spirituelle Übung anspreche. Wie können Gefühle, die uns so oft verführen, uns auf herzzerreißende Dramen einzulassen, ein Mittel sein, uns mit dem Heiligen zu verbinden?

Den natürlichen Fluss der Gefühle gewähren zu lassen, bedeutet nicht, unaufhörlich die Achterbahn emotionaler Dramen zu befahren. Wenn wir heftige Gefühle durchleben, ohne dabei Gegenwärtigkeit und Gewahrsein walten zu lassen, münden sie in Hysterie. Wenn wir kein Behältnis für unsere Gefühle haben, werden sie von dem zwanghaften Drang zu reagieren begleitet.

Unsere Gefühle zu unterdrücken und/oder auszuagieren, schreitet häufig in dieser Weise voran: 1) Du hast ein Gefühl. (*Ich fühle mich so machtlos.*) 2) Du schottest dich energisch ab und widersetzt dich dem Gefühl. (*Ich verdiene wirklich etwas Schokolade. Oh, schau, hier ist eine Portion Speiseeis. Ich werde diesen Monat von allen Mitarbeitern im Büro die beste Leistung bringen. Ich werde die Beste sein. Ich bin gut. Oh, mein Kopf, ich brauche eine Aspirintablette. Ich nehme fünf.*) 3) Aus der Anspannung geht ein unwillkürlicher Impuls hervor, den Verstand fieberhaft in Bewegung zu setzen. (*Ich frage mich, weshalb meine Chefin diese neue Aufgabe Anna übertrug und nicht mir? Sie mag sie lieber als mich. Es ist immer so. Keiner nimmt mich überhaupt wahr, keiner hat das jemals getan. Meine Mutter war auch so. Ich arbeite so schwer, doch keiner schätzt es wirklich. Das ist mir egal, ich werde mir eine andere Arbeitsstelle suchen, und dann wird es ihnen leid tun, wie sie mich behandelt haben. Dann werden sie erkennen, wie gut ich wirklich bin, dass ich die Beste bin.)* 4) Aus Mangel an innerer Akzeptanz projizieren wir nach außen, was verändert werden muss. *(Wenn ich nur einen anderen Arbeitgeber hätte. Sie braucht wirklich eine Therapie, um sich ihre Probleme anzuschauen. Sie verursacht ein ganz schlechtes Gefühl in mir. Und Anna bekommt bei jedem Meeting die volle Aufmerksamkeit. Sie sollte anderen Leuten hin und wieder auch etwas Raum geben.)* 5) Und dann explodieren wir. *(Hast du die jüngste Neuigkeit gehört? Anna hat die ihr übertragene Aufgabe mit großer Verspätung erledigt. Ich habe nichts gegen Anna, aber ich muss sagen, dass man ihr wirklich nicht vertrauen kann. Und wie ihre Haare aussehen ... Na ja, muss ich noch mehr sagen? Oh, Gott, schau, wie der Idiot fährt. Hey, du. Ja, du! Kannst du mir aus dem Weg gehen?)*

Wer eingebunden ist in eine zerstörerische Kettenreaktion abgewehrter Gefühle, dessen Achtsamkeit wird von der eigentlichen Essenz des Gefühls abgelenkt, was ihn vom eigenen Körper entfremdet und von Gegenwärtigkeit und Liebe abkoppelt.

Sehnen wir uns nicht alle – so oder anders – danach, die Liebe zu leben? Uns tiefgreifend mit jedem Augenblick zu verbinden, uns nachhaltig mit unseren Kindern, unseren Freunden und unserem Geliebten zu verbinden? Doch wir werden fortwährend von einem emotionalen Zustand nach dem anderen in Beschlag genommen. Wenn Gefühle aufsteigen, verschließen wir uns davor oder verstricken uns darin. Wir sind eifrig mit der dem Gefühl aufgepfropften Geschichte beschäftigt und verstärken die Getrenntheit. Ich würde sogar so weit gehen zu behaupten, dass Gefühlsdramen die Hauptwurzel des weiblichen Leidens und des weiblichen Zeitvertreibs sind. Deshalb verleiht es uns Freiheit und Spielraum, wenn wir lernen, natürlich und bewusst mit Gefühlen zu sein. Dann können wir inmitten eines jeden Gefühlszustands empfänglich für liebende Gegenwärtigkeit bleiben und mit ihr verbunden.

Das Behältnis: offene, liebende Gegenwärtigkeit

Der Schmerz vergeht, doch die Schönheit bleibt.

PIERRE-AUGUSTE RENOIR

Das Schlüssel zu dieser Freiheit ist unsere Bereitschaft, gegenwärtig zu bleiben, uns zu öffnen, wenn unsere Gewohnheitsmuster uns dazu bringen wollen, uns zusammenzuziehen. Diese weit offene Präsenz ist die Liebe an sich. Die Rede ist nicht von der „Ich-will-dich-Kleines"-Liebe, die kommt und geht (und treffender als „Bedürfnis" bezeichnet werden sollte). Wenn wir mit dieser Gegenwärtigkeit verbunden bleiben, aus der alle Gefühle aufsteigen und in der sie sich auflösen, stellen wir fest, dass selbst die heftigste Wut ein Ausdruck von tiefer Liebe zu sein vermag. Zorn, dem keine Geschichte von Ursache und Wirkung aufgepfropft ist und der sich auf niemanden richtet, kann die schönste Darbietung von Macht und Energie sein – für die Frau, die diese Wut erlebt, und für die Menschen in ihrer Umgebung. Derart umfassend gefühlte Wut erzeugt weder Leiden noch Zerstörung, welcher Art auch immer; stattdessen dient sie als weiteres Vehikel, durch das sich empfängliche Gegenwärtigkeit und Liebe ausdrücken. Sie ist pure Lebensenergie, die uns im gegenwärtigen Augenblick leiten kann – so effektiv wie ein beliebiges Mantra oder eine Yogastellung.

Diese kraftstrotzende spirituelle Übung öffnet uns einer völlig anderen Dimension des Lebendigseins, in der wir Liebe unmittelbar erleben können als unsere wirkliche Essenz, die beständig genau hier ist.

Jenseits von Schuldzuweisungen

Jeder von uns hat Komplexe, anlässlich derer wir uns zusammenziehen und in grimmigem Widerstand verschließen. Eine meiner größten Herausforderungen ist die Porno-Industrie, die unschuldige

Kinder missbraucht und Frauenhandel betreibt. Jahrelang habe ich als Therapeutin für Heranwachsende gearbeitet, die schon in sehr jungen Jahren mit Prostitution zu tun hatten. Dabei erfuhr ich, wie kostbar und zerbrechlich diese Mädchen in ihrem knospenden Frauendasein waren. Ihre Zukunftserwartungen waren häufig von einer harten Schale aus Zynismus verdunkelt. Früh hatten sie ihre Kindheit eingebüßt, und ihre Verletzlichkeit hatte sich in Scham gewandelt. Trotz allem: Tief im Herzen waren sie noch von unbestreitbar schöner Reinheit. Wenn ich mich darin einfühle, wie brutal diese Unschuld missbraucht und zerstört wurde, schreit mein ganzes Wesen vor Schmerz, und ich werde rasend. Mein Unvermögen, diesen Aspekt der Existenz zu akzeptieren, löst den unverzüglichen Impuls in mir aus, mich zu verschließen. Mein Körper verhärtet sich, und mein Kiefergelenk spannt sich. Ich spüre verzweifelten Widerstand im ganzen Körper, und der Hass auf „die Missbraucher" gleicht einem Tornado.

Als sich meine geistige Praxis vertiefte, habe ich diese Kontraktion, ihre Beziehungslosigkeit und ihren Irrsinn allmählich wahrgenommen. Ich erkenne, dass der Zustand, in dem ich erstarre, genau der Zustand ist, der Missbrauch hervorruft. Dieses Zumachen und die Unfähigkeit, mit anderen und uns mitzufühlen, macht uns zu Missbrauchern.

Während ich meine Praxis vertiefe, wallen weiterhin Gefühle auf, worauf ich nun allerdings meine Aufmerksamkeit lenken kann. Ich bin außerstande, rasende Wut und Schmerz zu fühlen, kann sie jedoch in offener Gegenwärtigkeit fühlen, verbunden mit der alles durchdringenden Liebe. Ich kann erkennen: Der Mann, der seine zerstörerische Handlungsweise auf ein zwölf Jahre altes Mädchen oder einen Jungen richtet, ist aus derselben Liebe geschaffen. (Ich beziehe mich hier beispielhaft auf einen Mann, da die Mehrheit der Menschen, die Sex mit Kindern betreiben, Männer sind – womit ich keineswegs unterstellen will, dass Männer im Allgemeinen Missbraucher sind.) Gewissermaßen sehnt er sich nach der gleichen Verbindung wie wir alle, hat sich aber von der Quelle abgespalten, die unsere gemeinsame Quelle ist. Er hat nicht gelernt, wie er seine Triebhaftigkeit und Minderwertigkeitsgefühle, seine Einsamkeit und Wut in bewusster Weise fühlen kann. So zur Geisel des Unerträglichen geworden, misslingt es ihm, an seine Würde zu glauben.

Sollte er für seine Handlungen zur Rechenschaft gezogen werden? Ja, unbedingt. Aber fühle ich etwas jenseits der Befriedigung, mit dem Finger auf ihn zu zeigen? Kann ich das unbefleckte Land in ihm fühlen, wo er und ich uns in aufnahmebereiter Einsicht treffen – an einer Stelle, wo unsere Unterschiede transparent werden? Ich übe mich darin, meine Wut und meinen Schmerz zu spüren, meine Nichtbereitschaft zu akzeptieren und die offene Gegenwärtigkeit zu fühlen, in der dies alles geschieht. Mit der Übung wird der reaktive Kreislauf unterbrochen, und wir werden Teil der Lösung des Erwachens, statt genau die Trance zu verstärken, die uns dazu angestiftet hat, einander so qualvoll zu betrügen – die Trance der Getrenntheit.

Wo machst du zu und verschließt dich?
Wo teilst du dein Leben?
Wo sagst du: „Dies und nicht das"?

Du kannst es zu deiner Meditation erklären, mit deiner Gegenwärtigkeit und Liebe offen und verbunden zu bleiben, während du tief fühlst – selbst dann, wenn du Dinge fühlst, die man normalerweise nicht als liebevoll bezeichnen würde. Verwechsle die tiefere Verbundenheit mit einer Liebe, die Gegensätze umarmt, nicht mit der „Gefühls"-Liebe. Die Liebe, von der ich spreche, ist kein Gefühlszustand. Sie ist das unfassbare Gewebe, das uns alle miteinander verbindet. Sie ist der Ort, wo all deine Wünsche zur Ruhe kommen, wo du zu Hause bist und nicht mehr jener verängstigte Mensch, der sich hinter einem abweisenden Schutzwall verbirgt.

Die Welle der Unbeständigkeit reiten

Was ist Leben? Es leuchtet auf wie ein Glühwürmchen
in der Nacht. Es vergeht wie der Hauch des Büffels im
Winter. Es ist wie der flüchtige Schatten, der über das
Gras huscht und sich im Sonnenuntergang verliert.[3]

CROWFOOT

In der weiblichen Praxis verschaffen wir uns Zugang zum inneren
Frieden, einem Frieden, der uns alle verbindet, während wir durch
und durch an dem flüchtigen, sich stets verändernden Augenblick
teilhaben. Im ewigen Tanz von Form und Materie wirbelnd, wissen
wir, dass dieser besondere menschliche Körper im größeren Gefüge
lediglich ein Staubkorn ist. Einige Atemzüge und er ist ... hinweg!
Verschwunden. Viele spirituelle Lehren nehmen für sich in Anspruch, sich in weltlichen Dingen nicht sonderlich zu engagieren,
da alles eh nur vorübergehend sei. Sie argumentieren so: *„Leidende*
Kinder? Im großen Zusammenhang bedeutet das nichts. Das Irdische ist
eine Illusion." In der weiblichen Praxis tauchen wir mit vollem Herzen in das Reich der Formen ein und engagieren uns nach Kräften,
um jeden Augenblick mit Liebe zu erfüllen. Liebe nur um der Liebe
willen. Stimmt, die Formenwelt ist ach so zeitlich begrenzt, aber
nichts kann Form und Formloses voneinander trennen, nur der Verstand. Also lieben wir. Mit Begeisterung und Mitgefühl verfeinern
wir Empfänglichkeit und Gegenwärtigkeit – nicht, um dem Leben
zu entfliehen, sondern um es zu integrieren und um sowohl Form
als auch Formloses willkommen zu heißen. Gefühle sind lediglich
wirbelnde Energie, die im Nu vorhanden und gleich darauf verschwunden ist. Werden sie vollständig gefühlt, kommen und gehen
sie, ohne Spuren zu hinterlassen.

Wenn ich in Praxisseminaren und Einzelsitzungen mit Frauen
zusammen bin, wenden wir viel Zeit auf, die beschränkte Sicht im
Hinblick auf Gefühle zu lockern, und wir laden die Gefühle ein,
wieder in den freien Fluss zurückzufließen, wo sie hingehören und

wo sie ihrer eigenen Gangart gemäß kommen und gehen können. Das Wunderbare dabei ist, dass die Gefühle in diesem Fluss ständig wechseln. Am Anfang ist Wut da, die sich in kraftvolles Gelächter wandelt, gefolgt von begehrender erotischer Energie, die in kummervolle Tränen mündet, um sich sodann in Dankbarkeit und tiefe Verehrung aufzulösen. Und unversehens vertiefen wir uns in glühender Liebe im Augenblick, indem wir das Unerklärliche in einem pulsierend lebendigen Körper ausstrahlen. Für das weibliche Herz ist das freie Fließen der Gefühle der unmittelbare Weg in die Freiheit des gegenwärtigen Augenblicks. Unsere Gefühlswelt ist mit derart vielen Konzepten und Neurosen belastet worden, dass ein gewaltiges Erfahren von Auflösung und Ekstase einsetzen kann, sobald wir diese Last abwerfen.

Die aufgepfropfte Geschichte

Das Reich der Formen ist sehr eng mit unseren Konzepten von Zeit und Kausalität (Ursache und Wirkung) verquickt – und diese Verkettung hat sich uns tief eingeprägt. Daher beziehen wir uns auf diese Weise auch auf Gefühle. Das meine ich mit dem Hinweis, dass wir unseren Gefühlen eine „Geschichte" aufpfropfen. Wir sind eher damit beschäftigt, die Ursache eines Gefühls zu erklären – vielfach indem wir äußere Umstände ansprechen –, statt uns dem Gefühl als solchem zu widmen: *„Ich bin so ärgerlich, weil du nie sagst, dass ich schön bin. Wenn du dich nur ändern könntest, dann könnte ich glücklich sein."* Oder *„Ich fühle mich deprimiert, weil es nie nach meinem Willen läuft im Leben. Wenn ich bloß ein wenig Glück hätte."* Oder *„Wäre ich nur schlanker, dann hätte ich nicht das Gefühl, dass alle anderen Körper besser sind als meiner."*

Wer glaubt, sein innerer Zustand würde sich ändern, wenn sich nur die Gegebenheiten außen veränderten, bevorzugt das eine und widersetzt sich dem anderen. Dann führen Gefühle zu schmerzlichen und aufreibenden Anspannungen im emotionalen Drama.

Wir können die Fertigkeit üben, Projektionen „zurückzunehmen". Wir können lernen, zu begreifen, dass *„es nichts damit zu tun hat, ob du mir sagst, dass ich schön bin oder nicht. Ich fühle so, weil mein Vater nie für mich da war."* Natürlich drückt das obige Beispiel eine deutlich bewusstere Haltung aus, als allem und jedem um uns herum Schuld zuzuweisen, obwohl man auch hier in der Vermutung gefangen bleibt, es gäbe eindeutige Ursachen für die eigenen Gefühle. Die Wahrheit ist, dass es unmöglich ist, sicher zu wissen, weshalb wir fühlen, was wir fühlen; der Intellekt ist nicht wirklich jemals imstande, die Mysterien der Gefühlswelt zu erfassen. Vielleicht ist es dein Geliebter, vielleicht dein Vater oder vielleicht eine Funktionsschwäche deiner Leber, was dich veranlasst, so zu fühlen, wie du es tust.

Pfropft man der Schwingung eines Gefühls eine Geschichte auf, bleiben Gefühle viel länger vor Ort, als es ihrer Natur entspricht. Bei einem Gefühlsstau kann man tagelang „launisch" sein. Sobald die gereizte Stimmung abzukühlen beginnt, ist nur ein Kurzbesuch im Land der Geschichten nötig, um ihr Feuer wieder anzufachen.

Hilfe, ich ertrinke!

Es kann nicht oft genug wiederholt werden: Der Prozess der Erforschung und Erneuerung und die Freude an unserem natürlichen Verhältnis zu Gefühlen beruht auf der Fähigkeit, im eigenen Körper gegenwärtig zu sein. Während der Eingewöhnungsphase, wenn die eingerosteten Bremsen gelöst werden, durchleben viele Frauen eine überwältigende Welle aus Trauer, Ernüchterung, Zorn und Liebe. Viele unter uns haben lange gefürchtet, dass wir, wenn wir wirklich aufhören, unsere Gefühle zu kontrollieren, verrückt werden würden, „zu viel" sein würden, als schwach geringgeschätzt würden, in einem endlosen Tränenmeer ertrinken, uns in Gefühlen verlieren oder die Männer abschrecken würden. Emotionen, die so lange Zeit unterdrückt oder beherrscht worden sind, „drehen jetzt durch", und wir kommen nicht umhin, ihnen einen sicheren Raum bereitzustellen – wo die frisch entlassenen Gefangenen reichlich Platz finden und atmen können.

Obwohl diese Phase vorübergehen wird, geht das Leben an sich nie vorüber; es wird sich weiterhin entfalten, manchmal angenehm, manchmal rau. Geliebte Menschen sterben; Mutter Natur regt sich in unvorhersehbarer Weise und beschert einer Familie Überschwemmung und einer anderen Dürre. Wir werden verschmäht, wir verlieren Geld, und unser Körper wird von leichteren oder schweren Krankheiten heimgesucht. Um dem Leben in der Leiblichkeit in Gänze zu begegnen, ohne daran zugrunde zu gehen, jedoch auch, ohne die Gefühle zu unterdrücken, müssen wir Nischen schaffen, in denen wir unseren Gefühlen behütet begegnen können. Jeden Morgen ein Ritual zu zelebrieren, in dem du uneingeschränkt den Verlust deiner Ehe betrauern kannst, ermöglicht dir, entspannter in den Tag zu gehen und auf die anstehenden Bedürfnisse einzugehen. Täglich eine Angst-Meditation durchzuführen, in der du dir erlaubst, fünf Minuten lang vor Schreck zu zittern, dir die schlimmsten Ereignisse vorzustellen, holt die zugrunde liegende sorgenvolle Unterströmung aus ihrem Versteck hervor.

Der kraftvollste Ansatz, den ich kenne, ist, gemeinsam mit anderen Frauen eine Oase zu schaffen, in der die Gefühle ungehindert fließen können. Das kann bei Frauen-Einkehrtagen oder in kontinuierlichen Zirkeltreffen geschehen. In Nevada City, wo ich wohne, treffen wir uns immer montags zur „Tempelnacht". Bei dieser Gelegenheit spielen wir häufig mit dem Gefühlsausdruck – nicht, um Gefühle in kathartischer Weise loszuwerden, sondern um der Alchemie der Bereitwilligkeit den Weg zu ebnen. In unserem „*Tempel des weiblichen Stroms*" entdecken wir, dass beliebige Gefühle, stark verdichtet, komprimiert ausgedrückt, ebenso das Potenzial haben, das Göttliche zu offenbaren wie ein völlig hingebungsvoller, empfänglicher Ausdruck. Es ist unnötig, unsere Gefühle zu ändern oder „positiver" zu machen. Um unseren Widerstand zu besänftigen, müssen wir uns einfach an die liebende Gegenwärtigkeit erinnern und in ihr ruhen.

Das Heiligtum des weiblichen Fließens in unserem Leben bietet uns die Gelegenheit, mit den Emotionen, die im Alltag und in zwischenmenschlichen Interaktionen mit Mitmenschen auftauchen, nüchterner und gefasster umzugehen und sie willkommen zu heißen. Fortgeschrittene praktizierende Frauen können tiefe Gefühle empfinden, ohne dass es überhaupt jemand bemerkt. Es wird wahrgenommen, dass wir nachhaltiger Präsenz und Liebe ausstrahlen und eine wohltuende Weichheit und Empfänglichkeit verbreiten.

Während wir unsere Fähigkeit entwickeln, Gefühle zu begrüßen, entdecken wir: Es ist unnötig, sie fortgesetzt überaus dramatisch zu äußern. Wir dürfen wieder den Fluss der Gefühle spüren, so wie wir ihn aus Kindertagen kennen, doch inzwischen sind wir erwachsen und können unseren Emotionen einen Rahmen der Gegenwärtigkeit bieten. Wir müssen uns keinesfalls, wenn wir entrüstet sind, tobsüchtig auf den Boden werfen und mit Fäusten und Beinen um uns schlagen, noch müssen wir unsere Gefühle unter Kontrolle halten oder sie unterdrücken. Wir können einfach fühlen. Wir nähern uns immer mehr der Essenz des Gefühls – die keineswegs zwangsläufig irgendeinen äußeren Ausdruck benötigt. Es geht darum, Überschäumendes auszugleichen, indem man in der Essenz der Gefühle verweilt und sie lediglich fühlt, ohne damit irgendwohin zu gehen oder etwas damit zu tun. Sobald die Akzeptanz umfassend und durchdringend ist, ziehen Gnade und Schwerkraft einen mitten hindurch und auf der anderen Seite wieder heraus – wodurch ein weiteres Teilstück in die Ganzheit integriert wurde.

Selbst wenn du den Ausdruck der Gefühle begrüßt und deine Umgebung damit womöglich sehr beschenkst, lohnt es sich zu bedenken, dass das tiefe Erfühlen nicht unweigerlich bedeutet, eine melodramatische Arie zu schmettern. Als bekennende Dramenkönigin weiß *ich* darüber genau Bescheid, dass man mit vehementer Abwehrhaltung unversehens den Ablauf dramatisieren kann, nur um das tiefgründige Eintauchen in die Ganzheit erfolgreich zu verhindern.

Hilfe, ich bin gefühllos!

Während eine Frau in einem Tränenmeer nach Luft ringt, hegt eine andere eine gegenteilige Besorgnis. *„Ich kann mich nicht wirklich fühlen. Ich drifte ab.“* Möglicherweise verbringt sie den Großteil ihrer Zeit in einer sehr vernunftmäßig orientierten Geschäftswelt und hat ihr Gefühlsleben wirksam in einem Aktenschrank abgelegt. Möglicherweise wurden ihre Grenzen verletzt, und sie hat sich angewöhnt, sich in eine rosafarbene Traumwelt zurückzuziehen, wo sie sich vormachen kann, in Sicherheit zu sein. Möglicherweise ist sie auch einfach eine Frau, die sich wie ein tiefer samtiger Waldsee nur in sanften Wellenbewegungen regt. Man kann weder sich noch andere zwingen, sich zu öffnen und nachhaltiger zu fühlen. Will man ein Kätzchen unterm Sofa hervorlocken, nützt es nicht viel, zu brüllen oder zu drängeln. Sanfte Geduld und entspanntes Annehmen des Gegebenen nützen in diesem Fall wahrscheinlich mehr. Man fühlt seine Emotionen genau in dem Maß, wie man sie fühlt. Man weiß nicht sicher, ob es gerade jetzt anders sein sollte. Möglicherweise wird es immer nur so sein, wie es jetzt ist – wer weiß? Es fragt sich, ob wir mit dem, was ist, einfach so wie es ist, gegenwärtig sein können?

In jedem Augenblick kannst du dich entspannt in der Aufgeschlossenheit einfinden, aus der alle Gefühlsschwankungen hervortreten. Deine Selbstzweifel dürfen sein, deine Gefühllosigkeit darf sein, dein Abdriften darf sein. Erwäge jedoch, dein Augenmerk auch auf die Gegenwärtigkeit und die Liebe zu richten, die ebenfalls immer anwesend sind.

ÜBUNGEN

Der Körper als Gefühlsbehälter

Beginne damit, deinen Körper zu überprüfen, indem du jeweils einige Atemzüge lang mit dem Gewahrsein im Bauch, im Brustkorb, in den Schultern und im Mundraum verweilst. Fühle, wie diese schlichte Gewahrseinsübung dich weicher werden lässt, wie Gewahrsein Raum schafft. Verweile nun mit dem Gewahrsein auf deiner Atmung. Stelle dir vor, dass du dich durch Atmen dem jetzigen Augenblick öffnest. Verweile nun noch tiefer in dir selbst und sei dir des Gewahrseins an sich gewahr. Den goldenen Schlüssel zur weiblichen Lebensweise hast du gefunden, sobald du erkennst, dass – unabhängig davon, was soeben geschieht – auch der offene Raum immer gegenwärtig ist.

Erlaube dir, verblüfft zu sein und dich dem hinzugeben, was von Augenblick zu Augenblick in dir auftaucht, auf der Welle der Unbeständigkeit zu reiten, während du dich entspannt einlässt und öffnest. Übe das so häufig wie möglich, damit es dir zur Gewohnheit wird, dem Leben auf diese Weise zu begegnen. Heftigen Gefühlen, die sich in dir regen, wirst du besser gerecht, wenn du ihnen mit offenem Gewahrsein begegnest.

Um aufzuzeigen, wie praktisch diese Vorgehensweise ist, wiederhole ich die einzelnen Schritte:

1. Achte darauf, was in deinem Körper geschieht, wenn Gefühle auftauchen.
2. Atme, um dich entspannt auf deine Gefühlswelt einzulassen.
3. Ruhe in deiner eigenen Gegenwärtigkeit, und lasse dich entspannt auf das Gewahrsein ein, in dem alles auftaucht.
4. Erlaube dem, was hochkommen muss, da zu sein, ohne dem Bedürfnis nachzugeben, ihm eine Geschichte aufzupfropfen.
5. Fühle die Emotion, und lass sie gehen.

Die Oase der Gefühle

Du kannst diese Übung allein oder gemeinsam mit anderen Frauen durchführen. Sie lädt dich ein, die Freiheit des völlig gelösten und spontanen Fließens der Gefühle zu genießen. Stelle dir auf einer Kassette oder einer CD eine Musikmischung zusammen, auf der gedämpfte, sinnliche, schwungvolle, sehnsuchtsvolle, orientalische und andersartige Musikstücke enthalten sind. Versuche, ein musikalisches Potpourri zusammenzustellen, das ein abwechslungsreiches Spektrum an Schwingungen widerspiegelt und selbstredend mit sanfter Musik ausklingt. Du brauchst einen Raum, in dem du dich frei bewegen und Töne von dir geben kannst. Stelle die Musik an, und genehmige dir mindestens dreißig Minuten, um dich auf deinen Körper einzustimmen, zu atmen, dich zu schütteln und dich voll und ganz zu fühlen und auszudrücken, welche Gefühle auch immer aufsteigen. Ungezwungen zu tönen, ist eine der kraftvollsten Methoden, dich mit deinem Körper und deinen Gefühlen zu verbinden. Falls du in deinen Armen eine Regung spürst, gestatte ihr, sich als Bewegung auszudrücken. Sollten irgendwelche Töne in dir aufsteigen, lass sie sich äußern.

Sobald du bei dem sanften Musikstück zum Ausklang angelangt bist, sammle dich einige Minuten und achte darauf, wie es sich anfühlt, es durch dich strömen zu lassen. Fühle deinen Körper – mit den Füßen auf dem Boden.

Je weniger wir uns der chaotischen Gefühlswelt widersetzen, umso weniger bedrohlich wird sie sein. Die meisten Frauen, die sie willkommen heißen, finden sie sehr erfreulich und erfrischend. Schwingen wir in der eigenen Gegenwärtigkeit, so haben wir unerschöpflichen Raum, allerhand Gefühle in uns auftauchen zu lassen, die uns offenbar durchströmen müssen.

Was ist das Weibliche?

Als Übung mit einer Freundin:
Bereitet diese Übung vor, indem ihr euch Stifte und Schreibblöcke besorgt. Setzt euch einander gegenüber und haltet sanften Augenkontakt. Deine Freundin stellt dir die Frage: *„Was ist das Weibliche?"* Sie schreibt die Antworten auf, die in dir aufsteigen. Sie macht keinerlei Anmerkungen dazu oder sonstige Kommentare. Falls du verstummst, kann sie die Frage wiederholen.

Wenn du die Frage hörst, sprichst du nur laut das aus, was auch immer in dir auftaucht. Es gibt keine richtige Antwort. Du antwortest fünf Minuten lang in vielen Schichten, die nacheinander freigelegt werden. Lasse dich überraschen. Nach fünf Minuten könnt ihr die Rollen wechseln; nun kannst du die Frage stellen und deine Freundin antwortet.

Als einzeln ausgeführte Übung:
Schließe für einige Minuten deine Augen, und verbinde dich mit deinem Körper. Bemerke, wie du sitzt, achte darauf, wie der Atem in deinen Körper ein- und ausströmt. Fühle deinen Bauch, fühle dein Herzchakra im mittleren Teil deines Brustraums. Wenn du innerlich angekommen bist, öffne die Augen und schau die Eingangsfrage dieses Abschnitts an. Lasse die Frage in dich einsinken, ohne irgendwie zu versuchen, Antworten auszutüfteln. Beginne niederzuschreiben, was auch immer in dir auftaucht, und erlaube dir, unzusammenhängend oder irrational zu sein. Schreibe weiter, ohne viel dabei nachzudenken. Versiegt der Wortfluss, schau dir die Frage erneut an, und stelle sie dir.

Komm dir näher

Nimm dir einen Augenblick, um die Bewegungen des Atems zu beobachten. Achte darauf, wie schnell der Atem ist und wie tief er reicht. Bewegt er sich in deinem Brustkorb, im Solarplexus oder bis ganz hinunter in den Bauch? Achte einfach darauf. Schwinge dich nun in deinen ganzen Körper ein und frage dich: „Was ist jetzt vorhanden?" Sind Gefühle da? Körperliche Verspannungen? Bewegungen? Geräusche? Erlaube deinem Gewahrsein, zu fließen, wohin es auch immer möchte. Nutze deinen Atem, um dich mit dem Ort zu verbinden, auf den deine Aufmerksamkeit fällt. Drücke es aus, und gib ihm Raum, ohne dabei Wörter zu benutzen. Frage dich sodann: „Und nun, was ist jetzt vorhanden?" Sei empfänglich für Veränderung und gib ihr Raum. Wiederhole dies, bis du fühlst, mit dem Fluss des sich ändernden Erlebens – das sich jetzt ereignet – verbunden zu sein.

Kapitel 3

Wenn die Zeit erfüllt ist:
Lebens- und Todeszyklen als Lehrer

Säuselnd dreht sich der Wind. Morgens riecht die Erde anders. Der Wechsel der Jahreszeiten ist uns bekannt. Wir wissen intuitiv, wann die Zeit gekommen ist. Wir tragen unseren Stuhl in den Hof hinaus, um dort einfach zu sitzen und so zu lauschen, wie wir es immer getan haben. Wir lauschen den uralten Liedern aus dem Herzen aller Herzen, das uns zuraunt, wann wir das sterben lassen sollen, was sich aufmacht zu gehen, und dem ins Leben verhelfen sollen, was bereit ist, geboren zu werden. Wir betreten die Kathedrale des schlichten Einblicks, auf deren Altar die Bereitwilligkeit liegt, das geschehen zu lassen, was geschehen muss.[1]

Während wir Gegenwärtigkeit im Körper ausbilden und unsere Fähigkeit zunimmt, den Grund zu fühlen, können wir uns allmählich auf die latenten Vorgänge in unserem Körper und unserer Umgebung einstimmen und uns über die zyklischen Veränderungen des Gegebenen bewusst werden. Der Körper einer Frau ist von Natur aus fein auf die Kreisläufe des Lebens und Todes eingestimmt. Da Frauen anhand der geheimnisvollen Veränderungen in ihrer Gebärmutter mit den Mondzyklen einhergehen, erfahren sie jeden Monat die Macht dieser Zyklen hautnah.

Wenn wir uns mit der ausgewogenen Schönheit der Zyklen des Lebens und Todes vertrauter machen, brauchen wir dem Tod, der Stille oder der Dunkelheit nicht mehr auszuweichen, sondern können allmählich erkennen, dass sie allesamt unentbehrliche Phasen des Lebens sind. Um jene Hoffnungen und Träume, die wir beiseite legen mussten, können wir trauern, doch nicht allzu lang. Mit hellwachen Sinnen können wir von den Bäumen lernen, wenn sie im Herbst ihre Blätter fallen lassen. Die Härte des Winters, die Stille, die sich nach innen richtende Ruhephase, können wir begrüßen. In der Auflösung, im Unbekannten, in der Blöße, die das ganze Universum darbietet, nachdem der Schnee geschmolzen ist, ist Schönheit zu entdecken. Wenn auch die Landschaft herb und kahl aussehen mag, fällt es dem bereitwilligen Auge nicht schwer, verborgene Knospen zu erspähen.

Wenn dann im Frühling die Sonne wiederkehrt, kann man die rückhaltlos ekstatische Feier des neuen Lebens betrachten. Man kann sich an der reinen Pracht der Schönheit dieser Jahreszeit des Neubeginns erfreuen. Und indem wir unseren Körper Zelle um Zelle öffnen, mildern wir die Abwehrhaltung und lernen, wieder nachhaltig zu fühlen: Wir sind Teil eines rhythmischen Einklangs, der grandioser ist als irgendetwas, das unsere Armbanduhren uns mitteilen können.

Ebbe und Flut

Wer von den Rhythmen des Lebens abgekoppelt ist, findet Veränderungen aller Art schrecklich. Wir verweilen zu lang in destruktiven Umständen oder eilen hektisch von Ort zu Ort in dem Versuch, die Angst abzuschütteln, indem wir Veränderungen anstreben, deren Zeit noch nicht gekommen ist. Die folgende Geschichte von Maryanne – einer Frau, die mich gelegentlich für Beratungssitzungen aufsucht – veranschaulicht, wie transformierend es für eine Frau kann sein, sich mit ihrem natürlichen Gezeitenfluss vertraut zu machen.

Maryanne erinnert mich an eine Wikingerfrau aus meinem Heimatland Norwegen. Sie ist groß und stark und hat lange, dicke, heufarbene Haare, und normalerweise strahlt sie genügend Kraft aus, um sich auf einen Zweikampf mit einem Bären einzulassen. An diesem besonderen Nachmittag im November, der sehr grau und regnerisch war, saß sie jedoch auf dem Futon in meinem Heilungsraum und brachte kaum die Kraft auf, ihren Kopf hochzuhalten. Tränen liefen ihre blassen Wangen hinunter, und als sie ihre Nase putzte, murmelte sie wiederholt: *„Das bin ich nicht. Ich bin so erschöpft, ich bin nicht so."* Mit verzweifeltem Blick schaute sie zu mir hoch, in einem Haufen von Kleenextüchern sitzend: *„Ich weiß nicht, was passiert ist"*, heulte sie.

Sie hatte schon ihren Arzt aufgesucht, der nichts feststellen konnte, was körperlich bei ihr nicht in Ordnung gewesen wäre. Er empfahl ihr Antidepressiva. Obwohl Maryanne zu diesem Zeitpunkt ziemlich niedergeschlagen war, lehnte sie die Tabletten ab.

„Ich weiß, dass ich in dieser Sache etwas zu lernen habe", sagte sie, *„aber bei der Frage, worum es geht, tappe ich völlig im Dunkeln."* Meiner Meinung nach ist das ein bilderbuchmäßiger Ausgangszustand dafür, sich ans Werk zu machen. Also rollten wir unsere Ärmel hoch und begaben uns auf die Abenteuerreise heimwärts zu ihrer inneren Weisheit.

Maryanne war Mutter von drei Töchtern im Alter von drei bis dreizehn Jahren, und sie war außerdem eine begnadete Eheberaterin. Sie und ihr zwölf Jahre jüngerer Ehemann engagieren sich stark in der örtlichen Umweltschutzbewegung und sind beide rührige Wanderer. Sie ist auch die Art von Frau, mit der man mitten in der Nacht telefonieren kann – was tatsächlich viele tun. Man trifft sie dabei stets aufgeräumt an, ganz und gar präsent und ganz Ohr.

Wir sprachen über Rhythmen. Obschon Maryanne so viel Kraft aufwandte, um die Natur zu schützen, war sie unachtsam hinsichtlich dessen, wie sich die Jahreszeiten auf ihre Körperrhythmen auswirkten. Eine Weile lang unterhielten wir uns über den Gänseschwarm, der eine Woche zuvor die Gegend verlassen hatte, über das kühle Wetter und den Regen, der gegen die Fenster prasselte. Wir sannen über die fallenden Blätter und die atemberaubende

Farbenpracht nach, die wir im Oktober gesehen hatten. Während wir miteinander sprachen, bemerkte ich, dass sich ihr ganzes Gebärdenspiel umwandelte und weicher wurde. Das teilte ich ihr mit. Erneut füllten sich ihre Augen mit Tränen, diesmal aber mit Tränen anderer Art. Maryanne fing an, mir ihre Erinnerungen zu erzählen: Dass sie es als Kind geliebt hatte, in den Wald zu laufen, um zu lauschen, wie der Wind in den Baumwipfeln säuselte. *„Ich liebte den Wind; er sprach mit mir.“* Auf einmal sah sie mich verzagt an.

Dann unterhielten wir uns über die Mondzyklen und darüber, dass die Menstruation eine Reinigungsperiode und Ruhephase ist. Sie sah verdutzt aus und gestand, dass sie darüber niemals nachgedacht hatte. Tatsächlich fühlte sie sich, wie die meisten Menschen, sogar durch den Nacht-und-Tag-Rhythmus gestört. Wir benutzen ja beispielsweise künstliches Licht, das uns die ganze Nacht wach halten kann. Sie schliefe nicht gut, sagte sie.

Gemeinsam und besonnen betrachteten wir ihr Leben und gaben uns daran, ihre wahren Rhythmen zu erkunden.

Für den kommenden Monat war es ihre Hausaufgabe, täglich Tagebuch zu führen und einzutragen, wie ihr Kräftehaushalt war, welche Gedanken sie hatte, wie motiviert sie sich fühlte, etwas zu tun, oder wie sehr sie sich nach Ruhe sehnte. Sie sollte auch aufschreiben, wie sehr sie auf ihren Körper hörte und wie oft sie ihn missachtete.

Einen Monat später traf ich Maryanne wieder. Draußen lag Schnee. Sie saß vor mir mit geröteten Wangen und einer Weichheit, die ich zuvor in ihr nicht gesehen hatte. *„Ich fühle mich nun fraulicher“*, sagte sie. *„Ich fühle, dass dieser Prozess mich mit etwas Altehrwürdigem, etwas Größerem als ich es bin, verbunden hat. Ich fühle mich wie eine Mystikerin.“*

Maryanne hatte erkannt, dass insbesondere der Winter für sie wichtig war – dass er eine Zeit war, in der sie nach innen gehen und sich mehr ausruhen sollte. Und als sie sich das erlaubte, entdeckte sie eine Energiequelle, die einer ganz anderen Dimension entsprang als das mechanische „Tun“, dessen Sklavin sie vormalig gewesen war. Ihre Kinder hatten anfangs protestiert, als ihre Mama nicht mehr verfügbar war, wenn sie mit den Fingern schnippten. Doch nach einer Weile entdeckten sie eine noch nie da gewesene Mama, eine, mit der sie auf ganz neue Art kuscheln und zusammen sein konnten. Maryanne und ihr Ehemann erkannten während des Prozesses, dass sie an unterschiedlichen Arten von Aktivitäten Freude fanden. Und durch die Berücksichtigung dieser Unterschiede stießen sie auf eine Polarität, die zwischen ihnen Erregung aufkommen ließ. Ihr Ehemann teilte Maryanne mit, dass er sie rätselhaft und attraktiv fand. Sie strahlte eine weibliche Weisheit aus, die ihn veranlasste, sie auf neue Weise zu respektieren und achten.

Der Großteil unseres Lebens unterliegt den künstlichen Rhythmen unserer Kultur und Gesellschaft, die sehr stark von den männlich geprägten Prinzipien – wie Produktivitäts- und Leistungsmentalität – geprägt sind. Eine der häufigsten Klagen unserer Kultur ist, nicht genügend Zeit zu haben. Stress und Erschöpfungszustände sind die neuen Heimsuchungen. Wir leiden an Schlaflosigkeit – und doch ist kaum jemand wirklich wach.

Indem wir die spirituelle Praxis des Weiblichen vertiefen und uns mit dem Körper verbinden, entwickeln wir eine achtsame Empfänglichkeit für den Augenblick und bemerken allmählich auch diverse Fingerzeige. Vielleicht steigst du, ohne zu wissen weshalb, eine Station früher als sonst aus dem Bus und siehst dort zufällig ein Haus, das zum Verkauf steht – und im Anschluss daran für die nächsten zehn Jahre dein Zuhause wird. Womöglich bringt dich ein gewisses Lied im Radio dazu, deine Büroarbeit liegen zu lassen, um hinauszugehen und dich ins Gras zu legen und eine Weile zu weinen. Oder vielleicht wachst du eines Morgens auf und fängst plötzlich an, einen Brief an eine alte Freundin zu schreiben, an die du jahrelang nicht mehr gedacht hast. Dinge geschehen, als ob sie von etwas, das hinter dir steht, in Gang gesetzt worden seien. In diesen kostbaren Augenblicken tauschst du dich auf feinstofflicher Ebene mit der Essenz an sich aus – und nichts ist nährender für das weibliche Herz.

Unsere Erde befindet sich in einem ständigen Austausch des Gebens und Nehmens. In diesem Moment atmet dein Körper ein und aus, er hält fest und lässt los. Unser Körper gibt uns klare Signale, wann er ruhen und wann er tätig sein möchte, wann wir unsere Kraft mehr nach außen lenken und wann wir uns mehr nach innen wenden sollen. Unsere Übungsaufgabe ist, zu lauschen.

Wenn wir auf unsere natürlichen Rhythmen lauschen, schwingen wir uns ein in einen Pulsschlag, der viel umfassender als unser alltägliches Leben ist. Indem wir auf Körpersignale achten, erleben wir nicht nur eine blühende Gesundheit und einen Kraftzuwachs, sondern verbinden uns erneut mit jener Quelle der weiblichen Weisheit und des Mysteriums, die uns auch auf der Seelenebene zu heilen vermag.

Einstimmung in die Mondzyklen

Ich erinnere mich an die Zeit, als ich zum ersten Mal mit vierzehn Jahren meine Periode hatte. Meine größte Sorge war, dass ich noch nie Sex gehabt hatte und ab jetzt befürchten müsse, schwanger zu werden, wenn es so weit wäre. Meine Mutter versuchte ihr Bestes, dieses Ereignis als etwas Natürliches zu behandeln, als etwas, was einem nicht peinlich sein müsse; und dennoch war es etwas, über das wir nicht viele Worte wechselten. Erst viele Jahre später erfuhr ich von Traditionen, in denen die erste Periode eines Mädchens als Übergangsritus in das Frausein gefeiert wird. In den alten heidnischen Religionen war dies ein geläufiger Brauch, und heutzutage werden wir Zeugen von seiner Wiederbelebung. Viele Gemeinschaften feiern wieder die erste Menstruation der Mädchen. Eine Freundin aus Deutschland erzählte mir, dass ihre Familienangehörigen ihrer Nichte rote Geschenke überreicht hatten, als sie ihre erste Periode hatte. Derlei Fakten entzogen sich damals freilich meinem Kenntnisstand.

Ich wuchs mit mäßigen menstruellen Beschwerden auf und hatte ansonsten keinen Bezug zu diesem monatlichen Ereignis. Es kam mir nie in den Sinn, innezuhalten und wirklich hineinzuspüren, was da in meinem Körper geschah, oder mich im Verlauf eines Monats auf die unterschiedlichen Rhythmen meines Körpers einzustimmen. Als ich Mitte zwanzig war, war ich bereits gründlich durch die männlich geprägte Spiritualität konditioniert und hielt den weiblichen Körper für nichts weiter als einen unbequemen Bremsklotz; außerdem war ich nicht bereit, meine Kraft dererlei irdischen Angelegenheiten zu widmen. Eines Tages katapultierten mich Mutter und Vater Gott und alle ihre kleinen Engel aus dem Trancezustand des Suchens, wie ich es in der Einleitung dieses Buches beschrieben habe. Das Erwachen katapultierte mich allerdings nicht *nach draußen*, wie ich vermutet hatte. Im Gegenteil, es wurde offenkundig, dass es kein *Draußen* gibt, außerhalb von mir. Es gibt nur das, was (immer wieder neu) verwirklicht wird, indem ich mich für die Liebe öffne, jene Liebe, die genau der Stoff ist, aus dem ich geschaffen bin. Diese Erkenntnis forderte mich heraus, das Leben in seiner Gesamtheit zu umfangen, eingedenk dessen, dass auch mein Körper eine Erscheinungsform dieser Liebe ist. Und sie lenkte mein Augenmerk auf die Zyklen, die in mir und um mich ablaufen. Als ich diese Rhythmen erlauschte, erschlossen sich mir neue Dimensionen des weiblichen Göttlichen.

In vielen Kulturen ist es üblich, dass sich Frauen während ihrer Menstruation in Klausur begeben. Dieser Brauch hat sich einerseits als Anlass erwiesen, um das Weibliche herabzusetzen und die Menstruation als etwas Unreines erscheinen zu lassen – als Mittel, Frauen zu zwingen, sich von anderen fernzuhalten. Andererseits hat diese Sitte auch ihre gute Seite: Sie ermöglicht den Frauen, sich anhaltend auf das Geschehen in ihrem Körper einzustimmen. Frauen können den gewährten Raum nutzen, um sich zurückzuziehen und allein zu sein.

Ich wünsche mir oft, dass unsere Kultur die gleiche Möglichkeit böte. Die Menstruation ist eine Phase, in der wir besonders feinfühlig sind, eine Phase, um nach innen zu lauschen. Unser Körper durchläuft einen Prozess des Loslassens und der Reinigung, wobei wir häufig das Bedürfnis haben, uns zu verwöhnen und auszuruhen. Aufgrund der beschleunigten Lebensweise und der Struktur unseres Daseins haben die meisten Frauen unseres Kulturraums den Bezug zu natürlichen Rhythmen verloren. Einige von uns erleben die Menstruation nicht als Stadium der inneren Einkehr, sondern als unbehagliche Zeit. Diese Frustration wird häufig als „Hormonschwankung" bezeichnet. Da wir uns jedoch nicht die Zeit nehmen, innerlich einzukehren und uns zu nähren – wonach der Körper verlangt –, kann die Unzufriedenheit ebenso gut die Folge dieser Vernachlässigung sein.

Viele unter uns erleben diese Zeitspanne im Monat auch als eine Phase außerordentlicher Leidenschaft und starker Gefühle. Plötzlich werden jene Angelegenheiten, die wir schon zu lang in Kauf genommen haben, sehr dringlich, sodass wir sie endlich beseitigen. Mit feurigem Atem stöbern wir durchs Haus. Das ist ein Fingerzeig, dass die Kali-Energie in unser Leben eingetreten ist. Kali ist eine grimmige Göttin der hinduistischen Tradition, welche die existierenden zerstörerischen und erneuernden Kräfte repräsentiert. Ja, sie kann furchterregend sein, und es ist verlockend, mit Stühlen, Tischen und allem, was sonst griffbereit ist, die Tür zu verrammeln, die Augen fest zu verschließen und mit beiden Händen die Ohren zuzuhalten, um ihrer Weisheit zu entgehen. Wir haben so oft gehört: *„Oh, du bekommst mal wieder deine Tage."* Wir haben uns daran gewöhnt, die Monatsblutung zu verbergen und uns ihr zu widersetzen. Wenn wir anfangen, uns mit der rauen Lehre der Dunklen Mutter anzufreunden und ihr zu lauschen, unternehmen wir Schritte, um ein harmonischeres Verhältnis zu unseren Menstruationszyklen herbeizuführen.

Kali-umfangende Dunkelheit

Und will dir heimliche Schätze geben und verborgene
Kleinode, damit du erkennst, dass ich der HERR bin,
der dich beim Namen ruft, der Gott Israels.

JESAJA **45, 3**

Betrachten wir diesen Aspekt des Weiblichen ein wenig näher, dem so viele von uns Widerstand und Angst entgegenbringen. Vielleicht erkennst du diese Kräfte in dir. Man kann die weibliche Dunkelheit in den Bildern der Göttin in vielen Kulturen widergespiegelt finden. Baba Yaga, die altertümliche slawische Göttin, ist die anarchische, alte, weise Hüterin der Wasser des Lebens und des Todes. Sie ist die dem Herbst zugeteilte Göttin, die singt, während sie die Leichen mit dem Wasser des Lebens besprengt, um ihnen zur Neugeburt zu verhelfen. Die afrikanische Gottheit Oya ist die Göttin der Stürme, des Gewitters und des Regens. Sie tanzt in den Wirbeln, die in Tornados und Winden zum Ausdruck kommen. Die Winde der Veränderung fegen das Alte weg, um auf das Neue vorzubereiten.

Und es gibt natürlich Kali, die überwiegend mit langer blauer, aus dem Mund hängender Zunge und einer Kette, bestückt mit Menschenschädeln, um den Hals dargestellt wird. Ihre Haut ist schwarz oder dunkelblau, und sie tanzt oben auf dem ihr zugewandten Shiva, ihrem männlichen Gefährten. In ihren vielen Armen hält sie scharfe Sicheln. Ja, ich weiß, das klingt nicht sehr achtunggebietend. Weshalb wird sie überhaupt von Millionen von Erdenbürgern verehrt? Was kann sie uns über uns lehren?

Nach erstem flüchtigen Eindruck scheint Kali eine furchterregende Göttin zu sein. Einige ihrer vielen Namen unterstreichen, dass sie keine Dame ist, die man leicht schultern kann: die Schwarze Mutter, die Dunkle Göttin, die Schreckliche, die Todesgöttin. Aber wenn wir uns ihr nähern (besser gesagt, wird eher sie diejenige sein, die den Tanz führt), werden wir die mannigfaltigen Dimensionen ihrer Lehren gewahr. Sie wird auch Prakriti (Natur) genannt.

Prakriti befehligt die Fäden der Schöpfung, der Erhaltung und der Zerstörung. Daher ist sie eine wunderbare Lehrerin, um uns auf die Lebenszyklen einzuschwingen. Sie verkörpert die Vergangenheit, die Gegenwart und die Zukunft. Ihr gebräuchlichster Name Kali bedeutet „Töterin des Kal" (Zeit); demgemäß wirft sie uns, ohne Sicherheitsnetz, in das ewige Jetzt. Wenn wir ihrer durchdringenden Weisheit Auge in Auge gegenüberstehen, zerbirst unsere Angewohnheit, das Leben in negativ und positiv, in „dieses ja, aber jenes nicht", in Millionen Stücke zu spalten. Sie wirft uns in die Ganzheit des Lebens zurück, fordert uns heraus, alles zu umfangen. Indem wir es umarmen, *werden* wir sterben. Kali ist die Göttin des Todes; sie tötet alle abwegigen Annahmen des Getrenntseins (unser Ego, unsere Identifikation). Kali ist selbstverständlich auch die höchste Offenbarung des Mitgefühls; wenn unser sinnwidriges Gefühl, getrennt zu sein, wie Tautropfen in der Morgendämmerung verdampft, verleiht sie uns *Moksha,* die endgültige Freiheit.

Sie ermöglicht uns, in dem großartigen Paradox zu leben, dass die Existenz beispiellos leer ist und gleichwohl alles beinhaltet. Wo alles, so wie es ist, vollkommen ist, und sie indessen unser Herz aufbricht, wodurch wir das Leid der Welt spüren und bestrebt sind, unser Potenzial als Liebe zu erfüllen. Wo unsere linearen Vorstellungen im Sinne des Ursache-Wirkung-Denkmodells unglaubhaft erscheinen und wir dennoch tiefe Achtung davor empfinden, dass alles, was geschieht, uns betrifft und all unsere Handlungen in Bezug auf andere auch in Bezug auf uns geschehen.

Es fühlt sich nicht sehr angenehm an, wenn sich Kali mit ihrer klebrigen Zunge und ihren scharfen Schwertern in unserem Leben herumtreibt. Sie kann uns äußerst nackt zurücklassen mit dem Gefühl, als ob der Boden unter unseren Füßen verschwunden sei. Jede Frau, die durch ihr Feuer gegangen ist und das Gefühl kennt, alles verloren zu haben, kennt allerdings den Schatz, der in den Ruinen verborgen ist. Nachdem sich der Rauch gesetzt hat und wir unsere Wunden geleckt und eine Schadensaufstellung erhalten haben, fangen wir an, die frisch gefegten Straßen zu begehen. Mag sein, dass wir anfangs noch stolpern und humpeln, doch ehe wir es selbst bemerken, kehrt jener Schwung wieder in unsere Hüften zurück. Nicht, dass wir je wieder dieselbe sein werden, die wir einst waren, und über manche Dinge werden wir nie wirklich „hinwegkommen". Gleichwohl haben wir jedes Mal, wenn unser Herz bricht, die Gelegenheit, unseren Einblick in die Ganzheit zu vertiefen. Wir wissen jetzt nicht nur anhand von Worten, sondern auch im Leib und in der Seele, dass Licht nicht ohne Dunkelheit und das Leben nicht ohne den Tod existieren kann. Und eines Tages werden wir auf all das zurückschauen und dankbar den Kopf zur Erde neigen.

Die Wechseljahre und darüber hinaus

Die weise Alte ist der weibliche Archetyp der weisen Frau, und es wird gesagt, dass wir im letzten Teil des fünfzigsten Lebensjahres in diese Funktion des Weiblichen hineingleiten. Wer in einer Kultur lebt, die fast ausnahmslos die Jugend idealisiert, vermisst häufig die Wertschätzung und Annahme der Gaben der späteren Phasen des Lebenskreises, jene Gaben, die für ein ausgewogenes Leben zum Wohl der Erde ausschlaggebend sind.

Derweil ich diese Zeilen schreibe, steht der Übergangsritus der Wechseljahre meinem Körper erst in einigen Jahren bevor. Allerdings befinden sich viele der Frauen, denen ich begegne, in verschiedenen Phasen dieses Übergangs in der Mitte des Leben. In einem meiner Frauenkreise sind fünf der Frauen zwischen achtundvierzig und achtundfünfzig Jahre alt, und sie haben mich großzügig an den Herausforderungen und Segnungen dieser Phase des weiblichen Lebenszyklus teilhaben lassen. Meine Freundinnen bei ihrem Reiferwerden zu begleiten, bedeutet für mich als jüngere Frau einen riesigen Wissenszuwachs sowie Inspiration, und es hat die radikalste Umwandlung jener Glaubensüberzeugungen herbeigeführt, die ich hinsichtlich der Lebensmitte und des Älterwerdens vertreten hatte.

Sie sind leuchtende Beispiele der Schönheit des Reiferwerdens, der Reinheit und der verkörperten Weisheit von Frauen in den besten Jahren. Mit ihrer Tiefgründigkeit haben diese Frauen mir die Lehre der Dunklen Mutter nahe gebracht – jener Lehre, die keinen Stein auf dem anderen lässt. In einer unserer Mitteilungsrunden hat es eine Frau so ausgedrückt: *„Dies ist die erstaunlichste Visionssuche, die alles von mir fordert, und wenn der Nebel sich allmählich lichtet, finde ich eine derartige Frische, Süße und Einfachheit im Leben."*

Barbara Marx Hubbard ist im Erscheinungsjahr dieses Buches fünfundsiebzig Jahre alt und eine unserer strahlendsten visionären Denkerinnen. Sie ist ein brillantes Sprachrohr (und Beispiel) für die Phase des weiblichen Lebensrads, die in den Jahren nach dem Abklingen des Klimakteriums einsetzt. Um sowohl die innere Befreiung als auch den Wunsch nach Mitgestaltung zu beschreiben, die sich in diesem Zeitraum für sie auftaten, prägte sie den Begriff *Regenopause*. Die Regenopause tritt dann ein, wenn eine Frau so sehr auf ihre Kreativität und ihren Lebenszweck anspringt, dass sie auf Zellebene aktiviert wird. Marx Hubbard vertritt die These, dass die Verkörperung und die Geschenke der regenopausierenden Frau das möglicherweise fehlende Glied sein könnten, das der Menschenrasse zu einem Evolutionsschub verhelfen wird, der sie in die Lage versetzt, eine bewusstere und gesündere Welt zu erschaffen.

Stelle dir Friedensräte vor, zu denen weise Frauen, die eine Menge Lebenserfahrung gesammelt haben, eingeladen werden, um zuzuhören und sich aktiv daran zu beteiligen. Diese Vision können wir hier und jetzt in unserer eigenen Praxis umsetzen, indem wir uns der jeweiligen Lehre der Lebenszyklen hingeben und jeden Augenblick in seinem glorreichen Jetzt und Hier verkörpern. Gerade jetzt und heute können wir sowohl unsere unerschütterliche Ehrfurcht vor dem eigenen Körper und seinen Phasen als auch unser widerhallendes „Ja" auf den tiefgründenden Ruf unseres Wesens beisteuern. So nehmen wir teil an der Gestaltung einer ausgewogenen und friedlichen Welt.

Tod

*Geburt, Leben und Tod – geschahen durchweg auf
der verborgenen Seite eines Blattes.*[2]

TONI MORRISON

Was lässt sich über den Tod sagen, dieses ferne, doch äußerst präsente Ufer, von dem niemand zurückkommt, zumindest nicht in gleicher Form? Vielleicht sind wir so ausnehmend unwissend in Bezug auf den Tod, weil wir den Großteil unseres Leben damit verbringen, so zu tun, als ob er nicht existiere. Gewöhnlich werden wir nur durch die Angst, die uns in die Glieder fährt, an ihn erinnert – wenn wir Schreckensnachrichten über Kriege und Katastrophen sehen. Eines unerträglichen Tages ist der Tod zur Stelle, wenn ein geliebter Mensch plötzlich nicht mehr da ist. Jeder von uns wird es erleben, jemanden Unverlierbaren zu verlieren, und jeder von uns wird eines Tages die Schwelle überschreiten.

Meine Großmutter Maria verbringt ihre letzten Jahre auf Erden. Mit der Gewissheit einer verliebten Jugendlichen weiß sie, dass sie ihren geliebten Ehemann im Himmel treffen wird, wo er länger als zwanzig nicht endende Jahre auf sie gewartet hat. Spricht Maria indes über Tod, wird ihr von einer Reihe von Leuten um sie herum Stillschweigen geboten. Sie wird getadelt, als ob sie ein vulgäres Schimpfwort ausgesprochen habe; man spricht einfach nicht über den Tod. Gelegentlich frage ich sie nach ihren Gedanken zum Tod. Obwohl sie vor dem radikalsten Übergang ihres Lebens steht, ist er für sie kurzerhand eine Tatsache. *„Ich fürchte mich nicht"*, sagt sie, *„aber das Leben hier am Rand fühlt sich einsam an. Schrecklich einsam."*

Auch wenn wir in einem Kulturraum leben, in dem der Tod nur selten – wenn überhaupt – erwähnt wird und wir Maria und viele andere mit ihren Einblicken und ihren Gedanken zur letzten Lebensspanne des Körpers allein lassen, ist es dem weiblichen Herzen zutiefst eingeboren, den Tod als natürlichen Bestandteil des

Lebensrads zu umfangen. Über die Jahrhunderte haben Frauen mit aufgekrempelten Ärmeln und den Füßen fest auf dem Boden uns willkommen geheißen, wenn wir neugeboren auf Erden ankamen; sie sind auch häufig zugegen, um ihre kühlende Hand auf die Stirn jener zu legen, die sich verabschieden. Wenngleich wir auf den klaffenden Riss durchs Herz, den der Tod reißt, erschrocken und fassungslos reagieren mögen – wir entdecken, sofern wir uns für das tiefe Weibliche öffnen, die Einsicht in die Allverbundenheit des Lebens und des Todes und ein nachhaltiges Einverständnis damit. Häufig lernen wir auf umständliche Weise, diesen fortwährenden Austausch zu umarmen – einschließlich des Wehklagens, das ein Teil des unergründlichen göttlichen Spiels ist.

ÜBUNGEN

Die Neumondmeditation

Diese Übung kann als Teil einer Neumondzeremonie um ein Lagerfeuer herum ausgeführt werden. Man braucht dazu einen Redestab, der herumgereicht wird.

Man kann sie auch allein ausführen. Suche einen heiligen Ort auf, sei es in der Natur oder vor deinem Altar. Sprich laut, wenn du dich an einem Ort befindest, wo dies möglich ist.

Sprich deine Absicht für die kommende Mondphase aus. Nutze die Zeit, um deine Vision und dein Engagement zu erneuern.

Sprich dein Mitgefühl aus und gedenke dabei aller empfindungsfähigen leidenden Geschöpfe. Und sprich deine Gebete. Sprich deine Dankbarkeit aus und erwähne alles, wofür du dankbar bist.

Ein Zyklus-Tagebuch führen

Kauf dir ein Notizbuch, das dir als Tagebuch dienen soll. Verpflichte dich dazu, mindestens zwei Monate lang täglich darin zu schreiben. Beginne damit, das Datum festzuhalten und über das Wetter draußen zu schreiben. Erwähne, welche spürbare Atmosphäre von dem Tag ausgeht, ob der Himmel etwa bewölkt oder feucht ist. Schreibe anschließend auf, wie du dich in deinem Körper fühlst, welche Gefühle vorhanden sind und welche beliebigen Gedanken du bemerkst.

Schreibe ebenfalls auf, wie stark oder mangelhaft du auf das eingestimmt warst, was in deinem Alltag in dir und um dich herum abläuft. Mache das täglich. Nach einer Weile kannst du nachlesen und feststellen, ob dir irgendwelche Verhaltensmuster auffallen. Der Hauptzweck der Übung ist allerdings nicht, die vollkommene logische Ordnung zu finden, sondern das Gewahrsein der Allverbundenheit deines Körper und deiner Umgebung zu vertiefen.

Die Sehnsucht nach Dunkelheit – Kalis Tanz

Gehörst du zu den vielen Frauen, die ein „braves Mädchen" sein wollen und sich vor ihren dunkleren Seiten fürchten? Oder gibst du es vielleicht nicht zu, überhaupt eine dunklere Seite zu haben, die du jedoch bei anderen häufig sehen kannst? Wenn dem so ist, lasse dich von dem grimmigen Kraftfeld Kalis in ein kleines Abenteuer führen.

Lege ein fetziges Rock'n'Roll-Musikstück auf; Delfin-Melodien im New-Age-Stil sind für diese Arbeit nicht geeignet. Beginne, indem du deine Hände auf den Bauch legst, erlaube dem Bauch, deutlich herauszuhängen; spreize deine Beine weit auseinander und winkle deine Knie an. Stell dir vor, du sitzt auf einem unsichtbaren Stuhl und lässt mit Hilfe von Ah-Tönen los. Fühle die Kraft und Stärke in deinen Beinen und deinem Becken, und fange an, mit den Füßen aufzustampfen. Verziehe

dein Gesicht in alle Richtungen und stoße Grunzlaute aus. Hei-
ße nun die Aspekte deines Lebens willkommen, alle die bloß-
stellenden und oberflächlichen Spielchen, von denen du die
Nase voll hast. Drücke mit deinem ganzen Körper und deiner
Stimme aus, dass du geradezu voller Wut bist. Durchschneide
die Luft mit deinen Armen, als ob du ein Schwert hieltest.

Wenn du diese Übung mit anderen Frauen machst, schaut
einander in die Augen und erlaubt, dass dieser ungeschliffene
Ausdruck der Macht wahrgenommen wird. Wenn sich eine
schwer damit tut, dieses Energiefeld anzunehmen, kann sie
sich vor eine Frau stellen, die Kali mit Leichtigkeit verkörpert
und sie dabei begleiten kann.

Lass die Übung mit sanfter Musik ausklingen. Du kannst
deinen Körper bewegen oder dich hinlegen. Wenn Tränen und
Kummer hochkommen, gewähre ihnen Raum. Wir haben unsere Kraft so lange zurückgehalten, dass es schmerzt. Sollten sich
Angst- oder gar Schuldgefühle melden, lasse sie aufkommen,
verweile jedoch mit diesen Empfindungen fühlend im Augenblick.

Ich empfehle nicht, Strömungen dieser Art mit jeder Person auszudrücken. Im Gegenteil, du wirst feststellen: Je mehr
du diese immanenten Energien in einem sicheren Rahmen er-
gründest, desto weniger bringst du sie unbewusst mit passiv-
aggressiven, sarkastischen, verletzenden und schuldzuweisen-
den Bemerkungen zum Ausdruck. Diese Energieströme werden sich in einer integrierten Flamme bündeln, die aus deinem
Herzen strahlt. Eine Frau, die sich bereitwillig ihrer dunklen Seite
gestellt hat, strahlt eine Vertrauenswürdigkeit aus, die andere
attraktiv finden werden.

Im Gedenken an Verstorbene

Diese Übung wird mit mehreren Frauen ausgeführt. Die im
Kreis sitzenden Frauen haben Fotografien oder Gegenstände
mitgebracht, die jemanden symbolisieren, der gestorben ist. In

der Mitte gestaltet ihr einen Altar, auf den ihr alle Bilder und Gegenstände auslegt.

Reihum präsentiert jede Frau die Bilder und Gegenstände der Person, über deren Leben sie mit Achtung und Dankbarkeit spricht, und erzählt, was sie ihr bedeutete.

Wenn alle Frauen nacheinander gesprochen haben, nehmt euch etwas Zeit, auf den Altar zu blicken und sich in alle Leben einzufühlen, die gelebt worden sind. Fühle die Unbeständigkeit des Körpers und dieses Treffens.

Die Teilnehmerinnen ergreifen nacheinander das Wort, um allen Frauen im Kreis einzeln zu danken. (Wenn ihr viele Frauen seid, erlaubt jeder, die sich dazu aufgerufen fühlt, etwas Sprechzeit, um allen anderen im Kreis ihre Dankbarkeit auszudrücken.)

Du kannst diese Zeremonie auch teilweise allein durchführen. Vollziehe ein heiliges Ritual mit Räucherwerk und Blumen oder sonstigen geweihten Gegenständen, die deine Absicht verstärken können.

Einen Talisman herstellen

Diese geführte Meditation kann in einem Frauenkreis durchgeführt werden. Eine Frau leitet an, während die anderen mit geschlossenen Augen entweder sitzen oder auf dem Boden liegen. Jede Frau sollte ihren eigenen Talisman haben, der ihre weibliche Weisheit symbolisiert und sie daran erinnert. (Ein Talisman ist ein Amulett oder ein Ding, dem symbolische Bedeutung zugeschrieben wird.) Du kannst den Talisman selbst aus den Materialien deiner Wahl herstellen: Ton (oder Kunstton wie Keramin), Schnüre, Leder, Steine oder Farben. Um deinen Talisman mit symbolischer Bedeutung aufzuladen, musst du Vorbereitungen treffen. Das kannst du auf mehrerlei Arten tun, wie beispielsweise: Zeit in der Stille oder in der Natur verbringen oder tanzen.

Wenn du keinen Frauenkreis zur Verfügung hast, kannst du dir die nachfolgende Meditation mithilfe eines Kassettenrekorders selbst aufnehmen und vorspielen, während du mit geschlossenen Augen dasitzt. Der Text sollte mit sanfter Stimme langsam vorgelesen werden.

Ruhe dich eine Weile lang nur aus. Erlaube deinem Körper, eine angenehme Haltung einzunehmen. Erlaube, dass sich deine Augen nach geraumer Zeit schließen. Entspanne dich einfach. Es gibt nichts für dich zu tun, nichts zu tüfteln ... Es passt, und es ist leicht und angenehm. Du kannst fühlen, wie dein Körper hier ruht. Du kannst den Klang dieser Stimme hören und die Geräusche um dich herum. Und nun kannst du ein wenig tiefer ins Innere sinken. Es ist gut zu wissen, dass das, was auch immer gerade hier ist, nur so ist, wie es ist. Vielleicht bemerkst du ein paar umherschwirrende Gedanken in deinem Bewusstsein. Es ist gut zu wissen, dass die Gedanken, einfach so wie sie sind, vorhanden sein können, während du dich nun noch etwas tiefer entspannst, wobei du möglicherweise ebenfalls einige Gefühlsregungen bemerkst. Gewähre diesen Gefühlen, einfach so wie sie sind, Raum, indem du nun noch tiefer ruhst.

So passt es, es ist sehr gut. Vielleicht wirst du auch gewahr, dass Körperempfindungen kommen und gehen. Gut zu wissen, dass es keiner Mühe deinerseits bedarf, diesen Empfindungen zu gestatten, so zu sein, wie sie gerade jetzt sind. Du kannst ohne Weiteres darauf verzichten, diese Empfindungen zu kontrollieren. Lass einfach los. Leicht und mühelos. Locker und entspannt. Und nachdem du inzwischen noch losgelöster bist, stellst du dir unversehens vor, wie du inmitten der Natur stehst. Du befindest dich jetzt im Freien. Schau dir nun die Umgebung an. Was siehst du? Welche Farben sind vorhanden? Welche Elemente sind da? Gibt es Pflanzen? Gibt es Wasser? Schau dich eine Weile lang um.

(Pause)

Welche Gerüche sind da? Wie ist die Temperatur? Welche Jahreszeit ist es?

(Pause)

Wie fühlt es sich an, in deinem Körper zu sein und hier zu sein?

(Pause)

Während du an diesem Platz in der Natur stehst, entdeckst du einen Pfad, der sich durch die Landschaft zieht, und fängst an, ihn zu begehen. Spüre, wie sich die Beschaffenheit des Bodens unter deinen Füßen anfühlt. Während du auf diesem Pfad entlanggehst, bemerkst du, dass der Abend sich allmählich herabsenkt und es immer dunkler um dich herum wird. Nun fällt es dir schwer, den Gehweg zu sehen, und dennoch gehst du weiter, indem du die Spur vor dir erfühlst. Inzwischen beginnt das blaue Licht des Mondes, die Landschaft um dich herum zu bescheinen, wodurch du den Pfad wieder klar sehen kannst. Während du die ganze Nacht im Mondlicht weitergehst, geht die Sonne auf und es ist wieder Morgen. Du hältst eine Weile inne, um dich auszuruhen und Wasser aus einer erfrischenden Quelle zu trinken. Dann setzt du den Weg fort und verbringst auf diese Weise viele Tage und Nächte. Allmählich wirst du sehr müde, aber eine unsichtbare Kraft mahnt dich, weiterzugehen. Nun kannst du deine Bestimmung weit entfernt sehen. Es ist eine Höhle. Du spürst, wie die Leichtigkeit wieder in deinen Körper einzieht, während du der Höhle immer näher kommst.

Mittlerweile bist du bereits so nah, um sehen zu können, dass dich eine Frau außerhalb der Höhle erwartet. Es ist die weise Frau, die auf dich wartet. Ihr begrüßt einander. Betrachte eine Weile lang, wie sie aussieht. Wie ist sie angezogen? Schau in ihre Augen, welche Farbe haben sie? Ist sie eine junge oder eine alte Frau?

Die weise Frau bittet dich, dich zu ihr zu setzen, und bietet dir Suppe in einer goldenen Schale an. Die Suppe ist so wärmend

*und labend, dass sich dein Körper dadurch voll und ganz er-
quickt anfühlt.*

*Nun ist es Zeit, ihr von deinem Leben zu erzählen und wes-
halb du den weiten Weg gegangen bist, um sie zu finden.*

Höre, was sie antwortet. Lausche ihren weisen Worten.

*Sprich erneut mit ihr. Schütte ihr dein Herz aus, sag ihr al-
les über deine Sehnsucht und deinen nachdrücklichen Einsatz.
Höre wieder, was sie darauf antwortet.*

*Du verbringst den ganzen Tag mit der weisen Frau. Der Tag
nähert sich dem Abend. Sie entkleidet dich, wäscht dich mit Sil-
berwasser und reibt deine Haut mit kostbaren Ölen ein. Sie
kämmt deine Haare und massiert deinen Nacken mit liebevollen
Händen. Du schläfst in ihrem Schoß ein, während sie dir Lieder
der weiblichen Seele vorsingt.*

*Inzwischen ist es wieder Morgen, und du wachst auf. Dein
Körper fühlt sich ohnegleichen gestärkt, sodass du den Eindruck
hast, als ob deine Zellen über Nacht ausgewechselt worden
seien. Während du noch liegst, schaust du umher, und neben
dir sitzt die weise Frau mit einem Gebilde in der Hand.*

*„Dies ist dein Talisman", sagt sie und streckt dir ihre Hand
hin.*

*„Dies ist dein Talisman, der dich stets an die Klarheit im
Herzen, die du zurzeit empfindest, erinnern wird und dich immer wieder zur weisen Frau im Inneren zurückführen wird."*

*Du nimmst den Talisman entgegen und betrachtest dir sei-
ne Farben und seine Oberflächenstruktur eine Weile lang. Du
fühlst sein Gewicht, seinen Geruch und seine Form.*

*Nun ist es Zeit für dich, zu gehen. Überlege dir eine Aus-
drucksweise, um der weisen Frau zu danken. Während du vor
ihr stehst, geht ihr beide aufeinander zu. Ihr kommt euch immer
näher, bis ihr euch umarmt und schließlich miteinander verschmelzt und eins werdet. Nimm einen tiefen Atemzug und
gewähre der weisen Frau den Raum, sich vollständig in deinem
Herzen aufzulösen. Und beim nächsten Einatmen kannst du es*

ermöglichen, dass dein Talisman in deinem Herzen aufgenommen wird.

Du kannst deinem Körper erlauben, sich vollends im Raum aufzulösen. Danach lässt du es geschehen, dass die Höhle und die Landschaft sich in den Raum zurückverwandeln, der die Quelle aller Formen ist. Verweile du eine Zeitlang darin.

Erlaube dir, dich auszudehnen und zu entspannen.

Du bist die Quelle aller Weisheit.

Du bist die Quelle aller Lebendigkeit.

Du bist die Eine.

Spüre, dass die Munterkeit allmählich wieder in deinen Körper zurückkehrt. Strecke deine Finger und Zehen. Werde nun wacher, nimm einen tiefen Atemzug, und fülle deine Lunge mit Sauerstoff. Komme nun vollständig in den Raum zurück, und öffne deine Augen.

Nachdem du dich nach einer Weile wieder eingefunden und dich aufrecht hingesetzt hast, nimm einige Buntstifte und ein Blatt Papier und fertige rasch eine Zeichnung von deinem Talisman an. Die Eindrücke, die du auf der Reise empfangen hast, kannst du ebenfalls aufschreiben.

Im Anschluss daran stellst du möglicherweise deinen eigenen Talisman her. Er muss nicht deckungsgleich mit dem Talisman sein, den du auf deiner Reise empfangen hast. Wichtig ist die Absicht, die du einflechtest, während du ihn anfertigst. Er wird dieselbe symbolische Macht innehaben. Dein Talisman kann so klein sein, dass er in einen Lederbeutel passt, den du mit einem Band versehen um den Hals trägst, oder er kann direkt an einer Kordel getragen werden. Er kann auch ein Gegenstand sein, den du auf deinen Altar oder in deinen Garten stellst.

Komm dir näher

Nimm dir die Zeit, um dich auf deinen Körper einzustimmen. Spüre, wie er da sitzt. Fühle deinen Körper von innen. Erlaube deinem Atem, tief in deinen Bauch zu strömen. Gewähre dir den Raum, eine Weile lang über dein Leben, dein Zuhause, deine Arbeit, deine Angewohnheiten, deine Träume und deine Beziehungen nachzusinnen. Frage dich nun, was bereit ist, zu sterben. Sei aufgeschlossen und schau, was zum Vorschein kommt. Atme tief und stelle dir mit jedem Ausatmen vor, das loszulassen, was bereit ist, hinter dir gelassen zu werden. Frage dich nun, was bereit ist, geboren zu werden. Sei aufgeschlossen und warte. Atme tief und stelle dir mit jedem Einatmen vor, das zu begrüßen, was bereit ist, geboren zu werden.

TEIL 2
DAS ZUSAMMENSPIEL

Kapitel 4

Der geheime Garten:
Die Natur als Lehrerin

*Hör zu, Gott liebt alles, was du liebst, und noch aller-
hand Sachen, die du nicht liebst. Doch mehr als alles
andere liebt Gott die Aufmerksamkeit. Ich glaube, es
verärgert Gott, wenn du irgendwo auf einem Feld an
der Farbe Lila vorbeigehst, ohne ihr Beachtung zu
schenken.*

ALICE WALKER

Da wir schon begonnen haben zu erforschen, wie wir unser Selbstgefühl grundlegend ausweiten können – nicht nur, um uns auf unsere Körperzyklen einzustimmen, sondern auch, um zu entdecken,
dass unsere inneren Rhythmen mit unserer Umgebung verbunden
sind –, erforschen wir im zweiten Teil dieses Buches die Tiefgründigkeit des Zusammenspiels mit anderen als lebendigen Teil der
weiblichen Spiritualität.

Um sich auf eine Spiritualität einzulassen, die der weiblichen
Seele nah ist, wenden sich viele Frauen der Natur und den Tieren
als den bedeutsamsten Lehrern zu. In der Natur können wir uns
stärken und unser Gefühl der Zusammengehörigkeit und des Ver-
netztseins wiederbeleben. Die Natur spiegelt uns wider – auf eine
Art, die sich oftmals schwer beschreiben lässt –, dass wir ein wichtiger, aber winziger Teil eines Ganzen sind. In den Himmel zu
schauen, kann uns eine Ahnung von der Ewigkeit vermitteln. Wenn
der Donner grollt, fühlen wir vielleicht eine rohe Macht in unseren
Beinen und im Bauch oder einfach unsere nackte Angst davor. Der
Geruch der Erde weckt uralte Erinnerungen, und die Sonne zeigt

uns das seltene Geschenk bedingungsloser Fürsorge. Das Wasser lehrt uns das Fließen und die Beweglichkeit, und die Steine sprechen durch ihr bloßes Dasein über die Macht der Anwesenheit.

„Wenn sich die Dinge zuspitzen, mach ich einfach einen Spaziergang in der Natur", sagt meine Mutter, die ihr Pensum an Herausforderungen zugeteilt bekommen hat. Sie lebt in Norwegen, einem Land, wo der Schleier zwischen der sichtbaren und der unsichtbaren Welt besonders durchsichtig ist, wo die Trolle und Elfen aus den Mythen immer noch in den schattigen Wäldern herumstrolchen. Als eine typisch skandinavische Frau fühlt sie sich keiner herkömmlichen Religion verbunden; sie nimmt für sich in Anspruch, keine Ahnung zu haben, wovon ich rede, wenn ich mich mit ihr über meine Arbeit unterhalte. Auch wenn es ihr fernliegt, den Begriff *spirituell* zu benutzen, erfährt sie doch – wie das bei so vielen Frauen der Fall ist – eine tiefe Verbundenheit mit der Stille, die uns alle in der Natur eint.

„Wenn ich hinaus in die Natur gehe, passt einfach alles wieder zusammen", sagt sie. *„Dort finde ich Stille und Frieden im Herzen."*

Ein besonderer Ort für mich

Als Kinder suchen wir naturgemäß verborgene Plätze auf, wo wir uns aufladen und mit unserem Innenleben Kontakt aufnehmen können. Der Aufenthalt – sei es bloß an einem inneren Ort oder an einem realen Ort, an dem wir allein sein können – bildet unsere innere Weisheit heran und stärkt unser Zugehörigkeitsgefühl. Sich in eine geheime Welt unter dem Küchentisch, zwischen zwei schützenden Felsen oder unter einem besonderen Baum im Garten zu begeben, speist unsere Seele mit Nahrung und Magie. Als ich ein Kind war, hatte ich viele Geheimplätze im nahe gelegenen Wald, um meine geheimen Schätze zu verstecken, wo niemand sie finden konnte. Steine, die in meinen Augen Diamanten waren, markierten mein Reich. Ich war von Wurzeln umgeben, die kleine Elfenfreunde waren. Geschmückt mit Haaren aus goldenem Gras, wurde ich wahrhaftig zur Erdkönigin. Als meine Eltern eine schmerzliche Scheidung durchmachten und sich unser Haus in ein Schlachtfeld verwandelte, suchte ich Zuflucht auf einem besonderen Felsen hinter dem Bootshaus, auf dem ich stundenlang saß und auf den See blickte. Dieser gerundete Stein war mein treuer Begleiter, der einen Raum bot, wo ich meine Tränen vergießen konnte. Er vermittelte mir Stärke und Trost.

Andere verbinden sich mit ihrem geheimen Ort, indem sie ihre Aufmerksamkeit einfach nach innen richten, wie meine Freundin Amelia, die jetzt sechs Jahre alt ist. Sie hat eine starke Verbindung mit ihrem Innenleben und ihrer Intuition. Noch wichtiger ist jedoch, dass sie sowohl ihr Bedürfnis achtet, allein zu sein, als auch ihr Bedürfnis, ihrer Umgebung verpflichtet zu sein – und das in der unbefangensten und natürlichsten Weise, die ich je gesehen habe. Seit sie ein Baby war, verhielt sich Amelia so emsig wie jedes andere Kind, um sich dann – aus keinem erkennbaren Grund – plötzlich in sich selbst zurückzuziehen. Bis zum heutigen Tag sucht sie Rückzugsorte, wo sie sich hinsetzt und sich eine Hand auf den Bauch legt. In dieser Position bleibt sie mit nach innen gekehrten Augen etwa fünf Minuten still sitzen, bis sie bereit ist, wieder zu spielen. Für mich ist es offensichtlich, dass sie, indem sie ihrem natürlichen Rhythmus folgt, das Äußere und das Innere auf kontinuierliche und zuträgliche Weise integriert.

Ich bete dafür, dass Amelia für den Rest ihres Lebens sowohl ihr Bedürfnis nach Austausch als auch das nach Stille beachten wird, weiß jedoch auch, dass sie, wenn sie es tut, zu überaus seltenen Exemplaren gehört. Wenn wir heranwachsen, geschieht es unversehens, dass wir unser natürliches Anliegen vernachlässigen und gar vergessen, uns in und mit der Natur zu verbinden, was zur Folge hat, dass wir uns tief innen unverwurzelt und haltlos fühlen.

Viele Frauen sind imstande, sich wieder gründlich mit dem Gespür für Zugehörigkeit zu verbinden, indem sie erneut einen Kraftplatz in der Natur finden. Barbara Henrioulle ist eine weise Frau, Autorin und Verlegerin, die mit ihrem Mann, der ebenfalls

Schriftsteller ist, in einem kleinen Häuschen in den Ausläufern des
Sierra Nevada Gebirges wohnt. Auf einem unserer regelmäßigen
Spaziergänge erzählte sie mir von ihrem besonderen Ort:

*Mein heiliger Ort ist draußen im Wald nicht sehr weit entfernt von
meinem Haus. Es ist ein Steinkreis, den ich fortlaufend neu arrangiere. In
seiner Mitte liegt ein großer vulvaförmiger Stein. Oftmals habe ich Dinge
darunter eingegraben, und zwar solche Gegenstände, die man eine Zeitlang in der Erde aufbewahren muss. Früher habe ich dort die Nächte verbracht, nur gibt es heutzutage so viele Bären im Umkreis unseres Grund-
stücks, dass ich es derzeit nicht mehr tun würde. Vor einigen Jahren verbrachte ich zur Sommerzeit täglich mehrere Stunden dort. Ich hatte den
Eindruck, als würde mir gesagt, dass ich zur Erdschule gehen müsse.
Deshalb besuchte ich täglich den Unterricht, indem ich auf der Erde saß
oder bäuchlings auf ihr lag. Es so anzugehen, erwies sich als ein sehr
gehaltvolles Vorgehen, um einzig der Lehre der Natur zu lauschen.*

In den Traditionen der US-amerikanischen Ureinwohner betrachtet man es als Ausdruck des gesunden Menschenverstands,
einen speziellen Kraftort in der Natur aufzusuchen. Es ist der Ort,
wo man sich wieder mit dem Geist verbindet und die Lehre der
Mutter Erde empfängt. Wenn sich die Indianer auf Visionssuche
begeben, verbringen sie viele Tage und Nächte an diesem besonderen Ort, beobachten nur die Natur und lauschen nach innen. Ihnen
wird nahegelegt, sich in die Abgeschiedenheit zu begeben, um
über den Sinn und Zweck ihres Lebens nachzudenken und ihr Leben entsprechend auszurichten.

In unserem schnelllebigen, sogenannten zivilisierten Leben
haben wir oftmals das Gefühl, dass „die Zeit nicht reicht". Sich Zeit
zu nehmen, um nur in der Natur zu sitzen, hört sich vielleicht uto-
pisch an. Doch trotz all der Ausreden, die wir finden, und der zahllosen Aufgaben, die uns am Ärmel zupfen und unsere Aufmerksamkeit fordern, müssen wir dann und wann eine Pause einlegen, um
unsere geistige und körperliche Gesundheit aufrechtzuerhalten.
Wenn wir uns danach sehnen, uns der Verbindung mit dem tieferen
Weiblichen zu erschließen, müssen wir uns die Zeit nehmen,

unserem besonderen Ort (sei er innen oder außen) einen Besuch abzustatten, wenn auch nur für einige Stunden. Die tiefgründige Weisheit des Weiblichen wird häufig auf einer viel unterschwelligeren Frequenz übermittelt als auf der Ebene, auf der wir uns normalerweise unterhalten. Folglich sind Empfänglichkeit und Stille unabdingbar, um sie aufzunehmen. Und da unser Leben gewöhnlich anders abläuft als das traditionelle Leben der US-amerikanischen Ureinwohner, ist es ratsam, kreativ ans Werk zu gehen, um unseren eigenen Weg dahin zu finden.

Wenn du aufgerufen bist, tief in dein Inneres zu lauschen, empfiehlt es sich, die Natur einzuladen, dich zu unterstützen. Sogar eine halbwegs geschützte Stelle im nahe gelegenen Park erfüllt den Zweck, falls kein anderer Ort zur Verfügung steht. Wenn du den inneren Antrieb verspürst, dich weiter hinein ins Ödland zu wagen und auf eine ausgiebigere Visionssuche einzulassen, kannst du ein Ritual für eine Frauengruppe entwerfen. Ihr könnt planen, miteinander zelten zu gehen und eine Zeremonie zu veranstalten, wobei ihr euch mit eurer Absicht für die Visionssuche verbindet. Traditionell pflegte man beim Prozess der Visionssuche Schwitzhütten-Zeremonien durchzuführen. (Eine Schwitzhütte ist eine Art Sauna; geheizt wird mit erhitzten Steinen und das Ganze findet gewöhnlich in einem mit Decken behängten Zelt statt). Du kannst jedoch deiner Intuition folgen und eine einfachere Zeremonie nach der Anleitung deines Herzens gestalten.

Wenn jede von euch dazu bereit ist, nimm deinen Schlafsack und einen Wasservorrat und finde deinen Kraftplatz – der nicht zu weit vom Lager entfernt ist – wo du dich eine Zeitlang in Abgeschiedenheit aufhältst. Viele finden es besonders kraftvoll, eine Nacht oder mehrere Nächte in Klausur zu verbringen. Wenn ihr euch wieder in der Gruppe trefft, entwerft ein Abschlussritual. Möglicherweise findet ihr es hilfreich, den anderen eure Erlebnisse mitzuteilen. Einige werden allerdings eine Zeit der Stille benötigen, um das Erlebte in sich nachwirken zu lassen.

Weit offene Augen

Könnten wir das Wunder einer einzigen Blume klar
erkennen, so änderte sich unser ganzes Leben.

BUDDHA

Wenn wir uns die Zeit nehmen, um uns an einem stilleren inneren Ort mit dem Leben zu verbinden, um mit sanfter Empfänglichkeit zu schauen und zu lauschen, entdecken wir eine Welt voll pulsierendem Leben. Es scheint, als wage sich die Welt aus ihrem Versteck hinter einer zweidimensionalen grauen Decke hervor und ließe sich erkennen, während sich faktisch eine Veränderung in uns vollzogen hat. Mit uns auf einer tieferen Ebene, die jenseits der geschäftigen Welt des Denkens liegt, verbunden zu sein, lässt uns wieder klar sehen. Normalerweise leben wir vorwiegend in der begrenzten Welt unseres Verstandes, und wenn wir die Natur *betrachten*, als sei sie ein Bild, hat es zunächst den Anschein, als rührte sich nicht viel darin. Je mehr wir allerdings unsere Sinne dem Wunder erschließen, desto mehr Allverbundenheit des Ganzen wird uns offenbart.

In einigen Ureinwohnerkulturen gilt es als wesentliche Praxis, täglich denselben Ort in der Natur aufzusuchen und wahrzunehmen und so zu erkunden, wie sich einzelne Details in der Umgebung verändern und verlagern. Diese Art von Übung steigert die Empfänglichkeit der Sinne so sehr, dass wir Bewegungen um uns herum als unsere eigenen Bewegungen fühlen können und unser Handeln einem erweiterten Selbstgefühl entspringt. Durch das Üben in und mit der Natur als unserer Lehrerin erwacht eine bodenständige Wahrnehmungsfähigkeit unseres Körpers wieder, und es bildet sich ein sensiblerer Seinszustand, in dem der ganze Körper enthusiastisch auf das Leben reagiert. Aus dieser Klarsicht erscheint das Universum beinahe technicoloriert (Farbfilmverfahren), und alles scheint ineinander überzugehen und zu pulsieren vor Leben. Viele von uns erinnern sich an diese Art von Empfänglichkeit aus unserer Kindheit, als allerhand kleine Steine und Stöckchen als Aufhänger für aufregende Abenteuer dienten.

Neulich kam uns eine junge Frau namens Madeleine Rahm besuchen. Nach einem spirituellen Erwachenserlebnis, das ihr Leben veränderte, fing sie an, als spirituelle Beraterin für Mitmenschen um die Welt zu reisen. Eines Tages machten wir eine Wanderung entlang des Flusses Yuba in der Nähe unseres Heims, wobei sie mir erzählte, wie sie jenen Gott wiederentdeckt hatte, den sie schon ihr ganzes Leben lang im Herzen kannte: *„Als ich ein Kind war, war mein Gott der Mond, die Bäume, die unermesslichen Gletscher und die Flüsse. Nun betrachte ich die Menschen und sehe dieselbe Schönheit, denselben Gott. Und wenn ich einen Baum anschaue, ist es, als ob ich mich selbst anschaue. Es ist, als sei ich im Kern des göttlichen Herzens, als vollziehe Gott in jeder Zelle meines Inneren ein Liebesspiel – durch die Wolken, die Erde, die Bäume. Durch gar alles.“*

Die von Madeleine beschriebene Erfahrung wird häufig Einheitserfahrung genannt. Man sieht sich selbst nicht mehr als getrennt vom Rest der Welt, sondern als ein Ausdruck desselben Bewusstseins, aus dem alles auftaucht und in das alles wieder zurückfließt.

Vielleicht bist du der Typ Mensch, der lieber einen handfesten Beweis hat, ehe er etwas unterschreibt. Wenn du das Gefühl hast, du brauchst, auch wenn Einheit wie ein großartiges Konzept klingt, eine unmittelbare Erfahrung, ehe du sie als deine Wahrheit akzeptieren kannst, dann sei dem so! Diese Einstellung ist eine wertvolle Ausgangsposition. Sie wird dich dazu führen, die Wahrheit ernst zu nehmen. Etwas über das Essen zu lesen, stillt den Hunger nicht; man muss das Essen im Magen haben, ehe man seinen Segen erfahren kann. Wenn du gründlich erforschen möchtest, worum es bei der Einheit geht, kann die Natur eine vortreffliche Lehrerin sein.

Einheit wird bisweilen als mystisches Erlebnis beschrieben, doch vermutlich hat sie eher mit dem gesundem Menschenverstand zu tun, der das sieht, was tatsächlich vorhanden ist. Möglicherweise erlangen wir häufiger, als uns bewusst ist, flüchtige Einblicke in diese Realität. Da diese Erfahrung allerdings nicht ausnahmslos als mystisch oder als eigentümlich erlebt wird, sondern vielmehr als Form geistiger Wachheit und als natürlich, wird sie leicht übersehen. Viele Leute berichten von dem Gefühl, dass sich die Trennwand zwischen ihnen und ihrer Umgebung auflöst, während sie in der Natur oder beim Liebesspiel sind, wenn sie starke Wohlgefühle empfinden oder gar, wenn sie einen Verlust erleiden. Wer ein Kind hat, hat möglicherweise die Grenzenlosigkeit des Gewahrseins im Augenblick erlebt, als er seinem Neugeborenen zum ersten Mal in die Augen schaute.

Viele bedeutende Mystiker wie Buddha oder Ramana Maharashi haben uns eingeladen, nach innen zu schauen und uns mit der uns innewohnenden Dimension zu verbinden, die tiefer als Gedanken, Gefühle und der Körper reicht. Und bei der Erkundung dieses reinen Bewusstseins im Innern entdecken wir, dass dasselbe Bewusstsein nicht nur die Quelle von uns Menschen ist, sondern die Quelle aller Erscheinungsformen. Wir erkennen die fundamentale Einheit von allem. Wir können allerdings dieselbe Einheit und Allverbundenheit entdecken, wenn wir ihre Erscheinungsformen selbst intensiv untersuchen: Dem Element des Wassers nah zu sein und sich darauf einzustimmen, kann uns beispielsweise ein greifbares Erlebnis davon vermitteln, mit allen Dingen verbunden zu sein.

Unsere Körpermasse besteht zu 90 % aus Wasser, und etwa 70 bis 75 % der Erde sind mit Wasser bedeckt. Das Wasser, das herunterregnet, fließt, sich ergießt und flutet, jedes Glas Wasser, das wir trinken, das Wasser, das uns im Sommer Kühlung spendet und Millionen von Geschöpfen die Lebensgrundlage bietet, ist allezeit dasselbe Wasser. Es tritt nie neues Wasser in die Erdatmosphäre ein. Das gleiche Wasser zirkuliert durch uns alle.

Die eher ernüchternde Begleiterscheinung dieser unserer Allverbundenheit ist natürlich: Wir verunreinigen uns selbst, wenn wir die Gewässer verschmutzen. Außerdem können wir nicht nur eine Menge über die Einheit lernen, sondern auch über die heilsame Kraft, die uns durch die Umgebung zufließt, wenn wir auf die

Weisheit des Wassers hören und uns den im Wasser lebenden Geschöpfen zuwenden. Obwohl uns diese Weisheit nicht sprachlich übermittelt wird, erkennen und verstehen wir sie, wenn sie unseren Weg kreuzt.

Die Natur empfangen

Wenn wir keinen Frieden finden, so liegt das einzig daran, dass wir vergessen haben, dass wir alle zusammengehören.

MUTTER TERESA

Sariah Mikaels ist eine liebe Freundin von mir und eine Energieheilerin, die jahrelang eine glühende Fürsprecherin für das Wasser und die im Wasser lebenden Tiere gewesen ist. Sie engagiert sich für die Heilung unserer Wasserkörper. Und bei dieser Aufgabe hat sie entdeckt, dass es Helfer gibt, die in der Tiefsee umherschwimmen und ihre Arbeit unterstützen. Im Winter 2004 hatte sie ein kraftvolles Erlebnis auf Hawaii, wovon sie mir berichtete:

Gleich nachdem ich meinen Kopf unter Wasser getaucht habe, höre ich sein Lied, schwach und weit weg. Ich schwimme hinaus und höre die immer noch weit entfernten Töne aufsteigen und verklingen. Ich schwimme weiter, der Gesang ist so weit weg. Dann verstummt er. Als ich umkehre, ruft es erneut. Ich schwimme wieder hinaus, und plötzlich schwillt der Gesang des Wals immer lauter an und kommt immer näher. Wir, ein Geschöpf aus der Tiefe des Meeres und eines von der Oberfläche der gleichen Mutter, schwimmen aufeinander zu. Eines kommt von oben, das andere von unten, zwei Welten treffen sich in der Mitte.

Sein Ruf wird lauter und kommt näher, bis er da ist. Hingegossen im Wasser liegt er genau neben mir, singend und mitteilend. Im Verlauf einer halbstündigen Serenade übermittelt er göttliche Botschaften des Uralten. Anschließend lässt sich der Wal lautlos und still unterhalb von mir treiben. Mein Herz geht auf, während ich eine Danksagung an meinen

Bruder aussende – ich danke für den Ruf, die Botschaften, die Anerkennung, die Liebe, die mannigfaltigen Geschenke, die dieses Lebewesen und all seine Geschwister unserer Erde geben. Mein Herz weitet sich noch mehr und durchbricht die Schichten von Gewahrsein, Freude und Dankbarkeit, bis es überfließt, und ich glaube, gleich implodieren oder explodieren zu müssen. Ich hebe meinen Kopf aus dem Wasser, ziehe mir die Maske vom Gesicht und schluchze, meine Tränen dem Meer spendend. Allmählich versiegen die Tränen, und ich setze meine Maske wieder auf und schnorchle zurück zu der Stelle, wo ich mit dem Gesicht nach unten unmittelbar über dem Wal verweile. Ich nehme das massige Geschöpf, seinen Frieden und seine Stille in mir auf. Langsam beginne ich, meinen Körper sanft in Richtung Wasseroberfläche zu bewegen. Der Wal neben mir vollführt dasselbe, indem sich sein Körper allmählich zunehmend senkrechter aufrichtet. Seite an Seite liegen wir auf der Wasseroberfläche, bis er sich sanft, mühelos und ungezwungen von mir entfernt. Ich halte inne, aufrecht im Wasser treibend, und beobachte seinen Abgang, während der Zusammenklang seiner wortlosen Botschaft noch in meinem innersten Wesen nachhallt.

Es ist ernüchternd, sich dieses wechselseitigen Austausches gewahr zu werden, der stattfindet, sobald wir beginnen, uns so um die Natur zu kümmern, wie wir uns auch um den eigenen Körper kümmern. Mitunter starten wir ein Projekt in dem Glauben, damit die Umwelt zu retten, um währenddessen zu entdecken, dass wir Menschen auf Erden Neugeborene sind im Vergleich zu den meisten anderen Arten um uns herum. Selbstverständlich tun wir, was wir können, um die Natur zu achten und für sie zu sorgen, doch möglicherweise kommt eine entscheidende Veränderung zustande, wenn wir einräumen: Am Ende ist es die Natur, die uns retten wird. Dieser radikale Perspektivenwechsel vollzog sich auch unter den Frauen Kenias, die an der „Green Belt"-Bewegung teilnahmen und sich um die Wiederaufforstung kümmerten, als sie entdeckten, dass sich die Bäume ihrerseits auf überraschende Weise ihrer annahmen.

Die Geschichte der „Green Belt"-Bewegung

Eine Frau pflanzt einen Baum in die Welt.
Auf Knien, wie eine Betende,
Inmitten der Bruchstücke vieler Bäume,
Die der Sturm zerschlagen hat.
Sie muss es erneut versuchen,
Möglicherweise gelingt es wenigstens einem,
In Frieden heranzuwachsen.[2]

HALDIS MOREN VESAAS

In Dezember 2004 stand eine Frau, gekleidet in ein Gewand aus kräftigen Farben, das ihre dunkle Haut betonte, auf der Bühne des Nobel-Instituts in Oslo, wo sie den Friedensnobelpreis entgegennahm. Die Tatsache, dass sie als erste Afrikanerin den Preis empfing, war ein Zeichen dafür, dass ein radikaler Wandel der Stellung der Frauen in der Welt stattgefunden hatte. Dass sie die Auszeichnung für die Wiederaufforstung bekam, erweiterte unseren Begriff von Frieden und trug der wechselseitigen Abhängigkeit von Mensch und Mutter Erde Rechnung. Ja, Wangari Maathai empfing den Friedensnobelpreis fürs Bäumepflanzen.

Vor dreißig Jahren waren in Wangari Maathais Heimatland Kenia 90 % des Waldes abgeholzt worden, wodurch das Land in eine Wüste verwandelt worden war. Es war die Aufgabe von Frauen und Mädchen, Feuerholz für das Zubereiten der Mahlzeiten herbeizuschaffen. Sie mussten viele Stunden fern von ihrem Zuhause verbringen, um noch ein paar auffindbare Äste zu erspähen. Wangari besah sich diesen Umstand und kam zu dem Schluss, es müsse einen Weg geben, besser für das Land, die Frauen und die Mädchen zu sorgen. Also pflanzte sie einen Baum. Und danach pflanzte sie einen weiteren Baum. Bald erkannte sie, dass es entsetzlich lange dauern würde, genügend Bäume zu pflanzen, falls sie sie ganz allein pflanzte. Infolgedessen begann sie, Frauen und Mädchen einen kleinen Betrag für jeden Setzling zu zahlen, den sie als ihren Beitrag zur Wiederaufforstung im ganzen Land anpflanzten. Es entstand eine Bewegung, die sich durchsetzte. Sie wurde „Green Belt"-Bewegung genannt, und mit jedem weiteren Jahr wurden dem Land mehr Bäume beschert.

Indem die Frauen Bäume pflanzten, wuchs noch etwas anderes heran: Nicht nur die Bäume schlugen Wurzeln, auch die Frauen und Mädchen erkannten allmählich, dass sie ihr Land zum Wohl aller verändern konnten. Sie sahen, dass sie einen Unterschied bewirkten.

Sie betrachteten sich selbst und einander mit einem neu erwachten Gefühl von Respekt und Zuversicht. Allmählich vertrauten sie ihrer eigenen Weisheit, die sie als ebenso wichtig wie die der Männer erachteten. Sie sahen, dass sie es verdienten, gleichwertig und respektvoll behandelt zu werden. Selbstverständlich wurden diese Veränderungen nicht von jedermann gern gesehen. Der Präsident ließ Wangari des Öfteren gefangen nehmen. Fast dreißig Jahre lang wurde sie verhöhnt und auch körperlich bedroht, weil sie Gedanken der Gleichwertigkeit und Demokratie in die Köpfe der Menschen pflanzte, besonders in die der Frauen. Doch sie gab nie auf. Und Tausende von Frauen und Mädchen, die gemeinsam mit den Bäumen gediehen, erwarben die Stärke, weiterzumachen. Dreißig Millionen Bäume wurden in Afrika gepflanzt – ein Baum nach dem anderen. Das hat Landschaften verändert, sowohl äußere als auch innere. Frauen pflanzten Bäume, und die Bäume wiederum pflanzten Weisheit, Hoffnung und Stärke in ihre Herzen.

ÜBUNGEN

Auf der Erde gehen

Mache einen Spaziergang in der Natur, vorzugsweise barfuß. Ermögliche deinen Füßen, den Boden mit Gewahrsein zu begehen; lasse zuerst deine Zehen den Boden berühren und rolle anschließend den restlichen Fuß ab. Stelle dir vor, dass du auf dem Gesicht der Mutter Erde gehst, wobei du jeden Schritt sanft und liebevoll aufsetzt. Immer dann, wenn du merkst, dass du in Gedanken abdriftest, lenke dein Gewahrsein kurzerhand auf deine Füße und auf den Boden zurück.

Die Erdschule

Nimm dir einige Stunden Zeit, um in der Natur zu sein mit der Geisteshaltung, dass du einen Unterricht besuchst, in dem die Natur dein Lehrer ist. Finde einen Ort, wo du sitzt, wartest und lauschst. Welche Lehren werden dir heute geboten? Schau durch deine Augen, als ob sie die Fenster deines Herzens seien. Lausche mit deinem ganzen Wesen. Bemühe dich, so aufgeschlossen und empfänglich wie möglich zu sein, ohne irgendwelchen Gedanken oder Erwartungen nachzuhängen, was geschehen sollte. Gewähre der Lehre den Raum, sich entsprechend in der Form ausdrücken, in der sie enthalten ist. Sei achtsam gegenüber dem, was du um dich herum siehst und hörst, und schenke Gedanken oder Gefühlen jedweder Art, die auftauchen mögen, ebenfalls Aufmerksamkeit. Vertraue darauf, dass die Lehre vermittelt wird, selbst wenn du vom Intellekt keine eindeutige Botschaft bekommst.

Du kannst die Erdschule auch besuchen, um dein Gewahrsein zu vervollkommnen. Sitze täglich am selben Ort und beobachte nur. Achte darauf, ob du den Wind im Rascheln der Blätter spüren kannst, kurz bevor er deine Haut streichelt. Ermögliche, dass dir eine Einzelheit nach der anderen offenbar wird. Zur Vertiefung deiner Praxis kannst du abends alles, was du beobachtet hast, aufschreiben, oder eine Freundin bitten, dich zu dem zu befragen, was du gesehen hast. Sei bemüht, deine Erfahrungen so ausführlich wie möglich zu beschreiben.

Die Wassermeditation

Es lässt sich kaum ein weiblicheres Element als das Wasser finden: flüssig, fließend, feucht. Durch schlichtes Beobachten und Gewahrsein kann man eine Menge vom Wasser lernen, wann auch immer man mit diesem Element zu tun hat.

- Bemerke, dass dein Emotionalkörper durch Tränen entlastet und gereinigt wird, wodurch die Starrheit weggespült wird.
- Sei jedes Mal, wenn du ein Glas Wasser trinkst, gegenwärtig und dankbar für das Geschenk des Wassers.
- Wenn du dich am Meer oder an einem Fluss aufhältst, lass dir etwas Zeit, um zu beobachten und zu lauschen.
- Die Pracht und Urgewalt der Meere erinnern uns an das Meer der uns innewohnenden Macht. Sie erinnern uns an den wellenartigen Verlauf von Gefühlen und Gedanken, die widerstandslos mit der Brandung steigen und fallen und uns ständig vergegenwärtigen, dass die Welle sich nie vom Meer trennt, ungeachtet dessen, wie stürmisch sie zu sein scheint.
- Ein sanft fließender Strom oder Fluss erinnert uns daran, sanft mit dem Fluss des Lebens zu fließen und der Strömung zu gewähren, uns unserer Bestimmung zuzuführen, indem wir uns der Strömung überlassen. Folgt man dem Verlauf eines Flusses, so lernt man von ihm, wie man selbst das felsenreichste Gelände mit Leichtigkeit überquert. Der breite Fluss hat ein größeres Bett zur Verfügung, um friedlich zu fließen, und dort, wo er sich verengt, beschleunigt sich die Strömung. Er ist ein großartiges Lehrbeispiel dafür, uns auszudehnen und empfangsbereit zu bleiben.

Pflanze einen Baum

Bäume wirken lebenserhaltend – zugunsten aller irdischen Lebewesen. Ungeachtet dessen werden sie mit erschreckendem Tempo gerodet. Schließe dich den Aktionen der „Green Belt"-Bewegung an und pflanze einen Baum. Es ist eine schöne Möglichkeit, Geburtstage, Jahrestage, Hochzeiten oder Festtage zu feiern, indem du dabei einen Baum pflanzt. Pflanze einen Baum als Geschenk für ein neugeborenes Kind, für eine Freundin oder um damit des Todes eines Angehörigen zu gedenken.

Komm dir näher

Nimm einen tiefen Atemzug und erlaube, dass beim Ausatmen die vorhandenen Spannungen mit einem Seufzer von dir abfallen. Spüre, wie du in diesem Augenblick hier sitzt. Gestatte deiner Aufmerksamkeit, zu deinen Füßen hinunterzugleiten. Spüre, wie deine Füße den Fußboden berühren. Fühle, dass dein Körper mit der Erde verbunden ist. Fühle die Anziehungskraft der Schwerkraft und dass du dich ihrem Ziehen übergeben kannst. Spüre, wie dein Körper von der Oberfläche unterhalb von dir getragen wird und wie die Erde deinen Körper trägt. Lenke nun deine Aufmerksamkeit tiefer hinein in dein Inneres. Lausche eine Weile lang nach innen.

Kapitel 5

Zusammenkünfte:
Lernen im Frauenkreis

Euch ist aufgefallen, dass alles, was ein Indianer tut,
sich in Kreisen vollzieht. Das liegt daran, dass die Kräfte
der Welt auch in Kreisen wirken und alles beflissen ist,
rund zu sein. Der Himmel ist rund, und wie ich gehört
habe, ist die Erde rund wie eine Kugel, genauso wie die
Sterne. Der Wind entfaltet seine größte Kraft in Wir-
beln. Die Vögel bauen ihre Nester kreisrund, denn sie
haben dieselbe Religion wie wir. Die Sonne geht in ei-
nem Kreis auf und wieder unter. Der Mond tut es ihr
gleich, und beide sind rund. Sogar der Wechsel der
Jahreszeiten bildet einen großen Kreis und kehrt immer
wieder dorthin zurück, wo er begann. Das Leben des
Menschen ist ein Kreis von Kindheit zu Kindheit. Und
so ist es mit allem, worin die Macht sich regt.[1]

BLACK ELK, heiliger Medizinmann der Oglaga-Sioux

Wenn ich mich in einem Frauenkreis aufhalte, spüre ich stets deutlich die Anwesenheit der vielen aufeinander folgenden Generationen von Frauen. Es scheint, als ob der Kreis schon immer da gewesen sei und sich nur die Gestalten der Frauen darin im Laufe der
Zeit verändert haben. Seit Anbeginn der Zeiten haben sich Frauen
versammelt, um einander zu unterstützen, ihre schöpferischen Talente miteinander zu teilen und gemeinsam zu entspannen. Sie
sind zusammengekommen, um einander zu ermutigen, die Stimme
des Weiblichen zu bekunden und das freie Fließen der Gefühle zu
würdigen. Ein Kreis (der einfach eine Versammlung von Frauen sein

kann) mag aus zwei oder aus Hunderten von Frauen und mehr bestehen. Das Maß an Aufrichtigkeit und Bereitschaft, gegenwärtig zu
bleiben, bestimmt, wie tief und nährend die Treffen sein werden.
Ich zähle Zusammenkünfte in Frauenzirkeln zu den kraftvollsten
Methoden, eine gesunde und respektvolle Beziehung zum Weiblichen wieder aufzubauen. Möglicherweise hängt es damit zusammen, dass der Kreis an sich die Weisheit der Schwesternschaft
birgt, die uns jederzeit zur Verfügung steht. PEACE X PEACE ist ein
globales Frauennetzwerk, auf dessen Webseite man Folgendes
über die Weisheit des Kreises lesen kann: *„Ein Kreis ist mehr als die
Summe seiner Beteiligten und stellt ein Gebilde dar, das zwischen den
‚weiblichen' und ‚männlichen' Eigenschaften ein Gleichgewicht herbei-
führt. Er unterstützt die nötigen Qualitäten, um Frieden zu erlangen und
zu erhalten – Inbegriffenheit, Mitgefühl, Fragen und Lauschen, Nähren
und Geborgenheit, Heilung und wiederaufbauende Gerechtigkeit. Angesichts der ‚männlichen' Ausdrucksformen – lineares Denken, Zergliede-
rung und Rivalität – sollte diesen Qualitäten entsprechende Bedeutung in
der Welt eingeräumt werden."*

Der Weisheitszirkel ist mehr als die Summe aller Frauen darin –
er selbst ist der Lehrer. Wir kommen zusammen, um das Beste in
einander zu fördern, nicht um einander in zerstörerischen Gewohnheiten zu bestärken. Miteinander können wir Stellung beziehen für
tiefgründende Liebe und klare Kommunikation, um jene Gefühle
des Getrenntseins und des Misstrauens aufzulösen, die zwischen
uns entstanden sind.

Die Kraft der Aufrichtigkeit

> *Geliebte, du bist meine Schwester, du bist meine*
> *Tochter, du bist mein Gesicht; du bist ich.*
>
> TONI MORRISON

Jede zweite Woche habe ich die Ehre, mich mit einem ganz besonderen Mädchenkreis zu treffen: vierzehn junge Frauen aus der

sechsten Klasse. Die folgende Geschichte handelt von einer Übung, die wir miteinander ausführten. Aus Respekt vor unserer Vertraulichkeitsvereinbarung habe ich ihre Namen selbstverständlich geändert.

Anna, eines der Mädchen, hatte ihren Eltern und ihrer Klasse gegenüber geäußert, dass sie häufig das Gefühl habe, von den übrigen Mädchen links liegen gelassen zu werden. Sie wurde nicht zu Geburtstagsfeiern eingeladen, und sie hatte häufig den Eindruck, dass die Mädchen hinter ihrem Rücken über sie redeten. Anna ist ein Mädchen, das das Wort ergreift, wenn etwas unstimmig ist. Daher hat sie die Sache auch bei unserer Nachmittagssitzung zur Sprache gebracht.

„Ich möchte erfahren, weshalb ihr aufhört zu sprechen und euch gegenseitig Blicke zuwerft, wenn ich ins Zimmer komme. Glaubt ihr, das merke ich nicht? Wie würdet ihr euch fühlen, wenn ihr nie zu einem Spieltreffen eingeladen würdet?"

Einige der Mädchen unterstützten sie: Sie sagten, sie würden sich auch nicht wohlfühlen, wenn man sie so wie Anna behandeln würde. Doch die Mädchen, die sie am eifrigsten geschnitten hatten, schwiegen. An dieser Stelle spürte ich, dass uns allen die Weisheit der Spinnenfrau – einer Göttin der Navajo-Indianer – von Nutzen sein könnte. Also entschied ich mich, ihre Geschichte zu erzählen. (Es folgt meine eigene Deutung der Legende:)

Am Anfang der Zeit saß die Spinnenfrau in der Mitte des Universums, das ansonsten gänzlich unbewohnt war. Aus dem Nichts erschuf sie die Erde, die Sonnen, die Sterne und die Monde, sie erschuf Himmel und Erde, Licht und Dunkelheit. Und jedes Gebilde, das sie erschuf, war über die Gewebsfäden des Lebens mit ihr verbunden. Als Spinnenfrau saß sie inmitten ihres Netzes und spann das Leben aus sich heraus. Sie erschuf Menschenwesen, Vögel, Tiere und Bäume und hauchte allen Geschöpfen mit ihrem Odem Leben ein.

Wer ein Spinnennetz gesehen hat, weiß: Es besteht sowohl aus Längsfäden, die von der Mitte ausgeben, als auch aus Querfäden. Als die Menschen, die Tiere und die übrige Schöpfung zu leben begannen, wurden in derselben Weise Fäden erschaffen, die sie miteinander verwoben, wodurch alle Dinge in der Welt miteinander verbunden waren. Die Fäden des Lebens durchdrangen alles. Wurde ein Teil des Netzes berührt, so vibrierte das ganze Netz.

„Könnt ihr sehen, dass jeder Teil des Netzes eine sehr wichtige Rolle spielt?", fragte ich die Mädchen. „Entfernt man einen Teil aus der Gruppe, so entsteht ein anderes Netz."

Die Mädchen nickten und ich bemerkte, wie sie im Kreis herumblickten. Vielleicht sahen sie ihre kleine Gruppe allmählich auch als ein Netz.

„Ich liebe es, um die Welt zu reisen und mich mit Frauen zu treffen", fuhr ich fort. *„Wir Frauen und Mädchen haben solch eine große Macht und herrliche Gaben, die wir der Welt geben können. Allerdings gibt es noch andere Eigenheiten, die für Mädchen und Frauen typisch sind und die systematisch unsere Begabungen beeinträchtigen. Sie koppeln uns sogar vom Netz und unserem Zugehörigkeitsgefühl ab. Ich spreche über unsere Angewohnheiten zu klatschen, hinter dem Rücken über andere zu reden, zu rivalisieren und zu sagen: ‚Sie ist schöner als ich', oder zu denken: ‚Ich möchte, dass alle Jungen mich ansehen, nicht sie.'"*

An dieser Stelle kicherten wir alle. Die Mädchen bestätigten, dass sie dies von sich kannten. Ich gewährte ihnen Raum, ihr Gespräch fortzuführen. Susan, ein Mädchen, das häufig das Wort ergreift, wenn die anderen Mädchen Angst haben, sich zu äußern, sprach als Erste. *„Ich möchte definitiv, dass ihr alle wisst: Wendet euch direkt an mich und redet nicht hinter meinem Rücken, wenn ihr irgendetwas über mich zu sagen habt."*

Die anderen Mädchen pflichteten ihr bei; sie alle sprachen sich für klare Kommunikation aus. An dieser Stelle hatten alle eine Menge zu sagen. Ich ermutigte sie, die Dinge mitzuteilen, die sie einander bislang vorenthalten hatten, um die Luft zu bereinigen und besonders das kundzutun, was in Bezug auf Anna gesagt werden musste. Ich war stark berührt von der Ehrlichkeit der Mädchen, als eines nach dem anderen mitteilte, wie es sich bisweilen durch eines der anderen verletzt gefühlt hatte, wie es sich beieinander entschuldigten und ihre Wertschätzung füreinander ausdrückten. Ob Anna auf die nächste Geburtstagsparty eingeladen wurde oder nicht, weiß ich nicht. Doch es war klar, dass die Grundlage für eine gesündere Beziehungen unter den Mädchen gelegt worden war durch das, was während dieses Treffens zur Sprache gekommen war.

Kraftvolle Heilung wird ermöglicht, wenn wir zusammenkommen, um uns engagiert von Angesicht zu Angesicht auszusprechen – und darauf verzichten, hinter dem Rücken von anderen zu klatschen. Das Vertrauen unter den Frauen hängt stark mit unserem Vertrauen in das Weibliche an sich zusammen. Während wir uns dem göttlich Weiblichen nähern, werden wir erbarmungslos herausgefordert, all unsere Urteile und Abwertungen des Weiblichen – in uns und anderen – ins Auge zu fassen.

Wenn wir hier sind, um unsere tiefste Sehnsucht respektvoll zu leben, müssen wir uns fragen: Sind wir wirklich bereit, alles in Angriff zu nehmen, das jener Absicht nicht dient? Denn nun ist die Zeit gekommen – und der Raum vorhanden. Die Liebe ist hier. Sie drängt sich in diesem Augenblick vor und sehnt sich danach, dass unser Herz aufrichtig aufgeht – während sie vor der Tür auf den Zeitpunkt wartet, an dem unser Interesse an nichtigen Spielchen nachlässt. Die Liebe ist bereit, uns alle heimzubringen in das Echtsein. Wir brauchen weder zu warten, bis wir vollkommen sind, noch bis wir unsere unbewussten Gewohnheiten vollends aufgegeben haben. Die Liebe ist eindeutig hier und umarmt alles. Ganz und gar, ohne etwas von sich fernzuhalten. Notwendig ist nur ein Ja.

Ja, das ist wichtig.

Ja, deshalb bin ich hier.

Verschiedene Arten der Begegnung

Das Weibliche drückt sich auf mannigfaltige Weise aus, und dementsprechend versammeln sich die weisen Frauen. Es gibt keine Regeln darüber, wie ein Frauenkreis aussehen sollte. Es folgen einige Beispiele von Gruppen, die die mögliche Vielfalt von Zielsetzungen und Strukturen verdeutlichen.

Der Buchclub

„Wir treffen uns einmal im Monat", teilt Connie mir mit. *„Und jedes Mal, wenn wir zusammenkommen, haben wir alle dasselbe Buch gelesen, um es miteinander zu diskutieren. Wir lesen sowohl Romane als auch Sachbücher. Was als Buchbesprechung beginnt, endet stets damit, dass jede von uns schildert, inwiefern sich das Buchthema auf ihr Leben und ihre Erlebnisse bezieht. So nutzen wir das Buch nur als Anlass, um einander über unsere Erfahrung zu erzählen, eine Frau zu sein."*

Der Neumondkreis

Mit gesenkter Stimme und verschleiertem Blick neigt sich Julia näher zu mir und erzählt mir fast im Flüsterton über das Neumondtreffen.

Kurz vor Sonnenuntergang versammeln wir uns allmählich in unserem geheiligten Land. Frauen aller Altersstufen kommen aus allen Richtungen herbei. Manchmal sind es fünf, manchmal zwanzig, wir wissen es nie im Voraus. Es ist Zeit für unsere Neumondfeier. Die Luft ist mit heiligem Salbeiduft geschwängert, während wir einander abräuchern. Die Trommeln fangen an zu schlagen, und alle Frauen im Kreis gestatten sich, ihren Körper zu schütteln und sich ganz nach Belieben zu bewegen. Frei und unschuldig feiern wir die weiblichen Prinzipien des Lebens. Wir stampfen mit den Füßen und singen allmählich im Chor der Stimmen, mal harmonisch, mal im freien Ausdruck tönend. Hier ist alles willkommen, alles wird gefeiert.

Fünf Kerzen werden angezündet, die mittlere Kerze symbolisiert unsere ausdrückliche Dankbarkeit und unseren demütigen Willkommensgruß an den Geist unserer Vorfahren, an unsere Großmütter und Großväter. Während wir die vier anderen Kerzen anzünden, rufen wir den Geist der vier Himmelsrichtungen an. Wenn der Redestab herumgereicht wird, teilt jede Frau dem Feuer ihre Absichten für den kommenden Monat mit. Sie entbietet ihren Dank und manchmal auch ein paar Tränen. Wenn wir durchdrungen und erleichtert sind und das unbändige Weibliche in uns pulsiert, beschließen wir unseren Kreis, indem wir die Kerzen ausblasen. Wenn ich gelegentlich eine Frau im Dunkeln dahinschmelzen sehe – erst wenn die Lichter heruntergebrannt sind und der Abend vorbei ist –, kann man, das schwöre ich, aus den Augenwinkeln unter ihren Röcken einen Schwanz erspähen.

Die Tempelgruppe

In Nevada City, wo ich lebe, treffen wir uns jeden Montag zwei Stunden lang im *Tempel des weiblichen Stroms*. Der Tempel ist kein fest abgegrenzter Ort, da wir die Tempelgruppe abwechselnd in unserem Zuhause ausrichten. Den Raum gestalten wir jeweils miteinander, um den Fluss der Gefühle und Bekundungen zu erkunden, der unterhalb unserer gewohnten Ausrichtung auf „Geschichten" verläuft. Wir kommen zusammen, legen etwas Musik auf und nehmen uns die Zeit, uns auf den Körper und den Augenblick einzustimmen. Ab dann begegnen wir einander als Forscherinnen, mit aufgeschlossenem Verstand und Herzen. Was wird geschehen? Was ist das Leben, sofern wir auf das Bedürfnis verzichten, unsere Erfahrung zu rationalisieren oder zu zensieren? Nach einer Weile lösen sich die Grenzen zwischen uns und verschwinden, und das gegenwartsnahe Geschehen jenseits unserer Persönlichkeit wirkt auf uns ein. Meine Freundin Helena oder ich leiten die Treffen, unterdessen wir allerdings auch vollständig daran teilnehmen. Tempelgruppen habe ich auch in Santa Fe, in Deutschland und in Skandinavien geleitet.

Das erweiterte Treffen

Sigrid ist ein Mitglied einer Frauengruppe in Kassel in Deutschland, deren Mitglieder sich nicht sehr häufig treffen. Wenn sie jedoch zusammenkommen, verbringen sie viele Stunden miteinander.

Wir sind sechs Frauen, die sich alle sechs Wochen etwa sieben Stunden lang treffen. Es werden einfach zwei Frauen beauftragt, für die inhaltliche Gestaltung des nächsten Treffens verantwortlich zu sein. Wir treffen uns abwechselnd in unseren Wohnungen. Der Ablauf des Treffens ist immer derselbe: Jede Frau bringt etwas zu essen mit, und wir nehmen gemeinsam eine Mahlzeit ein. Dann fängt die Zirkelrunde an. Wir halten uns an den Händen, schließen die Augen, sind still und fühlen etwa zehn bis zwölf Minuten lang. Anschließend gehen wir reihum im Kreis und laden jede Frau ein, mitzuteilen, was bei ihr akut ist – wo sie Probleme und Glück und vieles mehr erlebt. Danach unternehmen wir allerhand: Wir machen Bewegungsübungen, tanzen, singen, malen, massieren uns, halten uns, machen Übungen zu der Frage ‚Wer bin ich?', arbeiten nach dem Ansatz (The Work) von Byron Katie miteinander, gehen in die Natur hinaus.

Wir lieben es alle, mit Frauen zusammen zu sein, zu fühlen und in der weiblichen Energie zu sein. Wir lieben es, einander zu unterstützen und gemeinsam unser Potential zu erforschen.

Das Luna-Frauennetzwerk

Luna in Stockholm ist eines der Frauennetzwerke, die von Susanna Perret gegründet wurden. Die Gruppe, bestehend aus vierundzwanzig Frauen, trifft sich einmal pro Woche. Es gibt eine Warteliste von Frauen, die sich der Gruppe anschließen möchten. Um Mitglied der Gruppe zu werden, durchläuft jede Frau ein Initiations-Wochenende, wo sie mit dem Geist der Gruppe bekannt gemacht wird. Jede Frau zahlt verbindlich einen Mitgliedsbeitrag, der für besondere Anlässe, Ausflüge oder Geschenke verwendet wird. Die klare Absicht der Luna-Treffen ist, das Göttliche in einander wertzuschätzen und zu erkunden. Sehr wenig Zeit, wenn überhaupt, wird darauf verwendet, persönliche Geschichten zu erzählen. Die Frauen üben sich darin, das Weibliche durch ihren Körper und ihre Gefühle mitzuteilen und auszudrücken, indem sie gegenwärtig im Augenblick bleiben mit dem, was da ist. Drei Frauen sind die Leiterinnen der Gruppe und richten die Treffen aus. Die Gruppe steht mit anderen Gruppen in Schweden und Norwegen in Verbindung.

Die Mitteilungsgruppe

Heidi, die in Kalifornien lebt, teilt mit: Die Mitglieder ihrer Gruppe hatten von Beginn an die Absicht, eine Gruppe aufzubauen, in der es um gegenseitigen Austausch und gegenseitige Stärkung geht – nicht um Bedürftigkeit, Schwäche und Unzulänglichkeiten. Heidi arbeitet als Psychologin und verbringt also beruflich viel Zeit damit, bei den Problemen anderer Leute zur Verfügung zu stehen. *„Es fällt mir so leicht, die Helfende zu sein. Ich wollte, dass diese Gemeinschaft eine Gruppe von Ebenbürtigen ist und kein Ort für Gruppentherapie"*, sagt sie.

„Wir sind fünf Frauen, die sich alle zwei Wochen abwechselnd in der Wohnung eines der Gruppenmitglieder treffen. Am einfachsten lässt sich unsere Zielsetzung so beschreiben: Wir treffen uns nur, um in der Gegenwärtigkeit zu sein. Wir sitzen in einem Kreis um einen Altar herum, auf dessen Mitte eine Kerze brennt. Zuerst schweigen wir eine Weile, bis eine ein Ziehen in sich verspürt, das mitzuteilen, was aufgetaucht ist, was sich in ihrem Leben ereignet hat, wofür sie sich begeistert. Sobald sie fertig ist, bekommt sie manchmal von einer Teilnehmerin aus der Runde eine Rückmeldung, manchmal auch nicht. Die nächste Frau spricht, und so verfahren wir reihum, bis wir wieder in Stille verweilen.

Wenn wir den Kreis aufheben, blasen wir die Kerze aus. Hin und wieder fahren wir am Wochenende miteinander weg. Durch unsere Bereitschaft, uns gegenseitig durch verschiedene Phasen und Übergänge des Lebens zu begleiten, haben wir ein tiefes Reservoir des Vertrauens und der Unterstützung aufgebaut. Der Frauenkreis ist ein wunderbares Geschenk in meinem Leben, und ich hoffe, dass wir miteinander alt werden können."

Das weltweite Frauennetz

> *Werden Spinnennetze miteinander verwoben,*
> *so können sie einen Löwen aufhalten.*
>
> <small>AFRIKANISCHES SPRICHWORT</small>

Patricia Smith Melton lud Frauen aus den christlichen, muslimischen und jüdischen Kulturräumen ein, an einem dreitägigen vertrauensvollen Dialog teilzunehmen, vom 19. bis 21. Januar 2002. Die Frauen trugen Ideen zu den Fragen zusammen: Was ist Frieden? Was ist erforderlich, um Frieden zu unterstützen? Wie kann man Frauen Perspektiven der Macht nahebringen, um Frieden zu erreichen? Dieser Dialog verhalf dem globalen Netzwerk PEACE X PEACE zur Entstehung, das – wie sein Leitspruch besagt – *Frauen befähigt, sich interkulturell zu verbinden, unter Einsatz von Technologie ein globales Netz der Kommunikation, Bildung und des Engagements für nachhaltigen Frieden zu weben.* Mithilfe seines Netzauftritts **http://www.peacexpeace.org** werden Frauenzirkel weltweit mit „Schwesterngruppen" vernetzt.

Die Frauen, die am Eröffnungsdialog teilgenommen haben, bilden mittlerweile den Beiratszirkel von PEACE X PEACE. Die Ratsmitglieder sind unter anderem die muslimische US-amerikanische Rechtsprofessorin Dr. Azizah Y. al-Hibri, die latein- und US-amerikanische Schriftstellerin Isabel Allende, die afghanische Aktivistin für Frauenrechte, Fatima Gailani, die US-amerikanische Schriftstellerin und Futuristin Barbara Marx Hubbard, die palästinensisch-US-amerikanische Doktorin des Instituts für Konfliktanalyse und Konfliktlösung, Alma Jadallah, und die südafrikanische, exemplarisch Frieden schaffende Susan Collin Marks.

Es folgt ein Auszug der Originalschrift „Der Frauendialog-Zirkel":

Millionen von Menschen, die sich nach „Adalah", einem durchdringenden Frieden, sehnen, agieren in vorhandenen Kreisen mit der Zielsetzung, sich für den Frieden zu engagieren, oder sind bereit, einen solchen Kreis aufzubauen. Diese Kreise umfassen Spielarten von kleinen, persönlich gehaltenen Gruppen, seien es Buch- und Kochklubs oder Trauergruppen, erweiterten Familien, Kirchen-, Synagogen- und Moschee-Gruppen. Um bei der Friedensarbeit erfolgreich mithelfen zu können, müssen diese Gruppen vernetzt und organisiert werden. Die Werkzeuge des nicht hierarchisch und zirkulär aufgebauten Internets dienen dazu, sich jenseits der „Barrieren" von Angst und Verwirrung zu unterhalten und wirken mittlerweile der menschlichen Gewohnheit entgegen, sich in einzelne Teile aufzuspalten.

Mit der Technologie des Internets steht uns die Möglichkeit offen, weltweite Vernetzung in einer Weise herzustellen, die nie zuvor denkbar war. Heute gibt es eine wachsende Zahl von passionierten Frauen und Organisationen, die sich leidenschaftlich dafür engagieren, Frauen über Grenzen, kulturelle und religiöse Unterschiede hinweg miteinander zu verbinden. Dieser erweiterte Kreis ist ein Mittel, um Heilung und Frieden auf Erden zu fördern. Die Schriftstellerin Isabel Allende teilte im November 2002 in einem Interview Folgendes mit:

> *Ich gehöre einem Kreis an, der sich seit mehr als zehn Jahren trifft, und ich setze mich von jedem Ort aus mithilfe meines Computers mit meinem Zirkel in Verbindung. Wir sind auch mit anderen Zirkeln vernetzt, und wenn wir etwas mitteilen wollen, klinken wir uns ins Netz ein, und binnen einer Sekunde erhalten tausend Personen die Nachricht. Der Großteil unserer Informationen beschreibt den Zustand der Welt, die Friedensbewegung oder Protestaktionen. Wir tauschen auch spirituelle Botschaften aus. Wenn Menschen oder Orte außerordentlich Schlimmes durchmachen, übermitteln wir unterstützende und tröstliche Botschaften. Wir verbreiten außerdem Nachrichten, die man auf regulärem Weg unmöglich erhalten kann, darüber, was in der Welt geschieht und die Regierungen verbergen oder zensieren.*[4]

In einem weltweit operierenden Kreis von Frauen, die sich untereinander austauschen, sich bemühen, einander zu verstehen und zu unterstützen, gibt es noch eine Menge unerforschtes Potenzial. Wir dürfen gespannt sein, was sich aus diesen Vernetzungsprojekten von Frauen entwickeln wird.

Worauf ist beim Aufbau eines Frauenkreises zu achten?

> *Wir lauschen. Wir wissen, wie sehr du dich danach sehnst, vollständig gesehen, angenommen und geliebt zu werden. Wie sehr du dich danach sehnst, deine einzigartigen Talente zu schenken und Samen zu säen, die anhaltend weiter wachsen und Schönheit für alle ausstrahlen. Wir wissen einfach, wie sehr du dich danach sehnst, das ganze Spektrum des Weiblichen in einem quicklebendigen Körper zu leben.*[5]

Die Absicht des Treffens

Das Weibliche liebt es, im Augenblick zu fließen. Es fühlt sich entspannter und heimeliger, wenn es strömend und lebendig zugeht. Wir Frauen laufen stets Gefahr, uns unversehens in heftige Emotionen und Geschichten aus der Vergangenheit zu verwickeln, und der Preis, den wir dafür zahlen, ist: Wir lassen uns häufig die reale Tiefgründigkeit des Augenblicks entgehen. Der beste Weg, das weibliche Fließen zu gewährleisten, während wir auch unser tiefstes Sein würdigen, ist, uns über die Absicht des Treffens klar zu sein.

Ist die Absicht einfach, Anschluss zu finden, zu erzählen, was in unserem Leben vor sich geht, oder mit anderen abzuhängen? Wenn dem so ist, ist es durchaus in Ordnung, sich lediglich an dem zu beteiligen, was gerade an der Oberfläche geschieht. Wenn es jedoch Absicht ist, eine tiefere Dimension zu erforschen, drohen Enttäuschung und Verstimmung, wenn wir keinen Weg finden, um jene Verhaltensmuster aufzulösen, die uns an der Oberfläche halten und daran hindern, gemeinsam in tiefere Schichten zu tauchen.

Ich habe eine Menge Zeit in verschiedenen Frauenkreisen mit unterschiedlichen Zweckbestimmungen verbracht. Einige sind aus einer engagierten Frauengruppe entstanden, die sich wöchentlich oder jährlich getroffen hat, andere sind zuvor offene, ungezwungene Gruppen zur Feier der Mondphasen gewesen. In einigen haben wir bestimmte Bilder des göttlich Weiblichen gewürdigt, andere haben sich bereitgefunden, den Augenblick aufgeschlossen zu erkunden. In einigen Gruppen haben wir unsere Geschichten mit Worten erzählt; in anderen durch den Körper und den Strom der Gefühle. Einige Gruppen haben verschiedene Themen besprochen; in anderen haben wir unsere Kreativität gefeiert.

Ich kenne Frauen, die sich treffen, um miteinander zu kochen, zu wandern oder soziale Dienstleistungen zu verrichten. Es spielt nicht wirklich eine Rolle, in welcher Ausdrucksform euer Treffen stattfindet, sofern sie der Sehnsucht in eurem Herzen entspricht. Bleibt jener Sehnsucht treu und teilt sie einander mit. Gewährt dieser Flamme Raum, euch in eurer gemeinsamen Erforschung zu leiten. Trefft eine Vereinbarung darüber, weshalb ihr euch versammelt, um euch anschließend zu entspannen und das Geschehen zu genießen. Die Weisheit des Kreises beschreitet rätselhafte Wege, um euch tiefer liegende Hilfsquellen aufzuzeigen, die ihr im Voraus niemals hättet berücksichtigen können.

Struktur und Fluss

Bei der Erforschung des Weiblichen es ist maßgeblich, sich bewusst zu machen, dass das Weibliche ohne das Männliche nicht existiert und umgekehrt. Es handelt sich nicht um zwei getrennte Einzeldinge, sondern lediglich um verschiedene Aspekte ein und derselben Ganzheit. Wir können nur dann getreulich die Tiefen der weiblichen Natur ergründen, wenn wir auch ein ausgewogenes Verhältnis zum Männlichen haben. Wenn wir einige Strukturen und Grenzen für die Gruppe festlegen, wird das Weibliche mit dem Anteil Männlichkeit versehen, den es benötigt, um sich vollständig hinzugeben. Die Struktur gibt den Zweck und die Richtung vor, während die Grenzen den Raum bereitstellen, in dem wir fließen und uns an den unbekannten Gefilden des Augenblicks erfreuen können. Eine Struktur ist bereits gegeben, wenn einfach die Uhrzeit festgesetzt wird, zu der die Treffen anfangen und enden, sie kann jedoch auch ausgeklügeltere Rituale und Vereinbarungen beinhalten.

Wenn es die Absicht der Gruppe ist, etwas tiefer zu gehen als nur miteinander zu bummeln, kann es hilfreich sein, den Kreis mit einem Ritual zu eröffnen und zu beschließen. Eröffnungsrituale versetzen uns in den Augenblick und ermöglichen den Treffen, aus der Verbindung mit dem Jetzt zu beginnen. Ein Abschlussritual unterstützt die weibliche Fähigkeit, im Fließen loszulassen, ohne die Angelegenheit über Gebühr hinzuziehen und die Versammlung mit mäßiger Energie enden zu lassen. Diese Rituale brauchen nicht formvollendet zu sein; sie können schlicht ein Augenblick der Stille sein, während ihr die Kerzen anzündet oder sie später ausmacht,

wenn es zu Ende ist. In einem Kreis schlossen wir beispielsweise
stets damit ab, uns gegenseitig unsere Wertschätzung und Dankbarkeit auszudrücken. In einem anderen Kreis begannen wir mit
den Tönen von tibetischen Klangschalen. Einige Gruppen verwenden Rituale aus verschiedenen spirituellen Traditionen, indem sie
beispielsweise ein buddhistisches oder hinduistisches Mantra
chanten oder einen von den US-amerikanischen Ureinwohnern
überlieferten Brauch nutzen, die vier Himmelsrichtungen anzuru-
fen und einander mit Salbei abzuräuchern.

Viele Ureinwohner der USA verwenden gleichfalls einen Redestab, um damit die Mitteilungsrunde im Kreis weihevoll und tief-
gründig zu gestalten. Diese Tradition ist auch in Frauenzirkeln –
wie Julias Neumondkreis, der weiter oben beschrieben wurde –
eine willkommene Praxis. Du kannst einen Stock in der Natur finden und ihn so, wie er ist, verwenden – oder ihn mit Farbe, Steinen, und/oder Leder verschönern. Ihr könnt auch andere verfügbare
Gegenstände, sei es eine Blume, einen Kristall oder eine Feder, als
euren Redestab verwenden. Wenn eine Frau im Kreis den Redestab
in die Hand nimmt, bedeutet es einfach, dass sie die volle Aufmerksamkeit des Kreises bekommt und sprechen kann, ohne unterbrochen zu werden. Wenn sie mit ihrer Mitteilung zu Ende ist, legt sie
ihn nieder oder gibt ihn weiter. Diese Vorgehensweise sorgt dafür,
dass die Mitteilungen achtsam und aufmerksam getätigt und gehört werden und der Gefahr vorgebeugt wird, sich in Diskussionen
zu verwickeln.

Viele Gruppen haben sich entschieden, ihre Versammlung damit zu beginnen, dass alle im Kreis sitzen und nach dem Eröff-
nungsritual eine begrenzte Redezeit zur Verfügung haben, um sich
auf den neuesten Stand der Dinge zu bringen, indem jede Frau erzählt, was derzeit bei ihr los ist. Sie konzentriert sich dabei auf ihr
Erleben, nicht so sehr darauf, „wer was tat und wer was sagte".
Anschließend tragen eine oder mehrere Frauen ein Thema vor, das
sie vorbereitet haben; das soll die Gruppe unterstützen, besser miteinander in die Tiefe zu gehen. Angeboten werden etwa Yogaübungen,

Tanzen, Massage, Aufrichtigkeitsübungen, Gebete oder Basteln, etwa von Collagen. Die Möglichkeiten sind unbegrenzt.

Bei einigen Gruppen richtet eine Frau das Treffen aus. Andere haben eine durchweg demokratische Struktur. Eine praktische Lösung ist, zwei Frauen mit der Aufgabe zu betrauen, abwechselnd die Treffen vorzubereiten und zu leiten, wie es etwa in Sigrids Gruppe gemacht wird. Wenn eine Frau sich unsicher fühlt, kann sie mit einer anderen Frau, die mehr Erfahrung als Gruppenleiterin hat, Kontakt aufnehmen. Dies unterstützt jede Frau dabei, sich auf ihre besondere Gabe einzulassen, und verleiht der Gruppe dynamische Vielfalt. Manche Frauenkreise finden, dass eine Vertraulichkeitsvereinbarung ihnen hilft, einen sicheren Rahmen für ihre Forschungsreisen zu bieten.

Heiliger Raum

Es gibt vielerlei Möglichkeiten, einen heiligen Raum für eine Gruppe zu gestalten. Eröffnungs- und Abschlussrituale einzuhalten, ist eine wesentliche Methode. Die aufgewendete Mühe, den Ort des Treffens zu verschönern, unterstützt ebenfalls die Absicht. Einen Altar zu errichten, ist ein weiteres kraftvolles Werkzeug. Die Gastgeberinnen des Treffens können ihn mit Gegenständen ausstatten, die sie als geweiht betrachten. Einige Gruppen entscheiden sich auch dafür, dass die Teilnehmerinnen jedes Mal besondere Gegenstände mitbringen, die eine einprägsame symbolische Bedeutung für die Gruppe haben. Ausgesuchtes Räucherwerk, Musik und Tücher können ebenfalls die erwünschte Atmosphäre bewirken. Manchen Gruppen genügt es, wenn einige schöne Kerzen brennen.

Was machen wir?

Frauen, die eine Gruppe starten, fragen mich häufig: „Was genau können wir machen?" In den Übungsteilen im Verlauf des Buches findet man viele Vorschläge dafür, was man gemeinsam unternehmen

kann. Deshalb erwähne ich hier nur kurz einige weitere Lieblingsübungen:

1. Verbindet euch in eurem Körper mit dem Augenblick. Tanzt,
   atmet und stoßt Laute aus.
2. Unterstützt einander durch gegenseitiges Berühren dabei, prä-
   senter zu werden. In der westlichen Kultur haben wir diesen
   grundlegenden, wohltuenden Austausch, der sich über Berührungen von Frau zu Frau vollziehen kann, eingebüßt. Ihr könnt
   euch massieren, streicheln oder halten. Selbstverständlich
   müsst ihr dabei mit Feingefühl vorgehen; es geht darum, Ge-
   genwartsnähe im Körper einzuladen, nicht darum, jemanden
   zu belästigen oder zu ängstigen. Teilt euch in Dreiergruppen
   auf. Eine Frau ist die Empfangende, während die anderen sie
   massieren und durch ihre Hände und ihren Körper Liebe in sie
   ausgießen. Wechselt euch ab in der Rolle der Empfangenden.
3. Entscheidet euch für eine Farbe, in der sich alle kleiden. Einmal trefft ihr euch alle in Weiß und findet heraus, was das be-
   wirkt – ein anderes Mal trefft ihr euch in roter Kleidung. Wenn
   alle in Schwarz kommen, kann es schlechterdings pikant zuge-
   hen. Diese Methode unterstützt spielerisch und amüsant dabei, die unterschiedlichen Kräfte des Weiblichen zu feiern.
4. Feiert ein sinnliches Fest. Bringt exotische Früchte und Schokolade, Federn und Öle mit. Findet euch durch sinnliche Wohlgefühle im Göttlichen ein.
5. Teilt euch mit, wie ihr euren eigenen Körper gegenüber anderen
   beurteilt. Sagt euch, was ihr über ihn denkt. Entwerft ein Ritual, in dem ihr eure Körper als den Körper der Göttin anbetet.
6. Schaut einander genau an und weist einander Namen zu, die
   eure Essenz widerspiegeln. Namen können gleichsam Eigenschaften versinnbildlichen, die ihr als neue Lebenserfahrung
   einladen könnt (beispielsweise Lachende Bauchgöttin, Göttliche Klippengeherin, Königin der Liebe, Reine Schamanin).
7. Macht eine „Wertschätzungsrunde". Reihum setzt sich jeweils
   eine Frau auf den „heißen Stuhl". Die anderen Frauen über-

schütten sie zwei Minuten lang mit ihrer Wertschätzung und Verehrung, indem sie singen, sprechen und sie berühren.

8. Gestaltet ein Kloster. Meditiert, chantet Mantren und betet gemeinsam. Teilt euch die Tiefen eures hingebungsvollen Herzens mit.

9. Widmet eure Treffen dem Wohl aller empfindungsfähigen Wesen und fühlt die Welt als euren Großkörper.

10. Feiert mit jeder Frau Übergangsriten. Dies bietet sich dann an, wenn eine der Frauen einen Verstorbenen verabschieden muss, heiratet, die Arbeitsstelle wechselt, in Pension geht oder ein Baby bekommen hat.

11. Erweitert eure Ausdrucksfähigkeit von Liebe, indem ihr verschiedene Gefühle erforscht, insbesondere jene, denen wir uns gewöhnlich entziehen. Ihr könnt Zorn, Kummer, Sinnlichkeit oder Neid untersuchen und fantasievoll mit ihren Spielarten umgehen – ohne sie abstreifen zu wollen. Was wir normalerweise als negative Energie bezeichnen, ist nichts weiter als *abgewehrte* Energie. Wenn wir uns den Emotionen nicht mehr widersetzen, können sie kommen und gehen, ohne dass wir uns dabei in den üblichen Dramen ergehen.

12. Ruft unterschiedliche Göttinnenbilder wach. Erforscht die verschiedenen Aspekte des Weiblichen, die die verschiedensten Göttinnen symbolisieren (Beispiele: Kali, die Zerstörerin; Kuan Yin, die Göttliche Mutter; Shakti, die Lebensenergie; Aphrodite, die Liebende).

Die Falle des „Verarbeitens"

In Frauenzirkeln bauen wir Beziehungen auf. Wir versammeln uns aufrichtig, mit der jeweils eindeutigen Absicht des Treffens, und lassen dabei die gesellschaftlichen Masken fallen, die uns normalerweise davon abhalten, innig miteinander umzugehen. Die meisten Menschen verspüren eine tiefe Sehnsucht danach – häufig der Hauptgrund, sich einer Frauengruppe anzuschließen. Wie in allen

Beziehungen kann unsere Sehnsucht nach Nähe auch hier sehr ausgeprägt sein, doch bisweilen gehen wir recht unbeholfen dabei vor,
es geschehen zu lassen. Das ist beispielsweise der Fall, wenn wir
„darüber reden" wollen. Welche Frau hat nicht schon versucht, einem anderen Mensch näher zu kommen, indem sie ein Problem
anspricht, dass durchgearbeitet werden muss?

Obwohl Ehrlichkeit und die Bereitschaft, bei Konflikten gegenwärtig zu bleiben, natürlich Eigenschaften sind, die in jeder gesunden Beziehung absolut notwendig sind, werden häufig darüber die
Gelegenheiten versäumt, zu feiern und einander zu würdigen. Es
folgt nun eine solche Geschichte – über das Ringen einer Frauengruppe darum, sich näher zu kommen.

Eines Tages erhielt ich einen Anruf von Maria. Nach dem letzten *Tiefere Liebe Seminar*, das Arjuna und ich in ihrer Heimatstadt
gehalten hatten, hatte sie eine fortlaufende Frauengruppe eröffnet.
Sie berichtete von ihrem Gefühl, dass die Runde feststecke, und bat
mich, sie dabei zu unterstützen, die ausweglose Situation aufzulösen. Ihr erstes Treffen war gut verlaufen. Sie hatten die Zusammen-
kunft genutzt, um sich ihre Erwartungen und Sehnsüchte mitzuteilen und zu besprechen, was sie gemeinsam unternehmen wollten.
Sie hatten beschlossen, sich zweimal im Monat zu treffen. Beim
dritten Treffen fing es an, aus dem Ruder zu laufen. Mittlerweile
waren drei Frauen ausgeschieden, und fast alle der übrigen acht
Frauen waren im Zwiespalt, ob sie sich tatsächlich weiter an einer
Frauengruppe beteiligen wollten.

Alle hatten ihren Vorsatz dargetan, definitiv gemeinsam in die
Tiefe zu gehen. Und die Art und Weise, wie sie versuchten, ihn
umzusetzen, war: nach Konflikten und Problemen untereinander
Ausschau zu halten. Die Frauen hatten nicht klar vereinbart, wie sie
solcherlei Schwierigkeiten angehen würden. Schließlich gerieten
sie ins Streiten und attackierten einander – um die Treffen dann,
mit ungelösten Konflikten, angeschlagen zu verlassen. Natürlich
fiel es ihnen schwer, sich zu motivieren, zum nächsten Treffen zu
erscheinen.

Während unseres Telefonats wurde uns beiden – Maria und mir – klarer, welche Faktoren die Gruppe in diese Situation manövriert hatten. An erster Stelle stand die Annahme, dass Konflikt und Tiefgründigkeit einander entsprächen. Die Frauen waren in die Falle des „Verarbeitens" getappt, die bei allen Beziehungen eine Gefahr darstellt. Aus meiner Sicht sollten wir stets bemüht sein, die Verarbeitung von Problemen mit Anerkennung und Wertschätzung auszugleichen. Das Verhältnis sollte bestenfalls etwa 90 % des Feierns zu 10 % des Problem-Verarbeitens betragen. Ich erklärte Maria, dass die Frauen tief in das Weibliche vordringen können, wenn sie gemeinsam feiern und einander zutiefst annehmen. Das ist wirkungsvoller, als darauf hinzuweisen, was ihrer Meinung nach bei den anderen nicht in Ordnung sei. Wenn Störungen zwischen ihnen hochkommen, müssen sie natürlich darauf eingehen, doch auf effektive Weise, sodass sie rasch zurückkehren können, sich zu lieben und zu feiern.

Der zweite Faktor war: Die Gruppentreffen bedurften einer Struktur. Es wurde klar, dass es hilfreich wäre, sich auf einige einfache Methoden zu einigen, wie Konflikte beizulegen seien. Glücklicherweise hatte die ganze Gruppe an dem *Tiefere Liebe Seminar* mit uns teilgenommen und viele Hilfsmittel an die Hand bekommen, um klar zu kommunizieren. Die Frauen mussten nur einwilligen, sie zu verwenden.

Der dritte Faktor war das Vertrauen. Es ist ein sensibler Prozess, uns mit der Absicht zu begegnen, unsere Masken fallen zu lassen und in Bereiche einzutauchen, die uns möglicherweise nicht vertraut sind. Wir müssen Raum gewähren, sodass sich im Laufe der Zeit Vertrauen entwickeln kann – es ist nicht hilfreich, auf einer Öffnung zu bestehen, ehe die Zeit dafür reif ist. Die meisten Menschen haben erlebt, dass wir, wenn wir jemandem näher kommen und uns sicherer fühlen, auch wagen, unsere dunkleren Seiten zu zeigen. Erst wenn dieses Vertrauen vorhanden ist, wird der Prozess der Konfliktlösung eine einzigartige Bedeutung erhalten.

Der letzte Tipp, den ich Maria gab, ehe wir den Hörer aufleg-
ten, war, alle Teilnehmerinnen zu ermutigen, weiterhin an der Sache dranzubleiben. Unterwegs werden allerlei Scheidewege wie
dieser auftauchen, wo wir jedes Mal die Wahl haben: Meiden wir
diese Tür oder öffnen wir sie, um in eine innigere Vertrautheit miteinander einzutreten?

Einige Monate später besuchte ich Marias Heimatstadt und
verbrachte etwas Zeit mit den Frauen der Gruppe. Sie berichteten,
dass sie sich noch mit einer Menge gleichartiger Probleme ausein-
andersetzten. Sie versuchten noch immer, die Dinge durchzuarbeiten, indem sie darüber sprachen. Ich legte eine schmissige Musik
auf und leitete uns alle an, uns in das freie weibliche Fließen einzulassen, wo wir mit unserem Körper, miteinander und mit unseren
augenblicklichen Gefühlen in Berührung sind. Wir unterhielten uns
gründlich miteinander, ohne ein einziges Wort zu sprechen. Nach
weniger als einer Stunde waren die Frauen besänftigt und ange-
regt, einander anzuschauen und zu lachen. *„Mensch"*, seufzte eine.
*„Wenn wir uns so treffen, gibt es überhaupt keine Probleme. Wo sind
denn nun die Probleme abgeblieben?"*

In jedem Moment sind wir nur einen kleinen Schritt von dieser
Offenheit entfernt, doch weil wir es gewohnt sind, umständliche
Lösungen anzustreben, übersehen wir den Schatz, der vor unserer
Nase liegt. Ich habe solche Umwandlungen wie in Marias Gruppe
öfter geschehen sehen, als ich aufzählen kann. Es ist sonnenklar:
Das, wonach wir uns am meisten sehnen – uns zu lockern und diesem Fließen hinzugeben –, kann natürlich auf vielerlei Weisen zustande kommen. Stets ermöglicht es, die Essenz des Lebens echt
zu fühlen. Einander unser unbewaffnetes Herz darzubieten und es
in anderen zu sehen, ist nicht nur heilsam, sondern vertieft auch
unser Vertrauen in das tiefe Weibliche. Da wir im Alltagsleben nicht
viele Gelegenheiten haben, derart loszulassen, liegt es an uns, Räu-
me zu erschaffen, in denen wir diese Dimension in uns nähren können. Auseinandersetzungen und Konflikte sind in Ordnung, und
häufig lernen wir dadurch eine Menge über uns und andere. Wenn

du nun die Wahl hättest, was du gern mit deinen Freundinnen unternehmen willst – euch auf essenzieller Ebene zu begegnen oder Probleme untereinander zu diskutieren – wofür würdest du dich entscheiden?

ÜBUNGEN

Schmetterlinge und Blumen

Diese Übung ist für eine Gruppe von mindestens fünf Frauen vorgesehen.

Teilt euch in zwei Gruppen auf. Die Frauen der kleineren Gruppe legen sich entweder auf den Rücken oder auf den Bauch, Kopf an Kopf, sodass ihre Beine sich wie Blütenblätter ausbreiten. Sie sind die empfangsbereiten Blumen. Achtet darauf, dass genügend Platz vorhanden ist, in dem sich die Schmetterlinge um Kopf und Füße bewegen können.

Die andere Frauengruppe spielt den Part der Schmetterlinge, welche die Blumen mit sanften Berührungen beiläufig besuchen. Diese Frauen bewegen sich von Blume zu Blume, von den Füßen zum Kopf, zum Bauch und zurück, und überhäufen die liegenden Frauen mit liebevollen Berührungen.

Nach zehn bis fünfzehn Minuten wechseln die Gruppen die Rollen.

Der Geschenkkreis

Diese schöne Spiel benötigt eine sorgfältige Zeitwächterin, da es sonst viele Stunden dauern wird. Setzt euch in einen Kreis. Jede Frau erhält jeweils eine Minute, um mitzuteilen, was bei ihr augenblicklich ansteht. Sie kann sich sprachlich oder nur körperlich ausdrücken. Nach einer Minute läutet die Zeitwächterin eine Glocke. Nun stellt sich die Frau in die Mitte des Kreises und betrachtet reihum eine Weile lang das Gesicht jeder Frau. Jede Frau im Außenkreis hat eine Minute zur Verfügung, um der Frau in der Mitte etwas zu schenken, sei es mit Worten oder Berührungen. Wenn nach Ablauf einer Minute die Glocke läutet, stellt sie sich vor die nächste Frau. Nachdem sie von allen Frauen in der Runde beschenkt worden ist, nimmt sie wieder Platz im Außenkreis, und die nachfolgende Frau kommt an die Reihe. Wenn euer Zirkel aus zehn Frauen besteht, wird die Übung eine Stunde und vierzig Minuten lang dauern. Daher leuchtet es ein, dass es sehr auf die gute Arbeit der Zeitwächterin ankommt. Wenn das der Fall ist, baut das Geschenkspiel ein beträchtliches Kraftfeld aus Liebe und Schenkfreude unter euch auf.

Der Frauenrat

Innerhalb eines Zeitrahmens von zehn Minuten teilt eine Frau ein Problem mit, bei dem sie aufgeschmissen ist und bei dessen Handhabung sie Unterstützung braucht. Nachdem sie fertig ist, stellen die Frauen im Kreis einige Minuten lang Fragen, um nachzuhaken und sicherzustellen, dass alle Anwesenden in der Runde den Kern des Problems verstanden haben. Der nächste Schritt kann in zweierlei Abläufen erfolgen:

1. Die Frauen im Kreis sagen der Frau, die gesprochen hat, reihum ihre Gefühle, die sich auf das soeben Gehörte beziehen. Gemeinsam steuert jede praktische Vorschläge bei, um der Fragestellerin Beistand zu leisten.

2. Die Frauen sitzen im Kreis, außer der Frau, die ihr Problem vorgetragen hat. Sie sitzt außerhalb des Kreises und beobachtet nur. Die Frauen besprechen ihr Problem und das, was sie gefühlt haben, als sie sprach. Gemeinsam tragen sie unterstützende Kommentare und Vorschläge vor. Nach einiger Zeit laden sie die Frau ein, sich wieder in die Runde zu setzen,

wo sie nun Gelegenheit bekommt, auf das soeben Gehörte
zu antworten.

Komm dir näher

Während du hier sitzt, sammle dich eine Weile, um dein Gewahrsein auf die Frauen in deinem Leben auszudehnen. Fühle dich als
Teil dieser Runde von Frauen. Gewähre nun den Raum, dass sich
dein Gewahrsein noch weiter ausdehnt, um alle Mütter, Schwestern, Töchter, Freundinnen und weiblichen Geliebten einzuschlie-
ßen, die derzeit auf Erden leben, jene, die verstorben sind und
jene, die noch nicht geboren sind. Fühle, dass du selbst ein Teil
dieses riesigen Kreises von Frauen bist.

Kapitel 6

Der heilige Bund:
Partnerschaft als Lehrer

So wie der anziehende Ehebund der Sterne geheimnis-
volle Gebilde in den Winterhimmel malt und den
Dichtern nächtelang den Schlaf raubt, bezaubert
unser Beisammensein die Seele, sich zu zeigen ... alles
zu offenbaren.[1]

Uns mit unserer ganzen Schönheit und ganzen Dunkelheit unseren Mitmenschen zu zeigen, bedeutet, eine mutige Entscheidung zu treffen. Unsere Intimbeziehungen sind die Bühne, auf der sich die Größe dieser Herausforderung am deutlichsten zeigt.

Ich war erst sechzehn Jahre alt, als ich zum ersten Mal die verzweifelte Entscheidung traf, mich *nie* wieder auf eine Beziehung einzulassen. Entschlossen, künftig den Schmerz eines gebrochenen Herzens zu meiden, entschied ich mich, Nonne zu werden. Das währte einen Monat lang, bis ein neuer Prinz des Weges kam und ich wieder auf dem Karussell der romantischen Hochs und Tiefs unterwegs war und berauscht die vergangenen Fehlgriffe ausblendete. Natürlich ging auch das wieder in die Brüche. Und danach wieder. Mein Versuch, den spirituellen Fluchtweg zu nehmen, war gleichfalls nicht sehr erfolgreich. Auch wenn ich gern allein war, meditierte und in der Stille schwelgte, schubste mich das Leben fortwährend in persönliche Beziehungen mit anderen – bis mir klar wurde: Ich musste einen Weg finden, Partnerschaft und Spiritualität zu vereinen, statt sie als unvereinbar zu betrachten.

Da unsere spirituellen Vorbilder meistens Männer sind, die mehr oder weniger zurückgezogen gelebt und sich deutlich von

Familie und Sexualität distanziert haben, neigen wir zu dem Schluss, dass wir eine ähnliche Lebensweise annehmen sollten, um spirituelle Freiheit zu finden. Sich von der Vorstellung einer Beziehung angesprochen zu fühlen, ist entsprechend vielfach als Schwäche und Ablenkung ausgelegt worden. Doch nun, wo das göttlich Weibliche wieder in unserem Leben auftaucht, bezeugen wir einen Paradigmenwechsel: Das Weibliche findet es natürlich und reizvoll, Bindungen einzugehen und am Gemeinschaftsleben teilzunehmen; es sieht keinen Widerspruch zwischen spiritueller Erkenntnis und intensiver Mitwirkung am Leben. Ganz im Gegenteil vermag es möglicherweise in den Bereichen der Partnerschaft, Sexualität und Familie das Göttliche am nachhaltigsten auszudrücken.

Selbst wenn wir nicht auf viele Vorbilder zurückgreifen können, von denen wir in diesem Zusammenhang lernen könnten, tragen die meisten Frauen eine klare Vision von einer bewussten Partnerschaft im Herzen, die Ausdruck ihrer tiefsten Einsichten in die Liebe ist. Intuitiv wissen wir, was möglich ist – selbst wenn Beziehungen immer noch der Teil unseres Lebens sind, in dem wir häufig festgefahren und frustriert sind. Für mich wurde die Spaltung zwischen dem Potenzial und dem Ist-Zustand so schmerzlich, dass ich dringend einen Weg finden wollte, um das zu verwirklichen, von dem ich in meinem Herzen wusste: Es war möglich. Dieser Wunsch katapultierte mich in einen Prozess, der mein Leben und meine Art, in einer Partnerschaft zu leben, grundlegend wandelte. In diesem Prozess untersuchte ich meine Sehnsucht, meine Begeisterung für jene einfache Weisheit – und versuchte, die Verhaltensweisen zu ergründen, mit denen ich das, was mir am Wichtigsten war, torpedierte.

Heute ist meine Ehe meine strengste Lehrerin und der Schauplatz, wo ich die am tiefsten gründende Dimension der Ausdehnung und Liebe erfahren und ausdrücken kann. Obwohl jede von uns das erfahren und lernen muss, was immer das Leben ihr auf einzigartige Weise bietet, haben mir viele Leute mitgeteilt, dass ihr Umschwung so ähnlich verlief wie meiner. Als Arjuna mir begegnete, hatte er ebenfalls einen Prozess der Verinnerlichung hinter sich und war bereit, einer Frau unverfälscht und wahrhaftig zu begegnen.

In den von uns angebotenen *Tiefere Liebe* Seminaren treffen Arjuna und ich sowohl Alleinstehende als auch homosexuelle und heterosexuelle Paare, um gemeinsam mit ihnen bewusste Beziehungen erkunden. Wir teilen elementare Grundlagenkenntnisse mit, die wir als hilfreich zu schätzen gelernt haben, um nachhaltiger miteinander in Beziehung zu treten:

1) Fühle dich tief in die Sehnsucht und Vision deines Herzens ein.
2) Entdecke mittels Selbsterforschung, wozu du dich verpflichtest hast und was dir wirklich wichtig ist.
3) Sei rückhaltlos ehrlich hinsichtlich der Verhaltensmuster, die sich deinem Engagement entgegenstellen.

Dies sind die Tore, die wir eigenständig durchschreiten müssen, um intensivere Liebende zu sein. Diese werden wir nun erkunden.

In den folgenden Abschnitten beziehe ich mich auf einen männlichen Partner; wenn deine Partnerin *weiblich* ist, übersetze die Hinweise bitte entsprechend.

Die Sehnsucht nach Vereinigung

Das erste Tor des tiefgründenden Liebens liegt exakt in deinem Herzen. Es öffnet sich durch die Sehnsucht, einem anderen Menschen ohne Maske zu begegnen und wirkliche Vertrautheit zu erfahren, ohne dabei sich selbst entblößen zu müssen. Auch wenn du schon eine Intimbeziehung hast, lohnt es sich, dir die Zeit zu nehmen, dich mit jenem Ort in dir zu verbinden, der sich danach sehnt, kurzerhand alle Verteidigungsmechanismen fallen zu lassen und mit einem anderen Menschen eine Einheit zu erfahren. Ignoriert man ihn, staut sich ein brennendes Gefühl der Ruhelosigkeit und Unzufriedenheit auf. Wird die Sehnsucht geachtet, schlicht und empfänglich wahre Liebe miteinander zu teilen, kann sie zur erlesenen Weisheit des Herzens heranreifen. Je mehr du dich auf deine Sehnsucht einlassen und dir mithilfe des Atems erlauben kannst, gegenwärtig im Körper zu bleiben, ohne Geschichten zu erfinden oder dein Gefühl auf ein auswärtiges Bild zu übertragen, umso mehr kannst du dich der Quelle der Erfüllung öffnen, die sich nicht auf irgendein äußeres Ereignis oder äußere Beziehung bezieht.

Wenn du lediglich die pure Essenz deiner Sehnsucht spürst, kommst du deiner eigenen Präsenz näher, die in spirituellen Traditionen etwa als der Geliebte, die Freundin oder einfach die Liebe bezeichnet wird. Wir reden hier nicht über die Art von Liebe, die kommt und geht, das *Gefühl* von Liebe, sondern über die Liebe, die du *bist*, aus der alle Dinge erschaffen wurden. Wenn wir einen anderen Menschen als Zielobjekt unserer Sehnsucht ausmachen, geschieht es häufig, dass wir uns zu weit von uns entfernen, weshalb wir den Kontakt zu unserer eigenen Präsenz einbüßen. Unsere Partnerschaft ringt dann mühsam darum, das herzustellen, was wir zu vermissen glauben, und beruht auf einem Gefühl von Bedürftigkeit. Es ist jedoch exakt die Essenz unserer Sehnsucht, worin wir unsere eigene Fülle finden. Nur das kann dich jemals wirklich erfüllen.

Diese Fülle bedeutet nicht zwangsläufig, dass du immer allein sein willst; sie kann stattdessen die Tore zu einer Partnerschaft mit tiefer Freude und Erfüllung öffnen. Selbst wenn du in deiner eigenen Fülle ruhst, wirst du wahrscheinlich ein Sehnen danach spüren, persönliche Beziehungen einzugehen. Dieses Sehnen unterscheidet sich jedoch vom bloßen Verlangen, durch andere Befriedigung zu erlangen. Du richtest dich auf die evolutionäre Kraft aus, die dich dazu anspornt, dein volles Potenzial zu leben, in deiner überschäumenden menschlichen Schönheit vollständig zu erblühen, und das mit einem anderen zu teilen. Wer das Tor der Sehnsucht durchschritten hat, steht bereits vor dem nächsten Tor. Der Schlüssel, der dieses Tor aufschließt, ist die umwandelnde Macht des Engagements.

Heirate die Liebe – die Einweihung

Eine bewusste Partnerschaft beginnt mit *dir*. Viele warten darauf, dass *der Richtige* kommen möge, oder hoffen, sofern sie bereits in einer Beziehung leben, dass ihr Partner sich ändern möge. Die ernüchternde Wahrheit ist, dass wir verfängliche Beziehungen anziehen, falls wir bereits schamhaft leben. Wenn wir hingegen aufrichtig im Innern leben, werden wir einen Partner anziehen, der sein Leben fundmentalen Werten widmet. Wir müssen nicht warten, bis der perfekte Mann des Weges kommt oder unser Partner sich ändert, ehe wir uns der tiefsten Liebe widmen. Du kannst dich jetzt auf der Stelle verheiraten – mit der Liebe selbst.

Beginne damit, dich darauf einzulassen, nur zu fühlen, wie wichtig es ist, ein Leben zu führen, das deine tiefsten Werte widerspiegelt. Ja, dein Leben mag voller Ablenkungen sein und voller Angewohnheiten, dich zu schützen und zu verteidigen, doch schau dahinter. Angenommen, du würdest morgen sterben, was wäre wirklich unentbehrlich für dich? Wenn du innehältst und so nachforschst, stößt du auf deine Inbrunst. Es besteht kein Bedarf, irgendetwas zu erfinden oder dir erhabene Ziele für die Zukunft zu setzen. Es ist vielmehr ein Enthüllungsprozess, bei dem du das bereits Vorhandene wiederentdeckst. Dies sind deine essentiellsten Werte – die vielleicht häufig ignoriert wurden und gleichwohl da sind als lebensumwandelnde Weisheit des unschuldigen Herzens. Ehe du jemanden heiratest, empfehle ich dir, diese Werte an sich zu heiraten. Sich zu verpflichten, diese Werte zu verwirklichen, ist die Einweihung in die Kunst, bewusst in Beziehung zu sein. (Siehe dazu die ausführliche Beschreibung einer Hochzeitsfeier im Übungsteil.)

Nicht entblößen – bereitwillig fühlen

Wenn ihr jenes in euch hervorbringt, wird euch das,
was ihr habt, erretten. Wenn ihr jenes nicht in euch
habt, wird das, was ihr nicht in euch habt, euch töten.[2]

JESUS, Thomasevangelium, Logion 70

Einem Partner aus innerer Verpflichtung anlässlich eines tieferen
Rufs zu begegnen, aus der Erfüllung heraus, die aufgrund der Be-
reitschaft zu fühlen wächst, ist die Vorbereitungsarbeit für eine
Verbindung, die sich deutlich von jener unterscheidet, die auf dem
Gefühl des Mangels beruht und auf der Hoffnung, unangenehme
Gefühle zu vermeiden.

Eine Frau geht die ersten Schritte auf ihren wahren Geliebten
zu, wenn sie sich tief einfühlt in das, wofür sie sich unerschütterlich
engagiert, und schließlich den Mut fasst, alle Möglichkeiten nüch-
tern und gründlich zu untersuchen, die das aufdecken, was ihr
wirklich wichtig ist. Vielleicht weigert sie sich, es zu tun, bis das
Leben ihr den Teppich unter den Füßen wegzieht. Vielleicht weiß
sie eines Tages einfach, dass die Zeit dafür gekommen ist. Wenn du
bereit bist, in eine bewusste Beziehung initiiert zu werden, wirst
du die hundertprozentige Bereitschaft aufbringen müssen, alle
Emotionen zu fühlen, die du bislang vermieden hast, indem du dich
auf das Drama der Manipulation eingelassen und versucht hast, von
einem anderem etwas *zu bekommen.*

Je weniger du vor diesen Gefühlen davonläufst und je mehr du
stattdessen gegenwärtig bleibst und tief in sie eintauchst, desto
mehr beginnst du, die Schätze deiner eigenen Präsenz wieder mit
deiner eigenen Fülle zu verbinden. Die Rückreise zu unserer natürlichen Intuition und Macht beginnt, wenn wir tief durchatmen, uns
entspannen, uns aufmachen und uns dafür entscheiden, jene Gefühle zu spüren, die wir überwiegend vermieden haben. Ja, wir werden den Teil in uns in Augenschein nehmen, der am Boden liegt
und bettelt: *„Irgendeiner reicht mir schon, damit ich bloß nicht allein*

sein muss." Wir gehen geradewegs in das Feuer der Einsamkeit. Ja, das Herz wird uns aufbrechen – und zwar auf eine Art, die uns läutern wird. Es wird weit aufspringen, sodass wir wiederum das ganze Leben fühlen und alle Düfte riechen können und unsere Sehnsucht nach Tiefem aufs Neue hören und achten können.

Wir werden unsere verführerischen Fangarme einziehen und unseren heftigen Drang nach Zustimmung zügeln müssen. Wir werden mutig unserer Angst begegnen müssen, nicht begehrenswert zu sein. Wir werden bis ins Innerste Gefühle der Wertlosigkeit und Bedürftigkeit fühlen müssen. Unsere Bereitschaft, uns all dem zu stellen, wird unsere Welt wandeln. Statt einem komfortablen Vertrag zuzustimmen, um die wirtschaftliche Seite unseres Lebens zu sichern – der die tiefere Sehnsucht niemals zu stillen vermag –, müssen wir bereit sein, uns unsicher zu fühlen. Vergegenwärtige dir, dass sich gänzlich gefühlte Emotionen wie stürmische Wellen bewegen und wandeln. Erst Gefühle, denen du widerstehst, bilden einen Sog.

Wenn du mit den Emotionen – unsicher, unattraktiv oder einsam zu sein – und der Neigung zum Ausweichen vertraut geworden bist, lockert sich ihr Zugriff. Wenn du sie vollständig angenommen hast, sie nicht mehr unbewusst ausagierst und in die tieferen Schichten deines eigenen Wesens eintauchst, öffnest du dich der Möglichkeit, andersartig in Beziehung zu treten.

Der „Richtige"

Im Zuge unserer Entwicklung des reichhaltigen, tiefen Weiblichen – in einem sattsam lebendigen Körper – verblasst der pastellfarbene Traum vom Märchenprinzen auf dem weißen Pferd. In gesunder Interaktion mit unserem Körper und unserer Intuition spüren wir es im Bauch, wenn wir einem ehrlichen Mann begegnen. Ein Mann mag seine Wunden, seine Geschichte, seine Ängste und seine unbewussten Verhaltensmuster haben. Bist du allerdings mit deiner Integrität und deinem Herzen verbunden, so kannst du erkennen, ob er ein aufrichtiges Herz hat. Du kannst sehen, dass ein Mann vor dir steht, der gleichfalls seinen inneren Quellen nahe ist. Es könnte sogar ein Mann sein, der sich mit seiner Zurückgezogenheit angefreundet und einige seiner Dämonen gezähmt hat, um auf diese Weise zu lernen, sich in seiner eigenen Haut wohl zu fühlen. Ein Mann, der – wie du – weiß, dass das Leben zu kurz ist, um es im Bann unbewusster Ängste und oberflächlicher Spielchen zu verschleudern. Ein Mann, der bereit ist, sich für eine vorbehaltlose Liebe zu entscheiden, die auch in jenen Phasen durchhält, wenn wir selbst außerstande dazu sind. Ein Mann, der bereit ist, Hand in Hand das unbekannte Reich der gelebten wahren Liebe aufzusuchen.

Wenn er daherkommt, könntest du verblüfft sein. Sein Aussehen und sein Verhalten entsprechen vielleicht nicht deinen Vorstellungen, doch seine Bereitschaft wird dein Herz in besonderer Weise berühren – weshalb du unwillkürlich einen zweiten Blick riskieren wirst.

Eine Beziehung, die mit unserer tiefsten Sehnsucht und unserem Engagement übereinstimmt, unterstützt uns dabei, verwurzelt zu bleiben, die Angewohnheit der Scham aufzugeben und uns dergestalt für die Liebe zu öffnen – was uns allein nicht möglich wäre. Diese Art von Partnerschaft beruht auf einer gegenseitigen Vereinbarung, es einander auf der Stelle zu sagen, wenn einer von beiden den Fuß in eine derselben alten Sackgassen setzt. Erfüllt von Humor und Respekt kann diese Art von Partnerschaft eine tiefere Ehrfurcht und Verbindung mit dem Leben an sich nähren. Sie kann uns erinnern, dass wir keine Liebe erhalten, wenn wir sie außerhalb von uns suchen; und sie kann uns bestärken, tief im Innern zu verweilen, uns mit dem Quell der – geteilten – Liebe und Innigkeit zu verbinden.

Jenseits der Glückseligkeit

Liebe ist schwer. Liebhaben von Mensch zu Mensch,
das ist vielleicht das Schwerste, was uns aufgegeben
ist, das Äußerste, die letzte Probe und Prüfung,
die Arbeit, für die alle andere Arbeit nur Vorbereitung
ist.[3]

RAINER MARIA RILKE

Es ist ein neuer Tanz, sich im Rampenlicht der bewussten Beziehung zu begegnen. Man wird dabei passende Schritte machen – und einige, die unangebracht sind. Ich weiß von meiner Ehe mit Arjuna, dass es ein Sprung in die radikale Aufrichtigkeit ist. Von Angesicht zu Angesicht werden wir transparent wie Wasser. Wir wissen, die reine Liebe erlahmt und unsere Herzen schreien widerwillig auf, wenn wir an erstarrten Vorstellungen von ungebrochener Harmonie festhalten. Die tiefere Liebe – die nichts mit romantischen Filmen gemein hat – ist eine fortwährende Entfaltung. Sie ist eine unaufhörliche Herausforderung, unsere Augen weit offen zu halten, bei Schmerzen, Verletzungen, Wohlgefühlen, Glückseligkeit, Verbundenheit und Trennung. Der prächtige, intensive Blick des Gewahrseins durchdringt jeden unserer Augenblicke und entlarvt unsere Anstrengungen, an den sicheren Orten unserer Träume zu entfliehen.

Manchmal haben wir sehr große Angst, wenn die gut geölte Maschinerie, an die wir uns gewöhnt haben, stockt und der Versuch, den Widerschein der rosa Wolken unserer Träume in unserem Leben zu finden, sich als Chimäre erweist. Der Schmerz und die Verspannung im Nacken- und Kieferbereich – ausgelöst durch das Bemühen, damit weiterzumachen – können nun allmählich aufweichen. Unsere Rüstung beschützte uns vom Leben an sich. Aber nun nicht mehr. Nun befinden wir uns hellwach auf dem Pfad der bewussten Partnerschaft. Diesen Weg gehen wir Seite an Seite mit einem spirituellen Übungspartner, der uns einen Spiegel liefert, der uns reflektiert und uns erinnert, immer tiefer zu schauen – und dann ist die Liebe da. Ganz einfach.

Der Tanz des Männlichen und des Weiblichen

Intime Beziehungen sind der Schauplatz, an dem die meisten Menschen sowohl die Ernüchterung als auch die Ekstase des Tanzes zwischen dem Männlichen und dem Weiblichen erfahren. Obgleich unsere Essenz geschlechtslos zu sein scheint und der Stille, die uns verbindet, keine Polarität innewohnt, leben wir zugleich doch in den multidimensionalen Erscheinungsformen des Lebens, die voller Polarisierungen sind. Diese Polarisierungen kann man als Wechselspiel der Anziehung und Reibung des Männlichen und Weiblichen bezeichnen. Wir entdecken dieses Spiel in uns selbst, in den Mitmenschen und in der Natur. In einer Intimbeziehung blicken wir auf das mikrokosmische Bild dieses Wechselspiels zwischen dem Männlichen und dem Weiblichen, das sich unentwegt allerorten vollzieht. Die Erfüllung, die aus der menschlichen Verkörperung dieses Wechselspiels hervorgeht, ist magisch; sie stimmt uns auf die tieferen Rhythmen des Lebens ein.

Obschon wir gegebenenfalls darauf achten sollten, uns nicht übermäßig mit unseren Geschlechtsmerkmalen zu identifizieren – indem wir Männer und Frauen als Abkömmlinge von unterschiedlichen Planeten sehen –, setzt eine wunderbare Dynamik ein, wenn wir damit beginnen, diese Kraftströme zu erforschen. Wie entwickelt sich die Anziehung zwischen euch, wenn sich ein Partner dem weiblichen Fließen überlässt und sich ganz und gar dem Strom der Gefühle und Empfindungen hingibt, während sich der andere Partner unerschütterlich intensiv auf Gegenwärtigkeit gründet? Was geschieht, wenn beide sich den Gefühlen überlassen oder beide sich gegenwartsnah begegnen? Was geschieht, wenn ihr euch nur hinsetzt und die Vorgänge logisch und vernünftig durchsprecht? Arjuna und ich haben bei unseren gemeinsamen Recherchen herausgefunden, dass wir sehr viel Leidenschaft empfinden, allerdings auch eine Menge Auseinandersetzungen und Reibungen entstehen, wenn wir uns übermäßig in ausgeprägter Polarisierung aufhalten. Wenn wir uns unverhältnismäßig lange in der Verschmelzungszone des Spektrums aufhalten, fühlen wir uns wie die besten Freunde, ohne sexuell sonderlich angezogen zu werden. Je geschickter wir es anstellen, uns durch das gesamte Spektrum zwischen Polarisierung und Verschmelzung zu bewegen, umso lebendiger und erfreulicher entwickelt sich unsere Partnerschaft – die unter allen Umständen in tiefer Verbundenheit und gegenseitiger Anerkennung als Ausdrucksformen der gleichen Quelle wurzelt.

Die heilige Sexualität aus weiblicher Sicht

Ich habe mich stets gegen konzeptuelle Wirklichkeitsmodelle verwahrt. Mein Herz amüsiert sich über das menschliche Bemühen, die ungebändigte Existenz, die unvorhersagbaren Strudel aus Licht und Farben in lineare Landkarten und rationale Schlussfolgerungen zu übersetzen. (Hier liegt zweifellos das Paradoxon vor, dass ich mir beim Schreiben dieses Buchs tatsächlich „den verlockenden Kleingeist leiste, mein Revier abzustecken, was die Schriftstellerei all jenen ermöglicht, die ihr den Hof machen".)

Widerstand regt sich besonders dann in mir, wenn es uns einfällt, anderen unsere Vorstellungen über Sexualität aufzudrücken. Auch wenn es „bewusster Sex" oder „heiliger Sex" genannt wird, beben meine Hüften weiterhin protestierend.

„Komm her, mitten rein in deinen Körper, und lausche", flüstern mir meine Hüften zu. „Ja, so ist es recht. Nimm einen tiefen Atemzug und entspanne dich. Entspanne und öffne dich selbst. Kannst du es fühlen? Nichts muss geregelt oder ausgeklügelt oder geheilt werden, ehe du es loslassen kannst, sobald du es umarmst. Das heilige Weibliche ist buchstäblich hier, ganz schlicht in deiner Angst, in deiner Unschuld, in deiner Verletztheit und in deiner Wut. Es ist in deiner Ekstase und Freude enthalten. Es hält dich und wartet darauf, dass du dich abschälst und dich auf den Strom der tieferen Liebe einlässt."*

Wenn wir das Weibliche einladen, uns in der Sexualität zu unterrichten, handelt es sich nicht notwendigerweise um ein rosafarbenes Ereignis, das vom Herzchakra aus hoch und hinausgeht – wie sich viele den heiligen sexuellen Vollzug vorstellen mögen. Das Umfangende und Einende erinnert uns daran, dass es nirgendwo Trennungen gibt, außer im Verstand. Wir sind eingeladen, natürliche Gefühle und Körperflüssigkeiten als ebenso heilig beim Sex zu schätzen wie beispielsweise transzendierende Atemübungen.

Nach jahrelanger Arbeit mit sexuellen Missbrauchsopfern und Austausch mit Frauen in Frauenkreisen auf Einkehrtagen und in Einzelbegegnungen hege ich keinen Zweifel, dass umfassende Weisheit übertragen wird, sobald sich eine wache Frau sexuell öffnet, und dass diese Weisheit uns zu der lang ersehnten Heilung unserer Partnerschaft verhelfen kann.

In jenen Momenten, in denen wir erweitertes Gewahrsein erleben und das Wesen des Bewusstseins als schrankenlos und frei erkennen, ist es uns möglich, die Person näher zu betrachten, die wir gewöhnlich *ich,* die Persona, nennen. So können wir entdecken, dass es sich dabei nicht um eine gesicherte Wesenheit handelt, sondern vielmehr um ein Bündel von Gedanken, Geschichten und gewohnheitsmäßigen Reaktionen, die wir von unserer Familie und der Gesellschaft geerbt haben. Der Begriff *Persona* stammt aus dem altgriechischen Theater und bedeutet *Maske.* Altgriechische Schauspieler setzten allerhand Masken auf, um die unterschiedlichen Figuren zu definieren, die sie darstellten. Jeder von uns trägt vielerlei Masken, Personas, die er bei Interaktionen mit dem Leben ausspielt. Problematisch wird es, sobald wir uns vollständig mit ihnen identifizieren in dem Glauben, die Masken seien wir selbst. Die Persona in dem zu bestätigen, was sie ist, heißt zugleich zu erkennen, dass wir in einer umfassenderen Perspektive als sie existieren, in einem allseits verknüpften Gitternetz, das alles umfängt.

Die vorherrschende sexuelle Konditionierung, welche die meisten Menschen erhalten haben, basiert auf der Identifikation mit der Persona. Doch wenn wir gefangen sind in den Bildern, die wir von uns projizieren, fühlen wir uns getrennt statt verbunden. Wir bemerken, dass uns etwas fehlt. Sex ist eine beliebte Methode beim Bemühen, das innere Verlangen zu befriedigen. Wir machen Sex, um Erleichterung zu finden, um geliebt zu werden und um begehrt zu sein. Geht der Beischlaf von der Persona aus, beinhaltet er ein gewisses Maß an Manipulation. Wenn man sich in den Schmerz dieses Dramas einfühlt, versteht man, weshalb viele spirituelle Traditionen die Sexualität insgesamt vernachlässigten oder alternativ Liebesschulen einrichteten, in denen die Sexualität als Instrument genutzt wurde, um den Körper zu transzendieren und hinter sich zu lassen.

Freilich gibt es andere, erfüllendere Methoden, sich auf Sex einzulassen. Eine davon ist, sich *im Strom der tieferen Liebe zu begegnen*. Das bedeutet, nicht einzig das Wesen des Bewusstseins als schrankenlos und im Frieden ruhend anzuerkennen, sondern dem Impuls nachzukommen, sich vollständig zu erschließen und dies über unseren Körper und unsere Handlungen auszudrücken. Ziel ist, das restlos zu verkörpern, was wir im Innersten unseres Wesens sind. Dies findet durch einen unverwechselbaren Strom der Liebe statt, der uns bewegt und all unsere Äußerungen – sowohl die unseres menschlichen Seins als auch die unseres transzendentalen Wesens – umfängt. Wenn wir vollständig in diese Strömung eingetaucht sind, haben wir intimen Verkehr, um Liebe auszutauschen – nicht, um geliebt zu werden. Wir sind buchstäblich mit der Quelle der überfließenden Liebe verbunden, und der Sex läuft harmlos und spielerisch ab.

Doch wo genau findet man diesen Strom der tieferen Liebe? Wir brauchen nicht lange zu suchen. Diese Liebe finden wir in unserer Essenz. Daher können diverse Versuche, uns attraktiver zu machen oder ausgeklügelte sexuelle Techniken zu beherrschen, kontraproduktiv verlaufen – da sie uns möglicherweise verlocken, uns noch weiter von uns zu entfernen. Wir werden bereit sein müssen, echt, gegenwartsnah und ehrlich zu sein mit dem, was auch immer zum Vorschein kommt. Wir werden bereit sein müssen, lediglich neben unserem Partner zu liegen und einfach *zu sein,* einfach „zu genügen", und so, wie wir sind, zusammen zu sein. Und wir werden dabei immer wieder das Verlangen haben, eine Leistung zu bringen oder sonst irgend etwas zu tun und diesem Drängen nachzugehen, statt bloß zu warten.

Wenn ihr gemeinsam wartet, wird früher oder später ein Impuls aufsteigen, der aus einem tiefgründenden Ort in dir entspringt, und nicht aus den eingefleischten Gewohnheiten. Lass dich davon bewegen. Die Vereinigung zwischen zwei Menschen geschieht nicht, wenn sie sich ineinander verhaken, wenn sie versuchen, einander zu gefallen oder etwas Besonderes füreinander zu sein. Wahres Einswerden geschieht, wenn beide Partner ihre starren automatisierten Reaktionen hinreichend entspannt haben, sodass sich allmählich eine tiefere Strömung in ihnen zu regen beginnt. Im Strom der Liebe, der unserem Wesen entspringt, treffen wir uns maskenlos und erkennen einander im tiefsten Sinn.

Aufgrund der kollektiven (und bei einigen persönlichen) Geschichte von sexuellem Missbrauch genügt indes die Vorstellung vom Beischlaf als einem Akt, sich zu verströmen und hinzugeben, schon völlig, um alte Wunden aufzureißen. Im Laufe der Geschichte der weiblichen Sexualität wurde unsere erhabenste Gabe darauf beschränkt, bei Machtkämpfen als Waffe eingesetzt zu werden oder um – unverzüglich und häufig auf Kosten unserer eigenen Würde – leibliche Bedürfnisse zu befriedigen.

Im Strom der tieferen Liebe erkennen wir: Wer wir sind, ist mehr als eine Ansammlung von persönlichen und kollektiven Geschichten. Deshalb bietet sich uns die Möglichkeit, Gefühle der Verletzlichkeit, des Misstrauens und der Wut, die wir in uns beherbergen, vollständig zu umarmen und willkommen zu heißen. Eine Frau, die persönlich sexuellen Missbrauch erlebt hat, bedarf einer Menge Geduld und therapeutischer Hilfe, um ihr Trauma so zu verarbeiten, dass sie fähig wird, wieder ihre eigene Stärke und Ganzheit zu fühlen. Wenn sich die Identifikation mit unserer persönlichen Geschichte hinreichend gelöst hat, können wir uns darauf einlassen, die Emotionen essenziell und pur lediglich zu fühlen. Ab dann entdecken wir womöglich, dass uns das „Warum" und das „Deshalb" nicht mehr in ihren Bann ziehen und wir stattdessen vielmehr den gegenwärtigen Augenblick, so wie er ist, vollständig erleben und umarmen. Schmerz und Wohlbehagen, Wut und Lachen sind allesamt Energien, die als Bestandteile des menschlichen Erlebens angenommen sein wollen. Wenn wir sie umfangen, können die Geschenke des Weiblichen sich wieder durch quicklebendige und vollständig fühlende Frauen ausdrücken.

Mit Übung und tiefer Hingabe kann die Sexualität einer Frau ihr größtes Geschenk sein, nicht nur für ihren Liebsten, sondern ebenfalls für das ganze Leben. Dieses Geschenk bietet sie in der Weise an, wie sie sich augenscheinlich ungezwungen in ihrem Körper bewegt, wie sie jeden Augenblick tief erfühlt und sich dafür öffnet, jenseits ihrer unbedeutenden persönlichen Geschichte die Essenz der weiblichen Energie zu verkörpern. Das Paradoxon der Göttin wird greifbar und wirklich, wenn wir herausfinden, dass wir gleichzeitig die größte Verletzlichkeit, die erzürnteste Wut und die fantasievollste Verführung verkörpern können.

Hinweise für den Intimverkehr im Strom der tieferen Liebe

Ich vertreibe nicht die „Sieben Schritte zum perfekten Sexleben". Es gibt dutzendweise dementsprechende Ratgeberbücher auf dem Markt. Wenn du allerdings als Übende des Weiblichen empfangsbereit bist, eine tiefere Verbindung mit der Essenz aufzunehmen, die du körperlich mit einem Partner austauschen möchtest, können dir folgende Merksätze eine wertvolle Hilfe sein.

Indirekter Blickkontakt

Haltet peripheren Blickkontakt miteinander, um euch an die tiefgründige Strömung erinnern zu können. Weckt einander sacht aus der Trance des mentalen Begehrens auf und kehrt immer wieder zum Augenblick im Körper und mit dem Atem zurück.

Durchschaubar sein

Dich in deinem Erleben verletzlich zu zeigen, ist jedes Mal ein Geschenk an die sexuelle Begegnung. Auch wenn du Widerstand spürst – der sich vielleicht als ausgeprägtes Wohlbehagen ausdrückt oder als der Schmerz der alten Wunden, die bereit sind zu heilen –, sei bestrebt, dich zu öffnen. Es gibt stets eine Pforte, die dich tiefer in den Augenblick, so wie er ist, einschleust, und in vielen Fällen ist sie dir näher, als du denkst. Wenn du beispielsweise nur deinen Impuls eingestehst, dich wegzustehlen, öffnest du eine Tür.

Alles willkommen heißen

In der Begegnung mit der Liebe kann alles vollständig erfühlt und ausgedrückt und allem der Raum geboten werden, sich wieder aufzulösen. Das ist erst möglich, wenn wir Kränkungen, Wut und Kummer schlicht als Emotionen bestätigen, als das, was sie sind. Emotionen sind nicht, was *wir* im Kern *sind*. Wenn wir uns nicht mit ihnen gleichsetzen, ist es uns möglich, tiefgründiger zu fühlen, um zu entdecken, dass alle Gefühle Lebensenergie sind. Vollständig erfühlte Emotionen wirken möglicherweise befreiend auf unser Liebesspiel, statt uns davon abzuhalten oder uns abzulenken.

Liebe werden

Die einzige Liebe, die dich wirklich erfüllen wird, ist die Liebe, die du bereits bist. Wenn du Liebe gibst, wirst du Liebe. Du bist eng mit dem Ursprung der Liebe verbunden, der übervoll ist und unaufhörlich überfließt. Wer im Strom der tieferen Liebe mitschwingt, die der Quelle entspringt, und einem anderen Menschen begegnet, der ebenfalls mit der Quelle verbunden ist, übersteigt den sexuellen Höhepunkt. Keine Sorge, den körperlichen Orgasmus gibt es weiterhin, allerdings kann er eine untergeordnete Rolle spielen.

Viele entdecken, dass zeitweilige Vergnügungen an Wichtigkeit verlieren und nicht mehr das Ziel des sexuellen Austauschs sind, sofern wir uns aus diesem tieferen Raum kommend vereinigen.

ÜBUNGEN

Weshalb bist du hier?

Lege eine Pause ein in deinem Alltag, um dich zu sammeln. Was ist dir wirklich wichtig? Sage, was für dein tiefstes Herz entscheidend wäre, wenn du morgen sterben würdest. Welches Potenzial ist vorhanden, um verwirklicht zu werden? Weshalb verbringst du diese Inkarnation in einem menschlichen Körper? Erlaube, dass die Fragen wie auf den Meeresgrund fallende Steine einsinken; schreibe die dazu aufsteigenden Antworten auf. Ermögliche dir, ungezwungen zu schreiben.

Wir fragen nicht: „Weshalb?", um einen „Grund" zu erfahren. Wir fragen, weil die Frage an sich einen inneren Raum aufschließt, in dem unsere ungekünsteltesten und tiefsten Absichten enthüllt werden.

Lies nach fünf bis zehn Minuten deine Liste durch und markiere die drei Aussagen, die sich für dich am stärksten anfühlen. Sprich sie laut aus, während du dir ermöglichst, die sich darin widerspiegelnde Eigenschaft in deinem Körper zu spüren. Wenn du magst, kannst du das anschließend im Rahmen einer „Ehezeremonie" vertiefen, in der du dich deinen tiefgreifendsten Werten verpflichtest.

Deine Hochzeitsfeier kann so formvollendet sein, wie es dir beliebt. Du kannst eine Freundin oder deinen Frauenkreis einladen, deine Zeuginnen zu sein, oder eine Kerze anzünden, ehe du dein Gelübde im Tagebuch niederschreibst. Wenn du einen Partner hast, ist es schön, ihm oder ihr dein Engagement mitzuteilen. Arjuna und ich tun dies regelmäßig und achten darauf, einen heiligen Raum zu gestalten, ehe wir einander unsere tiefsten Verpflichtungen mitteilen. Wir schmücken den Raum mit frischen Blumen, zünden Kerzen an und ziehen uns elegant an. Unter Umständen möchtest du ein Halskette kaufen oder einen Stein finden, der dein Engagement symbolisiert. Deine Deklaration kannst du in nur einem Satz formulieren oder auf einer ganzen Seite. Es lohnt sich, deine Verpflichtung einige Male laut auszusprechen, um ihr den Raum zu gewähren, aus deinem tiefsten Kern ausgesprochen zu werden. Verweile etwas, um zu bemerken, wie es sich in deinem Körper anfühlt, wenn du das deklarierst, was dir wesentlich ist.

Puja (Reinigungszeremonie) für Paare

Wende täglich einige Minuten dafür auf, die tiefere Essenz deines Partners zu entdecken und zu achten. Dieses Vorgehen bestärkt eine Gemeinsamkeit, auf die du dich stets beziehen kannst und die dir helfen kann, die zerstörerischen Angewohnheiten, die tagsüber aktiviert werden, auszugleichen.

Setzt euch einander gegenüber. Wenn es für euch angenehm ist, könnt ihr sogar knien. Bezeuge Respekt mit einer Begrüßungsgeste, indem du beispielsweise deine Hände übereinander auf dein Herz legst. Ein Partner fängt an, Worte der Dankbarkeit, Hochachtung, Anteilnahme und Liebe kundzutun, die von Herzen kommen. Nach einigen Minuten kannst du dich vor deinem Partner verbeugen, indem du das Göttliche in ihm oder ihr würdigst. Falls sich das für deinen Geschmack sehr gestelzt anhört, finde eine Abschlussgeste, die sich stimmig für dich anfühlt. Anschließend wechselt ihr die Rollen, und der andere Partner spricht.

Freyas Freitagsmeditation

Freya ist die altnordische Göttin der Liebe und der Leidenschaft, der Reinheit und des Spiels. Sie symbolisiert den Aspekt in uns, der alle Dinge liebt, die Spaß machen. Sie schwelgt in der Liebe, in Liebesaffären und im Liebesakt, und ist stets bestrebt, die Harmonie und Schönheit in ihrer Umgebung zu vermehren. Der Wochentag Freitag wurde nach Freya benannt. Die nachfolgende Meditation lädt dich ein, deine Freitage den Eigenschaften zu widmen, die sie symbolisieren. Das zu tun, heißt, deine Leidenschaft und deine Fähigkeit zu erwecken, unbeschwert im ganzen Körper das Leben zu genießen.

Fange damit an, die Freitage im Kalender als Freyas Tag zu markieren. Was auch immer du an jenen Tagen tust, öffne deine Sinne und achte unbedeutende Einzelheiten. Deine Freitagsmeditation besteht darin, das Göttliche anhand von genussvollen Empfindungen zu erkunden. Wenn du alleinstehend bist, treffe eine Verabredung mit dir, möglicherweise eine Massage zu bekommen, ein Bad mit ätherischen Ölen zu nehmen und Musik aufzulegen, die dir gefällt. Wenn du einen Partner hast, vereinbart ein besonderes Stelldichein mit einem Freya-Liebesakt, um in sinnlichen Vergnügungen zu schwelgen und die pure Freude und natürliche Wonne des Liebesspiels zu genießen, für dessen Zeitpunkt und Raum du Vorbereitungen triffst. Stelle Öle, Rosen, Sekt, Federn, Schokolade bereit und was es sonst noch gibt, was dir und deinem Partner Vergnügen bereitet.

Komm dir näher

Fühle deinen Körper hier sitzen. Verbinde dich mit deinem Atem, indem du einfach beobachtest, wie er sich bewegt, wie sich dein Bauch mit den Atemzügen hebt und senkt. Lasse nun den Atem sanft bis in den Brustkorb fließen und im Brustraum ein- und ausströmen. Stelle dir eine kleine Flamme in der Mitte deines Brustkorbs vor. Puste sacht mit dem Atem in diese Flamme, wodurch sie wärmer und heller wird und das Herz belebt. Erlaube, dass dieses warme Licht nun allmählich aus dir strahlt, während du dir vorstellst, dass es die Form des Geliebten annimmt. Er kann ein Mensch in deinem Leben, jedoch auch ein Symbol oder eine dir unbekannte Person sein. Gewähre dem Raum, was auch immer auftaucht. Fühle eine Weile in deinem Körper, wie es ist, in der Gegenwärtigkeit des Geliebten deines Herzens zu sein. Sprich nun mit dem Geliebten über deine Sehnsucht. Nimm sodann einen tiefen Atemzug und höre achtsam, was der Geliebte antwortet. Danach sprichst wieder du und anschließend hörst du zu. Stelle dir nun vor, dass du dich ihm näherst, ihn umarmst und mit dem Geliebten verschmelzt. Nimm einen tiefen Atemzug und erlaube dir beim Einatmen, dass der Geliebte wieder im Herzen aufgenommen wird. Fühle, dass du und der Geliebte eins seid.

TEIL 3
DAS ERWEITERTE HERZ

Kapitel 7

Deine Seele zeigen:
Kreativität als Lehrer

Eine der tröstlichsten und kraftvollsten Maßnahmen,
mit der du inmitten einer turbulenten Welt schlichten
kannst, ist, hervorzutreten und deine Seele zu zeigen.
Eine sich offenbarende Seele glänzt wie Gold in der
Dunkelheit.

CLARISSA PINKOLA ESTÉS

Im letzten Teil des Buches erkunden wir, wie die weibliche Spiritualität daran beteiligt ist, dass wir unsere Talente mit der Welt teilen. In den folgenden Kapiteln lernen wir, dem Prozess Raum zu gewähren, der sich durch unsere Kreativität, unsere Gebete und unser Mitgefühl entfaltet.

Genau jetzt leben Mitmenschen auf Erden, die direkt oder indirekt umgewandelt werden, sofern du als diejenige erscheinst, die du bist. Die Geschenke, die darauf warten, durch dich gegeben zu werden, sind nie zuvor in dieser – dir eigenen – Weise gegeben worden und werden nie wieder so gegeben werden. Wenn du dein Talent vorenthältst, betrügst du nicht nur dich selbst, sondern auch alle Geschöpfe, die dank deiner Kreativität gedeihen können. Dieses Geschenk ist vielleicht, dass du auf bestimmte Weise Mahlzeiten zubereitest, oder die Art, wie du anmutig und empfangsbereit deinen Körper bewegst. Es kann die Art sein, wie du ein- und ausatmest. Es kann der Ausdruck deiner Seele sein, der sich durch Farben und Formen oder durch Musik äußert. Es kann ein Buch oder ein Gedicht sein, das darauf wartet, von dir geschrieben zu werden. Es kann die Art sein, wie du dein Kind großziehst oder in deiner

Massagepraxis mit Menschen arbeitest. Deine besondere Gabe ist möglicherweise, ehrenamtlich in einer Wohlfahrtsorganisation mitzuarbeiten oder auf Frauentreffen gemeinsam mit anderen Frauen einander zu preisen. Um welches Geschenk es sich auch immer handelt, es offenbart sich dir im Augenblick. Bedenke, dass die Geschmacksnote, die du hinzufügen kannst, nur durch dich auf genau diese Weise ausgedrückt werden kann.

Die Sehnsucht zu geben

Als ich begann, mit Menschen zu arbeiten, hörte ich viele Frauen über ihre Enttäuschung und Trauer sprechen, weil sie nicht das bekamen, was sie brauchten. Einige fühlten sich von der Aufgabe überfordert, sich um ein kleines Kind zu kümmern; sie fühlten sich benachteiligt und kaum von ihrer Umgebung unterstützt. Manche Frauen sprachen über ihr Unbehagen wegen ihres Mannes, der ihnen gegenüber nicht greifbar war; andere waren diffus frustriert, weil das Leben im Allgemeinen sie vermeintlich überging oder gar bestrafte. Zu jener Zeit meinte ich, unsere Arbeit bestünde darin, jene einschränkenden Glaubensüberzeugungen zu untersuchen, die uns daran hinderten, unsere Bedürfnisse erfüllt zu bekommen.

Mittlerweile, nachdem ich nun viele Frauen angehört habe, bin ich zu der Erkenntnis gelangt, dass der Kern unserer Sehnsucht niemals wirklich befriedigt wird, wenn wir keinen Weg finden, unsere schöpferischen Fähigkeiten zu würdigen und sie mit anderen zu teilen. Auch wenn wir wähnen, dass sie uns abgehen – ich habe entdeckt, dass dieses Gefühl vielfach auf eine tiefgründigere Sehnsucht anspricht: die Sehnsucht, als das Wesen zu strahlen, das wir wirklich sind. Wenn eine Frau einen Einstieg findet, sich zu verströmen – nicht um irgendwann etwas zurückzubekommen, sondern als urwüchsiges Bekenntnis ihres tieferen Herzens –, lösen sich ihre Unlust und ihre Ansprüche auf. Das habe ich immer wieder miterlebt. Sie fühlt sich freudig durchdrungen, weil sie mit genau jener Quelle verbunden ist und aus ihr schöpft, von der sie glaubt, dass sie ihr fehle. ShantiMayi pflegt zu sagen: *„Wenn du respektiert werden möchtest, sei respektvoll, wenn du geliebt werden möchtest, sei Liebe."*

Dies bedeutet nicht, dass wir unsere Bedürfnisse übergehen sollten. Um uns im Tanz der Partnerschaft um uns zu kümmern, ist es von Nutzen, auf unsere Bedürfnisse eingestimmt zu bleiben und sie zu äußern. Lassen wir uns dennoch nicht ins Bockshorn jagen. Glauben wir nicht, dass Bedürfnisbefriedigung auf ganzer Linie uns vollständig erfüllen wird. Die schmerzliche Desillusionierung wird fortdauern, bis wir uns an der Gestaltung unserer Welt beteiligen.

Der Umschwung von der Frustration als Folge von unbefriedigten Bedürfnissen zur Erfüllung durch Mitgestalten kann sich in weniger als einem Augenblick vollziehen. Ich erinnere mich an eine Frau in Schweden, die sich während eines Fraueneinkehrseminars zu Wort meldete und dartat, wie müde und ausgelaugt sie sei. Ihr Körper war kontaktscheu, und aus ihrer Sprechweise konnte ich ablesen, dass sie ihr Leben sehr stark aus der Opferperspektive betrachtete. Es fühlte sich an, als ob diese Identifikation irgendwie das Kraftfeld des Seminarraums absaugte und eine Dynamik auslöste, die weder ihr noch den anderen Frauen diente. Wir schlugen ihr vor, aufzustehen und uns allen ihre Erschöpfung und Enttäuschung als ihr Geschenk des Augenblicks zu geben. Anfangs schaute sie verdutzt, doch dann ließ sie sich mit großartigem Mut und Schlichtheit auf das Experiment ein. Die Umwandlung, die sich anschließend vollzog, war erstaunlich.

Mit einmaligem Humor und Tatkraft entwarf sie eine kleine Bühnenshow, die uns zu Tränen rührte und uns gleichzeitig in wogendes Gelächter ausbrechen ließ. Als dermaßen klarer Spiegel zeigte sie uns allen, dass wir nicht zu warten brauchen, bis wir das Gefühl haben, gut oder vollkommen zu sein, ehe wir unsere schöpferischen Talente unserer Umgebung dartun können. Diese Frau zeigte sich bewusst selbst und übermittelte während ihrer Darstellung sich selbst und anderen Gegenwärtigkeit und Empfänglichkeit. Die Frauen in der Runde waren inspiriert. Einige Minuten später fragte sie jemand: *„Was war nun eigentlich das Problem?"* Sie sah uns nur an und lachte. Der Groschen war gefallen. Stehen uns nicht ständig mehrere Türen offen? Immerhin können wir entscheiden, ob wir durch die Tür des Opferdaseins eintreten oder durch die Tür des Sich-Verschenkens, gleichgültig, was kommt.

Kreativität in vielerlei Ausdrucksformen

> *Die Kreativität gehört zu dem Künstler, der in jedem Menschen wohnt. Etwas zu erzeugen, heißt, sich in Beziehung zu setzen. Die Wurzelbedeutung des Begriffs Kunst ist „zusammenfügen", etwas, das wir alle täglich machen. Nicht jeder ist ein Maler, doch Künstler sind wir alle. Jedesmal, wenn wir etwas zusammenfügen, erschaffen wir – egal, ob es ein Laib Brot, ein Kind oder ein Tag ist.*
>
> CORITA KENT

Carol gehört zu einer meiner Frauengruppen. Sie hat ihr Leben der Heimschulung ihrer beiden Jungen gewidmet und all ihre Kraft und Aufmerksamkeit dafür aufgewendet, ihren Söhne eine Lernumgebung zu gestalten, die ihnen die Gelegenheit bietet, in einzigartiger Weise zu gedeihen. Ihre schöpferische Kraft und ihr Tiefgang sind erstaunlich. An Carols glänzenden Augen lässt sich leicht erkennen, dass ihr Herz durch diese beiden Jungen angespornt wird. Dies ist ihr Geschenk an die Welt, das sie hundertprozentig gegeben hat. Jeder, der schon heranwachsende Jungen erzogen hat oder kennt, kann verstehen, dass diese Aufgabe nicht immer einfach ist. Carol weiß, dass sie die Wahl hätte treffen können, sich zurückzunehmen und anderen mehr Verantwortung für die Ausbildung ihrer Söhne zu übertragen, aber sie sagt: *„Das ist meine Leidenschaft, die mein Herz jubeln lässt."*

Diana, eine andere Frau aus meiner Gruppe, fühlte sich aufgerufen, sich einer Gesangsgruppe anzuschließen, die in Hospizen auftritt. „*Im Austausch mit Sterbenden zu sein*", sagt sie, „*erfüllt mich mit derartigem Staunen. Es ist, als ob diese Menschen zwischen zwei Welten stünden. In ihrer Gegenwart sind die Schleier vor dem Mysterium so dünn. Mit Sterbenden zusammen zu sein, ermöglicht uns, überirdisch schön zu singen*", sagt sie, wobei ihre Augen demutsvoll erstaunt schimmern.

Zusammen mit ihrem Ehemann hat Monica Katarina Frisk das größte Verlagshaus für Alternativliteratur in Schweden aufgebaut. Sie verlegt ferner zwei monatlich erscheinende Zeitschriften, eine davon über Gesundheit und die andere über alternative Heilmethoden und Meditation. Als sie und ihr Mann aufs Land ziehen wollten, um näher bei den älter werdenden Eltern ihres Mannes zu wohnen, zogen sie gleichzeitig mit ihrem Verlagsunternehmen um. Während der letzten Jahre haben sie obendrein einen feudalen Kurbadeort für Tagesgäste aufgebaut. Mit ihnen Zeit zu verbringen, ist, als bekomme man eine Energiespritze verabreicht, da sie eine derart vibrierende Kreativität ausstrahlen. Monica lebt ihren Traum und ist für jedermann wahrhaft inspirierend, der näher mit ihr zu tun hat.

Claire ist vierundzwanzig und hat gerade ihren akademischen Abschluss gemacht. Sie hat sich jedoch entschieden, eine Festanstellung an einer hergebrachten Arbeitsstelle aufzuschieben, um ihrer Begeisterung nachzugehen, mit einer Gruppe von Gleichgesinnten eine Kooperative zu starten. Sie sind in ein altes Haus in Berkley eingezogen, das sie renovierten. Ihre Vision ist, Leuten, die eine kostengünstige Wohnmöglichkeit benötigen, solide Alternativwohnungen anzubieten. Sie kaufen biologisch-dynamische Lebensmittel im Großhandel ein und züchten Hühner, um ihre Ausgaben niedrig zu halten. „*Obwohl die Kooperative kein Selbstzweck ist, ist uns das Gemeinschaftsleben sehr wichtig und erscheint meinen Freunden und mir einfach sinnvoll. Es ist ein sehr schönes, interessantes und ungeschliffenes Experiment, an dem ich mich beteilige, von dem auch meine anderen Neigungen wie Tanzen, Unterrichten und Spiritualität hoffentlich profitieren können.*" Wenn Claire über das Projekt spricht, färben sich ihre Wangen rosig und ihre Arme gestikulieren schwungvoll. Sie ist restlos damit beschäftigt, die Welt, an die sie glaubt, auf ihre einzigartige Weise aufzubauen.

Aus obigen Beispielen können wir lernen: Es gibt nicht die eine, einzig richtige Vorgehensweise, um unsere Seele zu zeigen. Alles, was zu tun ist, ist, nach innen zu lauschen und die Wünsche zu äußern, die geäußert werden wollen.

Wenn wir vollständig in den Prozess des schöpferischen Wirkens eintauchen, müssen sich viele von uns mit Hindernissen auseinandersetzen. Eine meiner Freundinnen, die ebenfalls Schriftstellerin ist, erzählte mir, dass sie manchmal großen Widerstand verspürt, die Treppe hinaufzusteigen, um in ihrem Büro zu schreiben. Sie rang mit einem inneren Kritiker, der ihr im Nacken saß und ihr bei jedem Wort, das sie schrieb, einflüsterte, was damit nicht in Ordnung sei. Um diesen einschneidenden Widerstand zu überwinden, kam es manchmal so weit, dass sie buchstäblich langsam, doch entschlossen die Treppe bis ganz nach oben hinaufkroch, sich auf den Stuhl setzte und sich zum Tisch heranzog, um ihren Computer hochzufahren. Meines Erachtens verdeutlicht dieses Beispiel klar, wie wir uns zuweilen fühlen. Das Schöne an dieser bildlichen Darstellung ist, dass sie nicht nur ihren Widerstand ausmalt, sondern auch ihre tiefer sitzende Verpflichtung. Sie wusste ganz einfach, dass sie schreiben musste.

Betrachten wir uns drei gewöhnliche „Dämonen", denen viele unter uns die Stirn bieten müssen, sobald wir uns dem schöpferischen Schaffen verpflichten: dem Aufschieben, dem inneren Kritiker und der Opferhaltung.

Die Falle des Aufschiebens

Wir alle haben sehr gute Gründe, die Umsetzung unserer kreativen Gaben aufzuschieben. Der Fußboden muss gewischt werden, die gespeicherten Telefonanrufe müssen beantwortet werden. Es wird Zeit, das Abendessen vorzubereiten, ehe die Kinder von der Schule heimkommen, und dann ist es sowieso schon zu spät. Vielleicht haben wir das Gefühl, dass wir einen zusätzlichen akademischen Titel erwerben oder ein Studio in der Scheune bauen müssen, ehe wir unsere Kunst ausführen können. Oder wir sagen, *„Ich werde nur ein paar Jahre an dieser Arbeitsstelle verbringen, die mir nicht wirklich gefällt, damit ich einen wirtschaftlichen Grundstock zur Verfügung habe, dann kann ich entspannt und ausgeruht meine Schöpferkraft fließen lassen."* Alle genannten Gründe erscheinen so plausibel. Wenn wir jedoch nicht aufhören, ihnen nachzukommen, vergehen die Tage und die Jahre, und wir verbummeln die Gelegenheiten, unsere einzigartigen Gaben der Welt zu schenken.

Frauen fällt es besonders leicht, in die stereotype Rolle der Betreuerin zu schlüpfen und ihr ganzes Leben auf diesem Selbstbild herum aufzubauen. Daher finden wir uns plötzlich von Leuten umgeben, die von uns erwarten, dass wir uns um alles kümmern, sei es, die Kinder zu Basketballspielen zu fahren oder auf der Arbeit den zusätzlich anfallenden Papierkram zu erledigen. Im Bemühen, den Erwartungen jedes Einzelnen zu entsprechen, rinnt die Zeit wie Sand durch unsere Finger und unsere wahre Leidenschaft ist nichts weiter als ein undeutlicher Schatten in unseren Träumen.

Ich bin gern zu Hause. Ich liebe es, eine schöne Umgebung für meine Familie und mich zu gestalten. Ich liebe es, ein Kaminfeuer anzumachen und gute Bücher zu lesen. Ich liebe es, mit meinen Stiefkindern zusammen zu sein, nur um mit ihnen zu bummeln, mich mit ihnen zu unterhalten und mit ihnen zu spielen. Ich liebe es, für sie zu backen und ihnen gutes Essen zu kochen. Solche Dinge mache ich gern, weiß aber auch, dass ich mich frustriert fühlen werde, wenn ich sie ausschließlich tue. Ich weiß auch, dass ich noch andere Geschenke habe, die darauf warten, verbreitet zu werden. Ich habe Gaben zu verschenken, indem ich Bücher schreibe, mit Frauen zusammen bin und Seminare leite. Ich sehne mich danach, mein Engagement in meinem Leben widergespiegelt zu sehen, eine Welt mitzugestalten, in der das Weibliche und das Männliche gleichermaßen respektiert werden.

Dieses Engagement erfordert, dass ich immerzu wach bin, um mich zu hinterfragen, ob ich wirklich beachte, was ich tun muss und wohin die Strömung mich trägt – oder ob ich lediglich gedankenlosen Gewohnheiten nachgehe. Obwohl es sich derzeit leichter anfühlen könnte, mich auf die Rolle der Fürsorgenden zu beschränken, weiß ich, wenn ich tief in mein Herz blicke, dass mich dies nie wirklich erfüllen würde, es sei denn, ich fände nebenbei auch die Zeit, meine anderen schöpferischen Talente zum Ausdruck zu bringen. Das bedeutet nicht, dass alle Frauen glücklich sein sollten, in die Welt hinauszumarschieren und Kunstwerke zu schaffen, Bücher zu schreiben oder Organisationen zu leiten. Möglicherweise spielt sich dein kreatives Wirken in deinem Zuhause ab. Du wirst den Unterschied jedoch deutlich spüren, wenn deine häuslichen Aktivitäten tatsächlich mit deiner Schöpferkraft einhergehen, statt von ehernen Pflichtgefühlen und unbewusst übernommenen geschlechtsspezifischen Rollenbildern diktiert zu werden.

Der innere Kritiker – Wer glaubst du, zu sein?

Jeder verfügt über ein Talent. Nur selten ist der Mut
vorhanden, dem Talent an die dunklen Orte zu folgen,
wo es uns hinführt.

ERICA JONG

„Du bist nicht gut genug. Was du machst, ist wertlos; wer glaubst du denn, zu sein? Du bist lächerlich! Niemand mag dich! Niemand braucht das, was du herstellst." Klingt das bekannt? Gott helfe uns, wenn der innere Kritiker aufmarschiert. Ich denke, dass jede von uns irgendwann einmal von kritischen inneren Stimmen gequält worden ist. Diese Stimmen haben viele Namen. Manche sprechen vom inneren Kritiker, andere vom Verstand, Arjuna bezeichnet sie als Iago. Iago ist eine Figur in Shakespeares Theaterstück *Othello*, die allerhand Lügen in das Ohr der Anwesenden flüstert, und zwar Lügen, die sich zu Tragödien auswachsen. Desgleichen haben wir innere Stimmen, die uns Lügen glauben machen. Einige erkennen sie als die Stimme verschiedener Autoritäten wieder, die sie in der Vergangenheit vernommen haben. Vielleicht stammt sie von einem älteren Geschwister oder einem Elternteil. Oder es handelt sich vielleicht um einen Glaubenssatz, der in der Massenkultur beheimatet ist.

In Skandinavien gibt es das Jantegesetz, das die kollektive Sichtweise uns selbst und anderen gegenüber nach Art der „Zehn Gebote" zusammenfasst. Der norwegisch-dänische Autor Aksel Sandemose hat diese zehn Gebote in seinem Roman *A refugee crosses his tracks* als Erster in Worte gefasst: Er schreibt über die hässlichen Seiten der skandinavischen Kleinstadtmentalität. Das Jantegesetz beinhaltet die unausgesprochenen Regeln und Eifersüchteleien, die in uns zum Vorschein kommen, wann immer wir – oder ein anderer – den Kopf aus der Masse herausheben. Es drückt eine Mentalität aus, welche die meisten Skandinavier in sich und in der Umgebung wahrnehmen können. Hier sind die ersten drei Gebote, nur um eine Ahnung davon zu bekommen:

1. *Du sollst nicht glauben, dass du wichtig bist.*
2. *Du sollst dir nicht einbilden, dass du uns das Wasser reichen kannst.*
3. *Du sollst nicht glauben, dass du klüger bist als wir.*

Das „wir" in diesen Geboten steht stellvertretend für jene Kräfte in unseren Gemeinden und in uns selbst, die alles auf einer sicheren Ebene der Mittelmäßigkeit bewahren wollen. Sobald eine Norwegerin vortritt und vielleicht ein einzigartiges Geschenk ihres Herzens anbieten möchte, fangen diese Stimmen in ihrem Kopf an zu kreischen und nötigen sie, ihren Kopf zu beugen und ihre Schultern fallen zu lassen.

Wo auch immer wir sind auf der Welt und gleichgültig, was oder wer die Stimmen in unserem Kopf geprägt hat – wir haben uns häufig an den inneren Kritiker so gewöhnt, dass wir seine Aussagen für wahr halten. Im Übungsteil am Ende dieses Kapitels wirst du gebeten, die Sätze dieser Stimmen aufzuschreiben. Das ist eine wirksame Methode, um sie zu entlarven. Daran kannst du ablesen, dass es sich dabei nicht wirklich um das, wer du bist, handelt, sondern um Glaubensüberzeugungen, die du von außen übernommen hast.

Die Opferhaltung

Spielen wir mal ein Weilchen mit der Opferrolle. Wir alle kennen sie. Sie ist die Dame mit dem aschfahlen Gesicht, der schweren Bürde auf ihren Schultern und den nach oben geworfenen Händen, die Resignation ausdrücken. Du kennst ihre Stimme: *„Das Leben ist gegen mich; ich werde nie zum Zug kommen. Alle anderen vergnügen sich, außer mir. Ich komme nie dazu, meine Wahrheit zu sagen. Das Leben überfordert mich einfach. Ich habe keine Chance, das zu tun, was ich will. Warum ich? Alle anderen sind besser als ich. Ich werde nie die Arbeitsstelle bekommen, die ich möchte, ich kann nicht tun, was ich möchte, weil ich nicht genug Geld oder Zeit habe. Meine Kinder und meine täglichen Pflichten halten mich fest; kein anderer hier putzt das Haus, also muss ich es allein machen. Oh, denk nicht an mich, ich bin nicht wichtig. Mach dir keine Sorgen, ich komm schon zurecht. Eines Tages werden sie einsehen, wie gut ich war. Ich fühle mich wie Scheiße, aber deswegen brauchst du dir keine Gedanken machen. Denk du nur an dich selbst.“*

Das Opfer fühlt sich besser, wenn sich andere schuldig fühlen; tatsächlich besteht sein ganzer Einsatz nur darin, das zuwege zu bringen. Wenn ich feststelle, dass ich das Opfer spiele, ist es, als ob ich mich von außerhalb sehen kann, und ich beobachte diese Frau, die so ausgesprochen hilflos ist und das ganze Universum wegen ihrer Qualen anklagt. Auch wenn ich diese Haltung als nicht konstruktiv durchschaue, ist es, als ob jemand die „Play"-Taste des Kassettenrekorders gedrückt habe und er losdudelt. Im Umgang mit dem Opfer habe ich eine Menge Verfahrensweisen gelernt. Am meisten Spaß macht es, es extrem übertrieben darzustellen, um seine Schliche allen zu verraten, die gerade in meiner Nähe sind. Es macht besonders Spaß in einem Frauenkreis, weil die ganze Gruppe vor Freude quietscht und sich darin wiedererkennt. Die Macht des Opfers über uns vergeht augenblicklich, wenn wir es als das ausmachen, was es ist.

Auch wenn es wie eine lästige Nachbarin immer wieder auftauchen könnte, ist das in Ordnung, weil das Opfer nicht mehr unsere Entscheidungen trifft. Es ist tatsächlich ein Teil unseres kollektiven weiblichen Erbes, und wenn man bewusst mit ihm spielt, kann es dienlich sein, das Gefälle zwischen dem Männlichen und dem Weiblichen tiefer zu begreifen. Wir können einen Schritt in Richtung größere Ausgewogenheit machen, indem wir anerkennen, dass wir uns hinter der Opferhaltung versteckt und sie als Manipulationsmittel eingesetzt haben. Statt uns zu ermächtigen, unsere Kreativität mit allen zu teilen, gestatten wir es dem Opfer, unser Leben unbewusst zu beherrschen, sobald wir das Weibliche als schwach oder als benachteiligt abwerten. Statt so zu tun, als ob es nicht vorhanden sei, geben wir es spielerisch zum Besten und machen uns dabei die Tatsache zueigen, dass ein Teil der Herausforderung des Weiblichen darin besteht, Frische und neuen Wind in so manche Wandschränke zu bringen, die im Lauf der Zeit ziemlich eingestaubt sind.

Mein Mann und ich sind beide Schriftsteller, und zwischen unseren Aktivitäten wie Bücher zu schreiben, Seminare zu halten, mit den Kindern zusammen zu sein und uns um unser Haus zu kümmern, halten wir unser Leben fortwährend in der Balance. Und uns ist klar, dass unsere Verpflichtung, zwischen dem Männlichen und dem Weiblichen ein Gleichgewicht zustande zu bringen, darauf beruht, dass wir beide das Gefühl haben, dass unsere Kreativität kräftig und reichhaltig fließt.

Hin und wieder schwanke ich zwischen der Opferrolle und dem Vorwurf an meine Familienangehörigen, dass sie mir nicht erlaubten, mir eine Auszeit für schöpferisches Schaffen zu genehmigen. Und dann nehme ich mir den Raum, indem ich meine Familie

auf sehr barsche Weise beiseite schiebe und um die Chance kämp-
fe, meine Kreativität fließen zu lassen. Als ich erkannte, dass diese
Reaktionen dem natürlichen Fluss des Augenblicks zuwiderlaufen
und ich in beiden Fällen überreagiert hatte, habe ich erlebt und
ergründet: Mein Gespür für die innere Verpflichtung hatte mich
höchst inspirierend und verlässlich durch die Gefilde der verstaub-
ten Rollenmodelle geführt und kam ins Stocken angesichts der geschlechtsspezifischen Rollen. In meinem Herzen hege ich keinerlei
Bedenken, dass es für den weiblichen Geist hundertprozentig le-
bensnotwendig ist, sich Zeit zu nehmen, um seine Begabungen
schöpferisch zum Ausdruck zu bringen. Damit dies in die Tat umge-
setzt werden kann, dürfen wir uns nicht nur auf die einschränkenden Konzepte des Weiblichen beziehen, die uns von außerhalb
auferlegt werden, sondern müssen auch unserer eigenen Konditionierung gegenübertreten.

Verpflichtung

Ein Vogel singt nicht, weil er eine Antwort hat,
er singt, weil er ein Lied hat.[1]

MAYA ANGELOU

Viele Frauen, die sich verpflichtet haben, ihre schöpferische Kraft
auszudrücken, kommen bald dahinter, dass dies nicht bloß eine
persönliche Angelegenheit ist. Die große Welle des Lebens möchte sich in allem, was wir sind, durch uns dartun. Wenn Zweifel an
uns nagen und wir uns tief unter die Decke verkriechen und alles
aufgeben wollen, kann es hilfreich sein, sich an folgenden Stand-
punkt zu erinnern: Das Feuer unserer Begeisterung und unseres
Einsatzes wird immer wieder Unkenntnis, Mittelmäßigkeit, Träg-
heit und Unbewusstheit verbrennen. Es wird uns solange aufrüt-
teln, bis wir hellwach sind und uns strahlenden Blickes und begeistert gegenwärtig im Augenblick begegnen, um aus Bewusstsein,
Wachheit und Liebe heraus eine Welt zu erschaffen.

Ich erinnere mich an ein Gespräch, das ich mit meiner Freundin Charlotte führte, die in New York Schauspielunterricht nimmt und ab fünf Uhr morgens übt, um ihren Traum zu verwirklichen, ihr schauspielerisches Talent zu verwirklichen. Charlotte erzählte mir, dass sie fortwährend von missbilligenden Stimmen gequält wird. Manchmal fühlt sie sich überspannt und ist nahe daran, aufzugeben. Um bei dem rasenden Tempo New Yorks mitzuhalten und dem Widerstand einer sehr stark konkurrierenden Umwelt standzuhalten, hat sie häufig das Bedürfnis, sich einen Schutzpanzer zuzulegen, der ihr inneres Herz jedoch nicht widerspiegelt. Sie sehnt sich danach, weich zu werden und sich zu öffnen und stellt sich häufig die Frage, ob sie am richtigen Ort ist. Sie fragt sich, ob sie vielleicht etwas anderes tun sollte. Doch während unserer Unterhaltung wurde deutlich, dass die Schauspielerei eine ihrer elementaren Leidenschaften ist. Sie ist eine talentierte Schauspielerin, und das Leben hat sie dazu aufgefordert, ihre Gabe so zum Ausdruck zu bringen.

Manchmal durchlebt sie Phasen, in denen es einfach nicht rund läuft. Dann muss sie auf eine noch nachhaltigere Verpflichtung und das Wissen zurückgreifen, dass dieser Prozess nicht nur sie persönlich betrifft. Es geht darum, wie das Geheimnis der Kunst sich durch sie zum Ausdruck bringen kann, und diese Einsicht lässt sie weitermachen, befähigt sie, ihre Fertigkeiten und Talente zu veredeln, um das zu übermitteln, wofür sie vorgesehen ist.

Ich kenne eine Menge von engagierten Frauen, die ihre Talente ausdrücken und entschlossen sind, dies zu tun, wie dem auch immer sei. Die meisten davon lassen mich wissen, dass sie das, was sie lieben, unter allen Umständen tun, wenngleich des Öfteren abwertende Stimmen in ihren Köpfen herumgeistern. Sie haben einen Weg gefunden, mit diesen Stimmen zu leben, nicht als Wahrheit, sondern als ein im Hintergrund murmelnder Aspekt des schöpferischen Erlebens.

Die meisten unter uns durchleben auch Phasen, in denen wir nicht unverzüglich die Zustimmung seitens der Mitwelt ernten und Vertrauen in das aufbringen müssen, was wir aus innerer Begeisterung tun. Meine beste Freundin auf Erden heißt Pia Maria. Wir wuchsen miteinander in Norwegen auf. Pia hat über zwölf Jahre als Schauspielerin und Regisseurin gearbeitet. Sie hat sich entschieden, ihre Arbeit auf künstlerisch unabhängigem Weg auszuführen, weswegen ihr mehr als einmal Fördergelder und finanzielle Zuwendungen für ihre Projekte verweigert wurden. Angetrieben von einer Motivation, die tiefer als die äußere Zustimmung reicht, macht sie jedoch weiter. Sie weigert sich zu glauben, dass Projekte, in die niemand Geld investieren möchte, wertlos seien.

Sariah Mikaels erweitert ihre Heilpraxis, indem sie anfängt, praxisorientierte Seminare abzuhalten. Sie ist so daran gewöhnt, sich im Hintergrund zu halten, dass sie zögert, den nächsten Schritt in die Tat umzusetzen. Doch die Leute fordern mehr von ihr, indem sie den Wert der Heilkunst anerkennen, die sie anzubieten hat. Es ist, als ob die Gabe der Heilung sich durch sie hindurchzwänge, weshalb sie sich gezwungen sieht, sich dem hinzugeben.

Pia, eine andere Freundin aus Finnland, die eine wunderbare Yogalehrerin ist, studierte mit den angesehensten Yogameistern in Indien, und dennoch kämpft sie gegenwärtig darum, ihre Gruppen mit Teilnehmern zu füllen. Es ist offensichtlich, dass sie eine talentierte Yogalehrerin ist und den Schülern mit ihrer ruhigen Anleitung und dezenten Präsenz ausgezeichnet dient. Es schmerzt mein Herz, mit anzusehen, wie sie nachts arbeitet, in vier Nächten pro Woche Zeitungen austrägt, damit sie tagsüber Yoga unterrichten kann. *„Ja, manchmal bin ich müde, manchmal stehe ich kurz vor dem Zusammenbruch"*, teilt sie mir mit. *„Aber was könnte ich sonst tun? Dies ist mein Leben. Dies ist mein Geschenk."*

Martha in Santa Fe stellt Schmuck und Quilts in den leuchtendsten Farben her. Sie arbeitet auch als Massagetherapeutin und macht unentwegt neue Wege ausfindig, Menschen mit ihrer unaufdringlichen Art zu berühren. Nun steht Martha vor den Studioaufnahmen für ihre zweite CD, auf der sie Gitarre spielt und ihre eigenen Lieder singt. Sie hat sich entschieden, ihre CDs selbst zu produzieren, da keine Plattenfirma sie unter Vertrag genommen hat; sie tritt auch als Sängerin in den im Umkreis liegenden Restaurants und Bars auf.

Als ich begann, dieses Buch zu schreiben, trug ich meine Vorstellungen einer Agentin vor. Ihre unverzügliche Antwort war: *„Oh, ein Frauenbuch! Das lässt sich nicht verkaufen, denn diese Literatur liegt momentan nicht im Trend.“* Ich wusste in meinem Herzen, dass dieses Buch seine eigene Existenz hatte, ob es nun trendy war oder nicht, und ich ließ nicht zu, dass Verkaufszahlen bestimmten, ob das Buch es wert wäre, geschrieben zu werden oder nicht. Wie alle oben erwähnten Frauen wurde ich von etwas Tieferem geleitet. Äußere Zustimmung oder Missbilligung wirkt sich auf die Leichtigkeit des Prozesses aus, betrifft jedoch nicht den Wesenskern des Engagements, der sich dem Ausdruck an sich widmet.

Der schöpferische Prozess

Je verbissener du einer Sache nachgehst, desto schneller gibst du auf und desto weniger bist du imstande, dem Leben die Gelegenheit zu bieten, sich selbst zu begegnen. Wenn du Schwierigkeiten hast, auf neue Ideen zu kommen, so gehe langsamer zu Werk. Der Einfallsreichtum existiert im gegenwärtigen Augenblick und ist nirgendwo sonst zu finden.

NATALIE GOLDBERG

Ein Fluch des menschlichen Verstandes ist, dass man das Vorhandene mit dem, was sein *sollte* oder *nicht* sein *sollte*, vergleicht. Um uns über diese begrenzten Ansichten hinwegzusetzen, müssen wir die *Sollte-Appelle* erkennen, um sie als das, was sie sind, zu sehen – althergebrachte Gewohnheiten eines stagnierenden Verstandes – und den Sprung in die unvorhersagbare Gegenwärtigkeit wagen. Dies ist kein abstraktes Unterfangen, sondern eher eines von der Art, „sich körperabwärts zusammenziehend und lösend zu öffnen“. Kreativität beinhaltet häufig die Fähigkeit, bloß zu warten, um auf eine Weise herauszutreten und empfänglich zu sein für das, was auch immer sich während des Prozesses darbietet. Sie erfordert die Bereitschaft, während der ungestalteten Anlaufphase in den Seilen zu hängen, wenn das Werk nichts weiter als ein unbestimmtes Gespür ist, eine Intuition, die besagt: *„Ja, hier ist etwas, selbst wenn es gerade jetzt wie Nichts aussieht."* Inmitten unserer Verwirrung kann etwas auftauchen, das jenseits dessen liegt, was der vernunftorientierte Verstand sich vorstellen konnte.

Anfangs könnte es frustrierend sein. Vielleicht schreibst du ein Gedicht oder singst ein Lied und hast das Gefühl, das, was du zum Ausdruck bringst, ist nur „schlecht" oder nichts sagend. Wenn du allerdings nur dranbleibst und unerschütterlich empfänglich für das Unbekannte bleibst, wenn du dem spontanen ungefilterten Ausdruck des Gegenwärtigen den Raum gewährst, sich zu ereignen, was auch immer das sein mag, wenn du dich überraschen lässt, wird sich das verborgene Geschenk der Kunst offenbaren. Diese Art von Kunst wird uns an Orte versetzen, wo wir uns wirklich erkennen können. Gehen wir so ans Werk, sind wir womöglich mit den verschüttetsten und originellsten Elementen unseres Seins in Kontakt. Einfallsreichtum geschieht *durch* dich, statt *aus* dir. Der frischen Originalität deines eigenen Ausdrucks zur Geburt zu verhelfen, erfordert die Bereitschaft, durchsichtig zu sein, sich berühren zu lassen und die „Sollte-Appelle" als das zu sehen, was sie sind.

Viele Frauen fühlen sich aufgeschmissen angesichts der Frage: *„Was ist mein wahres Geschenk an die Welt?"* Wenn man die Frage so stellt, tappt man unversehens in die Falle, sich sein schöpferisches Talent als einen Festkörper vorzustellen, den man in die Hand nehmen und mit den Worten *„Das hier ist meine Gabe"* vorstellen kann. Bei der Erkundung des tiefgründenden Schöpfertums entdecken wir, dass es sich von Augenblick zu Augenblick entfaltet. Ein Schritt führt zum nächsten, und je verbundener und echter wir es jetzt zum Ausdruck bringen können, desto qualifizierter sind wir, der nächsten und übernächsten Bestätigung zur Geburt zu verhelfen. Wir befinden uns in der offenen Erkundung dessen, was vorhanden ist, was nicht zwangsläufig als linearer Prozess mit einem Ergebnis verläuft, sondern eher als selbstlose Hinwendung an den Ausdruck des Unmittelbaren.

Unterstützung durch Frauenkreise und Ratgeberinnen

> *Jede Frau ist fähig, tatsächlich eine Mitfrau auf die Welt zu bringen. Dies müssen wir alle füreinander tun.*[2]
>
> ALICE WALKER

Eine der Gaben des Weiblichen ist eine starke Neigung zur Gemeinschaft und Zusammenarbeit. Es handelt sich um das Gespür für das „du *und* ich" anstelle des „du *oder* ich". Das Weibliche gedeiht durch Zusammenwirken und Stammeszugehörigkeit.

Sich an einem Frauenkreis zu beteiligen, in dem wir einander beistehen und ermutigen können, ist unvergleichlich unterstützend, ich würde fast sagen notwendig. Eine meiner Freundinnen ist Teil eines Frauenkreises, der sich telefonisch trifft. Mittels einer Konferenzschaltung telefonieren sie einmal pro Woche aus allen Teilen des Landes. Jede Frau teilt den anderen mit, in welche Richtung sich ihr schöpferisches Wirken bewegt, wobei sie einen schönen Gobelin miteinander gestalten, in den sie alle ihre Stimmen einweben. Jede der Frauen, die übers ganze Land verteilt wohnen, verfügt über Fertigkeiten in einer anderen Heilkunst. Mittlerweile erforschen sie gemeinsam, wie sie den Prozess eine Stufe weiterbringen können. Sie stellen fest, dass sie einander in Praxisseminaren unterstützen können, indem sie eine Frau einladen, in einen anderen Teil des Landes zu reisen und sich von einer Mitfrau aus dem Netzwerk unterstützen zu lassen – und umgekehrt.

Die Schönheit eines solchen Projekts liegt darin, dass es weitere Möglichkeiten eröffnet, unsere Talente auszutauschen. Wir können unsere Talente als einzigartig und zugleich als Bestandteile

des großen Netzes des Lebens anerkennen. Eine weitere unschätzbare Methode zur Förderung unserer einmaligen Ausdrucksweise
ist, sich der Weisheit einer Mentorin anzuvertrauen.

Ich war vierzehn, als ich mich entschied, Schauspielerin zu
werden, eine Berufswahl, die meiner Mutter als nicht als sehr ver-
trauenswürdig erschien, doch ich hatte mich hartnäckig dafür entschieden. (Ironischerweise wollte sie, dass ich Schriftstellerin werde, und sieh mal an, was ich heute bin.) Natürlich ist der Weg eines
Künstlers nicht immer leicht, und ich durchlebte öfter als einmal
Zeiten von lähmender Angst und Zweifel. Während dieser Phasen
war die Unterstützung meiner Tante Anne unschätzbar. Mit sechs-
unddreißig Jahren war bei Anne Krebs diagnostiziert worden. Ihr
Kampf mit dieser lebensbedrohlichen Krankheit hat sie gezwungen, ihr Leben „von Unwesentlichem zu säubern" und sich zu fragen, was wirklich wichtig ist. Folglich hat sie mich beharrlich bera-
ten und mich beschworen, „meinen Traum zu verwirklichen", was ich
auch tat. Auch dann, als meine Leidenschaft mich gen Osten lenkte
und ich die meiste Zeit meditierend verbrachte, feuerte meine
Tante mich voller Elan an. Tatsächlich hatte sie mich zuerst nach Indien gebracht, wo sich mein anbetendes Herz aufrichtig öffnete.

Tante Anne Lise war meine erste Ratgeberin. Ich weiß, dass ich
ohne ihren Einfluss nicht da wäre, wo ich heute bin. Sie zeigte mir
ihr Herz und ihre Begeisterung, indem sie mir mein Inneres wider-
spiegelte. Ich habe viele lebensverändernde Begegnungen dieser
Art erfahren. Heute betrachte ich ShantiMayi als meine entscheidende Mentorin. Selbst wenn die Häufigkeit unseres Austausches
schwankt, genügt allein das Wissen um ihr Dasein, um meinen
Unterricht geistig gesund und geerdet zu halten.

So wie mich noch viele andere Frauen inspiriert und angeleitet haben, meinem Einfallsreichtum Ausdruck zu verleihen, befinde
ich mich nun in der Rolle der Mentorin, wenn ich Frauen begegne,
die teilweise, aber nicht ausnahmslos, jünger sind als ich. Zu erleben, was bei diesen Frauen, bisweilen auf kompromisslose Weise,
ausgelöst wird, wenn ich „meine Seele zeige", ist frappierend und

erinnert mich in einem fort an die unsichtbare Ahnenreihe der Weisheit, die durch uns alle wirkt, sich ausdrückt und ein unterstützendes Netz bildet.

Der Ideenreichtum erschließt uns für eine Strömung, die größer ist als wir, und ein Teil des Weiblichen sehnt sich nur danach, sich hinzugeben, die starren Schranken der Abwehrmechanismen aufzuweichen und entzückt vom Leben an sich zu sein. Im innersten Herzen sehnen wir uns danach, aus unserem tiefsten Wesenskern zu geben. Im folgenden Kapitel betrachten wir den Ort näher, an dem dieses Sehnen sich am reichhaltigsten und glühendsten ausdrückt: in verehrender Hingabe und im Gebet.

ÜBUNGEN

Die Flamme der Begeisterung entfachen

Wie vielen Dingen deines Lebens räumst du die Möglichkeit ein, deine Leidenschaft widerzuspiegeln? Glaubst du, dass morgen vielleicht eine bessere Zeit sein wird, um auf deine Begeisterung einzugehen? Und einstweilen lebst du ein lauwarmes, mit Kränkungen gefülltes Leben? Vielleicht meinst du sogar, dass du überhaupt keine Leidenschaft hast oder nicht weißt, welches deine Leidenschaft ist? Vielleicht kann die folgende kurze Meditation dich unterstützen:

Zünde eine Kerze an und starre in die Flamme. Stelle dir vor, dass du in einen Spiegel schaust, dessen vor dir brennende Flamme deine Herzensflamme widerspiegelt. Verbinde dich mit der inneren Flamme, während du die äußere Flamme betrachtest. Erlaube ihr, stärker zu leuchten. Gestatte dir eine Weile der Kontemplation darüber, wonach dein Herz sich verzehrt.

Den inneren Kritiker kennenlernen

Lass dir etwas Zeit, um dir ins Gedächtnis zu rufen, was dein innerer Kritiker dir am häufigsten über dich und deine Schöpferkraft sagt. Notiere auf einem Blatt Papier eine Liste von Sätzen, die Meinungen, Urteile und dergleichen wiedergeben. Überprüfe, inwieweit du irgendwelche Sätze wiedererkennen kannst als etwas, das dir in der Vergangenheit gesagt worden ist. Notiere neben jedem Satz seinen Urheber. Es könnte jemand aus der Familie, ein Lehrer oder gar ein Schauspieler aus dem Fernsehen sein. Es ist in Ordnung, wenn du die Herkunft nicht benennen kannst; womöglich spürst du Emotionen, die durch einen Satz in dir ausgelöst werden. Ist dir dieses Gefühl vertraut?

Diese Übung dient ausschließlich dem Gewahrsein. Lasse dich nicht verleiten, deine Gefühle zu analysieren oder zu versuchen, sie zu ändern. Beobachte einfach. Wenn die Stimmen beim nächsten Mal auftauchen, kannst du sie betrachten, und sie werden die Ausgangssituation nicht so ohne Weiteres in Beschlag nehmen. Eines Tages kannst du sie sogar auslachen und sie begrüßen, sich mit dir in deinem Zuhause aufzuhalten, als wären es ein paar überspannte Verwandte.

Dämonen in Clowns umwandeln

Du kannst diese Übung allein oder mit einer Gruppe von Freundinnen machen. Wähle dir einen deiner „Lieblings-"Dämonen aus, der sich über Gebühr in dein schöpferisches Leben einmischt: der Kritiker, das Opfer oder der Zauberer. Lade diese Energie nun bewusst ein, dich vollständig in Besitz zu nehmen. Achte darauf, wie sie sich in deinem Körper anfühlt und welche Gedanken dir dabei einfallen. Schätze dein Energievolumen ein – bist du müde oder fühlst du dich ungebärdig? Übertreibe bewusst den jeweiligen Zustand, in dem du dich befindest, als ob du die Karikatur dieser Figur seist. Führe vor deinen Freunden oder vor dir ein Theaterstück auf. Vergnüge dich damit, und ich versichere dir, dass dein Verhältnis zu diesen normalerweise unerwünschten Verhaltensmustern nie mehr dasselbe sein wird.

Erkunde deine schöpferische Quelle

Im Zen-Buddhismus ist es üblich, sich in Koans zu versenken, um sich den Gefilden jenseits der – häufig vorhersagbaren – Denkmuster der Persönlichkeit zu öffnen. Ein Koan ist eine Frage, auf die es vielfach keine logische Antwort gibt. „Was ist der Klang einer klatschenden Hand?" ist der bekannteste Koan. Offensichtlich geht es bei dieser kraftvollen Praxis nicht darum, die richtige Antwort zu finden; wenn wir indes die Frage stellen, erschließt sich uns ein innerer Raum, und das Bukett unseres eigenen Wesens verbreitet sich. Die folgenden Experimente beruhen auf diesem Prinzip. Zerbrich dir wegen der Ergebnisse nicht den Kopf; entscheidend ist die Stärke deiner Intention, die dich einer tiefgründenden schöpferischen Quelle nahebringt:

Male ein Bild, als ob es das einzige Bild sei, das du jemals wieder malen wirst. Was kommt dir dabei in den Sinn?

Singe ein Lied, als ob es das einzige Lied sei, das du jemals wieder singen wirst. Was kommt dir dabei in den Sinn?

Tanze, als ob es der einzige Tanz sei, den du jemals wieder tanzen wirst. Was kommt dir dabei in den Sinn?

Verrichte eine weltliche Aufgabe, wie etwa den Boden zu wischen oder dich anzuziehen, als ob es die letzte Handlung sei, die du jemals wieder ausführen wirst. Was kommt dir dabei in den Sinn?

Komm dir näher

Lass dich darauf ein, über einen gewissen Zeitraum tief zu atmen und mit jedem Ausatmen gegenwärtiger zu werden. Sitze anschließend einige Minuten lang mit einer empfangsbereiten, lernwilligen Haltung und warte einfach. Was möchte durch dich ausgedrückt werden? Es kann sein, dass du jemandem etwas zu sagen hast, es kann etwas Unbedeutendes sein, wie der Wunsch, deine Sitzposition zu verändern oder einen Ton von dir zu geben. Es kann die nächste Mahlzeit sein, die du zubereiten wirst, oder das Notieren der jeweiligen Gedanken, die in dir auftauchen. Warte und sieh, was kommt. Wenn sich ein Impuls einstellt, lass dich davon berühren. Dann warte wieder und sieh, was als Nächstes kommt. Genieße das Erlebnis.

Kapitel 8

Hingabe:
Das hingebungsvolle Herz
als Lehrer

Ich tanzte die ganze Nacht durch, allein auf dem leeren Fußboden. Ich tanzte für dich, und als du kamst, wurde ich wirklich. Ich war endlich wirklich. Ich kann dich nirgendwo festhalten. Doch ich kann dich leben. Lebe du mit allem, was ich habe. Geliebter, indem ich mich an deinen Namen erinnere, vergesse ich meinen auf immer. Alles, woran ich mich erinnere, bist du, die Art, wie du mich bedingungslos erfüllst. Wie wundersam ist diese Empfindung, keine Stelle mehr zu haben, die ich als meine benenne. Ich bin jede Farbe im Universum, und mein Gott ist der Künstler. Vor dieser Auszeichnung erschauere ich, mit meinem Kopf auf deinen Füßen. Wellen aus reiner Schönheit raunen sanft durch den Raum. Alles ist unverstellt, alles ist willkommen.[1]

Wie empfindsam ist die Stelle in unserem Herzen, die sich danach sehnt, zu vertrauen, vollständig loszulassen, sich der Ganzheit des Lebens hinzugeben. In uns allen ist ein reiner Kern, der von Zynismus und Abwehrmechanismen unberührt ist. Von dort aus begegnen wir dem Leben wie ein Kind, das mit weit geöffneten Augen das Wunder aller Dinge bestaunt und weiß, wie leicht es ist, einfach zu lieben. Doch infolge von jahrelangen Enttäuschungen und Unredlichkeiten haben viele Menschen diese Innigkeit hinter dicken

Schutzwällen versteckt. Heutzutage wird Hingabe mit Selbstverlust und Sich-Überlassen mit Übervorteilt-Werden assoziiert. Das Lieben verwechseln wir sogar mit dem Gräuel des Verrats. So kommt es, dass sich unsere Rüstung erhärtet und wir uns das Leben auf sichere Armeslänge vom Leib halten. Allerdings zahlen wir einen Preis dafür.

Wenn wir dem Leben nicht abwehrend begegnen, sei es auch nur für einen Augenblick, entdecken wir, dass wir keinen Feind haben, außer der Angst an sich. Wenn wir uns für Hingabe entscheiden, wählen wir, uns Tausende Male das Herz brechen zu lassen, statt ein Leben in den Fangarmen der Angst zu führen, und jedes Mal, wenn wir bereit sind, empfänglich und verletzlich zu bleiben, weichen die ehernen Verteidigungsschilde, die das Gefühl des Getrenntseins hervorgebracht hat, auf und bieten ein wenig mehr Raum.

In diesem Kapitel betrachten wir einen Teil des Weiblichen näher, den viele unter uns insgeheim als einen im Leben integrierten Aspekt herbeisehnen, der uns jedoch im Zuge der verweltlichten Kultur entfremdet worden ist: die Kunst der Verehrung und Hingabe. In vielen spirituellen Traditionen sind Hingabe, Widmung und das Gebet ein integraler Bestandteil des Glaubens. Im Islam gibt es den Sufiweg des Herzens, eine spirituelle Richtung, die viele Westler anhand von Rumis glühenden Gedichten an den „Geliebten" kennengelernt haben. Im Hinduismus ist Bakthi-Yoga die Essenz der weiblichen spirituellen Praxis. Sowohl von Frauen als auch Männern praktiziert, fördert Bakthi-Yoga die Eigenschaften des Gewährenlassens, der Empfänglichkeit und der Hingabe.

Liebe ist Gott und Gott ist Liebe

Mit Gebeten und Tränen gelangte ich zu meinem Geliebten.

MEERABAI

Der Begriff *Bhakti* stammt von der Wurzelsilbe *Bhaj,* die bedeutet, „an den Gott (der Liebe) gebunden zu sein". Bhakti ist Liebe um der Liebe Willen. Es ist der Weg der reinen spirituellen Verehrung,

Liebe und Hingabe. Es ist die Religion der Liebe. Die Essenz des Bhakti-Yoga ist, die Absolutheit im gesamten Erleben verwirklicht zu sehen. Es ist keine organisierte Religion; es gibt keine Priester oder heilige Schriften, die man zu befolgen hat.

Ein Bhakti sehnt sich danach, vom Göttlichen in Besitz genommen zu werden, von der Liebe hingerissen zu werden. Die Geschichte berichtet von allerhand Frauen, die das Göttliche hemmungslos verehrten und liebten; Frauen, die das Göttliche in Gestalt von Krishna, Jesus oder einfach in Gestalt der frischen Frühlingsluft verehrten. Die Intensität ihrer Liebe und Ekstase war für etablierte Religionen außerordentlich bedrohlich, weshalb diese Frauen häufig Verfolgung und Bestrafung ausgesetzt waren. Meerabai war eine berühmte Bakhti und eine indische Dichterin des sechzehnten Jahrhunderts.

Meerabai (1547–1614 n. Chr.) war eine Prinzessin des Rathodenklans aus Radjastan in Nordindien. Schon von Kindesbeinen an glühte sie vor Liebe zu Meister Krishna, einer Hindu-Gottheit, welche die Verspieltheit und Liebe des Göttlichen vergegenwärtigt. Sie heiratete einen gekrönten Prinzen, der schon bald starb. Infolge ihrer Verehrung betrachtete sie ihren geliebten Krishna indes als den Einzigen, mit dem sie je verheiratet war, und weigerte sich, Trauerkleidung zu tragen und sich wie eine Witwe zu verhalten.

Meerabai konnte ihre ekstatische Liebe für das Göttliche nicht verbergen und verbrachte ihre Tage singend und tanzend in ungebärdigem Gebet. Schon bald zog der Palast viele Anhänger, Wanderheilige und spirituelle Suchende an. Ihr unverhohlenes Gebaren war dem königlichen Hofstaat sowie dem amtierenden König, ihrem Schwager, freilich ein Dorn im Auge. Daher erwogen sie verschiedene Möglichkeiten, wie sie Meerabais hingebungsvolle Glut zerstreuen und das öffentliche Interesse abwenden könnten. Einige von Meerabais Gedichten spiegeln die Verfolgung und Todesnot, die sie erlitt. Nachdem etliche Mordanschläge auf sie gescheitert waren, war die Rede davon, dass Rana, der neue König, Meerabai verflucht habe, indem er sagte: *„Am liebsten wäre es mir, dass diese schändliche Frau sich selbst ertränkt und stirbt."*

Meerabai erfuhr von seinem Wunsch. Anstatt jedoch in den Fluss zu springen, unternahm sie eine Pilgerreise an einen Wallfahrtsort, wo viele heilige Männer lebten. Dort hatte ein Mann namens Jeeva Goswami ein Gelübde abgelegt, niemals eine Frau, nicht einmal den Schatten einer Frau zu erblicken! Als Meera sich dem Tempel näherte, in dem er lebte, verwiesen seine Jünger sie des Weges. *„Er will keine Frau sehen"*, sagten sie.

Meera lachte. *„Ich ging davon aus, dass der einzige Mann hier Meister Krishna sei; nun erfahre ich, dass er einen Rivalen hat!"* In den Ohren Goswamis klang ihre Aussage unwiderlegbar. Denn in der Bhakti-Tradition verkörpern alle Gottesverehrer das aufnahmebereite empfängliche Weibliche. Ein ausnahmslos hingebungsvoller Verehrer würde sich nie weigern, eine andere Frau als Verehrende zu achten. Mit gedemütigtem Herzen trat Goswami aus dem Tempel und verbeugte sich tief vor dieser Frau, deren Augen vor Liebe glühten.

Der weise Lehrer

Lass mich genau in dieser Nacht in dir sterben.
Ich renne nackt hinaus unter den Winterhimmel.
Und übergebe alle meine Träume auf dem Altar der
urwüchsigen Ehrerbietung.²

In Indien, wo ich die ersten Jahre meiner spirituellen Schulung verbrachte, stellt es eine gängige Entwicklungsstufe auf dem geistigen Weg dar, sich den Unterweisungen eines weisen Lehrers, eines Gurus, zu widmen. Für viele hat der Begriff *Guru* einen negativen Beigeschmack von Unterwerfung, undifferenzierter Schmeichelei und gar Missbrauch. In den letzten Jahren haben wir gesehen, dass der Begriff in allerlei verschiedenen Bezugsrahmen auftaucht; die Medien benutzen unverblümt Schlagworte wie „Gitarrenguru", „Medienguru" und „Modeguru", um damit Autorität und Meisterschaft zu beschreiben.

Das Wort *Guru* kommt ursprünglich aus dem Sanskrit und bedeutet „das, was die Dunkelheit vertreibt". Es weist auf ein erwachtes Bewusstsein hin, zu dem wir alle jederzeit Zugang haben, ein Bewusstsein, das die Unwissenheit entfernt. Das Wort *Dunkelheit* bezieht sich auf die Identifikation mit der Selbsttäuschung, vom Ganzen getrennt zu sein. Wie wir es in diesem Buch erkundet haben, kann der Lehrer die Gestalt eines Geliebten, eines Baums, der Unschuld eines Kindes oder der allem innewohnenden Lebensrhythmen annehmen. Traditionsgemäß ist es jedoch so, dass *derjenige* unter uns, der in geistigen Dimensionen erfahrener ist, die Lehrerrolle übernimmt. Von dieser Person erhält der Schüler Unterweisung, um den Guru in sich zu erkennen.

Es gibt viele wunderbare Geschichten über die Beziehung zwischen Schüler und Meister. Doch man weiß auch von allzu vielen Fällen, in denen Lehrer ihre Position missbrauchten. Die Schüler-Lehrer-Beziehung stützt sich auf ein Vertrauen ohnegleichen und birgt offensichtlich einige Tücken. Wenn du nie mit einem spirituellen Lehrer Kontakt gehabt hast, findest du womöglich eine ähnliche Dynamik im Verhältnis zu deinem Therapeuten oder Berater wieder.

Unversehens projizieren wir die eigene innere Weisheit auf den Lehrer und erhalten dergestalt unser innewohnendes Mangelbewusstsein aufrecht. Sind wir von glühendster Liebe durchdrungen, gelangen wir in der Anwesenheit eines Lehrers vielleicht zu der Ansicht, dass diese Liebe *vom* Lehrer ausgeht, woraus Abhängigkeit zu ihm oder ihr entsteht. Viele, die die schmerzliche Erfahrung gemacht haben, ihre Macht an den Lehrer wegzugeben, bleiben in der fixierten Haltung hängen, *ein Suchender* zu sein, statt zu erkennen, dass sie das, was sie suchen, letztlich in sich tragen.

Eine wahrhaftige Lehrer-Schüler-Beziehung hat eine wunderbare Seite, die fast zu unterschwellig ist, um sie in Worte zu fassen. Es ist ein mystisches Liebeserlebnis, das einem das Herz schmelzen lässt. Als ich mich auf die Unterweisungen durch meine spirituelle Lehrerin ShantiMayi einließ, spiegelte sie mir die Tiefgründigkeit meines eigenen erwachten Herzens so leuchtend, dass danach nichts mehr wie vorher war. Das Vertrauen, das ich mit ihr erlebte, bot mir die Möglichkeit, mich auf ein Leben einzulassen, das meine erstarrten Abwehrstrategien und meine gewohnte, aber sehr beschränkte Vorgehensweise – mein „Ich weiß am besten, wie man die Dinge handhabt" überstieg.

In meinem Leben habe ich viele Lehrer gehabt und habe sie heute noch. Für mich bedeutet das, mich der Ausbildung durch andere zu widmen, die meine unbewussten Eigenarten klarer als ich sehen können. Unterweisung zu erhalten, bedeutet nicht, die eigene Macht aufzugeben. Im Gegenteil, jeder wahre Lehrer, Therapeut oder Ratgeber wird dich stets zu deiner eigenen Quelle der Weisheit zurückleiten.

Sich (buchstäblich oder symbolisch) vor einem Lehrer, einem Heiligenbild oder der feuchten Walderde zu verbeugen, kann ein Weg sein, um auszudrücken: *„Ich überlasse mich, ich kann es nicht allein vollbringen, als abgespaltenes Ego kann ich es nicht weiter zuwege bringen. Ich übergebe meinen Schmerz, meine Einsamkeit und meine Hoffnungslosigkeit, ich übergebe meine Dankbarkeit, Liebe und Verehrung."* Schließlich werden wir gewahr, dass diese wohlwollende Kraft, nach der wir trachten, nicht von der uns innewohnenden Quelle getrennt ist. In vollständiger Hingabe verbinden wir uns wieder mit der Quelle aller Unterweisung.

Unsere Verehrung und Hingabe brauchen sich nicht auf Heilige, Engel oder östliche Lehrer zu beschränken. Wir neigen dazu, den Ausdruck des Göttlichen zu übersehen, der uns am Abendbrottisch gegenübersitzt. Wenn du in einer Partnerschaft lebst, ist dein Intimpartner, der genau neben dir liegt, wenn du morgens aufwachst, derjenige, der deine unbewussten Verhaltensmuster vielleicht am besten kennt. Wenn du es wagst, ihn oder sie einzuladen, dich an dein tiefstes Herz zu erinnern, könntest du deinen besten Guru finden. Ebenso kannst du eine Gruppe naher Freunde einladen, deine Lehrer zu sein, was wir in der Gruppe *Tempel des weiblichen Stroms* machen. Jeden Montag erkennen wir die tiefgründendsten Gaben voneinander an, bekräftigen ehrfurchtsvoll das Weibliche, das in einem schönen und ausgefallenen Reigen von Äußerungen dargeboten wird.

Gebet

Eine andere Seite der hingebungsvollen Äußerung, die viele unter uns peinlich berührt, ist die Gebetspraxis. Zu häufig ist Beten mit der Bitte um etwas gleichgesetzt worden. Wir richten Gebete an jemanden außerhalb von uns als Bitte, uns das zu geben, was wir brauchen oder wollen. Da allerdings immer mehr Menschen die Gottheit als ursprüngliches Erleben dessen erkunden, wer sie sind – nicht als etwas, was von ihnen oder der irdischen Dimension getrennt ist, sondern als die dem Leben innewohnende Essenz –, erleben viele das Gebet ganz und gar echt und unmittelbar, vielfach völlig anders als in der traditionellen Darbietungsform, wo Gebete sich an einen bärtigen Mann auf den Wolken richten.

Die Art des Betens, wie sie in Kirchen oder Synagogen gelehrt wird, fühlt sich für viele nicht mehr besonders natürlich an; und dennoch ist Beten eine Sprache, welche die eigentliche Tiefe des weiblichen Herzens auszudrücken vermag. Man muss nicht kniend oder mit gefalteten Händen beten. Einfach im Augenblick gegenwärtig zu sein, ist Gebet. Beten kann Tanzen oder Singen sein – oder auf einer Bergkuppe die Arme weit auszubreiten und aus tiefster Lunge zu schreien. Es kann sein, die Augen zu schließen, sich im Meer treiben zu lassen, dem Pulsschlag des Lebens zu lauschen. Beten kann schlicht ein Spaziergang sein, auf dem man nicht grübelt, sondern die Bäume, die Blätter und den Geruch der Erde in sich aufnimmt. Es kann gehen sein, auf der Erdoberfläche, als ob man sie mit den Füßen küsste. Beten kann einfach Zuhören sein. Es kann ein Ritual sein, etwa eine Kerze anzuzünden oder heilige Wörter und Tonfolgen zu chanten. Beten kann sein, der Weisheit der Ahnen zu gedenken und sich darin zu versenken, oder dreißig Minuten täglich aus vollem Herzen zu lachen.

Madeleine, die wir in Kapitel 4 getroffen haben, sagt Folgendes über das Beten: *„Es ist, durch alles mit dem Göttlichen in Kommunion sein. Es geschieht nicht nur mit Worten; alles ist ein Gebet. Es macht auch Spaß, mit dem Göttlichen zu sprechen, obschon es kein Gefühl der Trennung gibt. Ich spreche mit Gott und bin zugleich in Gott.* "

Beten ist eine Handlungsweise, die unsere Herzen öffnet; es ist ein Ausdrucksmittel, um dem Leben in seinen mannigfaltigen Ausprägungen Dankbarkeit und Hingabe zu bezeugen. Wir übergeben die Vermutung eines getrennten Selbst, wenn auch nur einen flüchtigen Augenblick lang, und im Nu gehen wir in der Gesamtheit der Existenz auf. Der Künstler betet, während er sich dem schöpferischen Prozess hingibt, die Mutter betet, während sie ihr an Darmgrippe erkranktes Kind bedingungslos nächtelang im Arm hält, und die Liebende betet, wenn sie ihrem Geliebten ihr zartestes und kostbarstes Geschenk übergibt.

Manche erfreuen sich an Symbolen oder Bildern als Gebetsutensilien. Indem wir unsere Verehrung und unsere Gebete vor Abbildungen des weiblichen Göttlichen äußern, erschließen wir uns den Eigenschaften, die sie uns widerspiegeln. Dadurch öffnet sich das Tor zu dem Schrein, wo die verschiedenen Gesichter des heiligen Weiblichen wohnen, und wir achten und kultivieren sie und lassen sie in unserem Leben gegenwärtig sein. Wenn wir beispielsweise zur Madonna beten, uns in bedingungsloser Liebe, Offenheit und Empfänglichkeit zu unterweisen und zu führen, ermöglicht der Akt des Betens an sich eine Verschmelzung zwischen dem Bild und uns. Tatsächlich verschmelzen dabei weniger zwei Dinge, es verdampft vielmehr die illusionäre Annahme, dass wir je getrennt waren.

Meine Einweihung in die Macht des Betens geschah anhand des Gayatri-Mantras (das ich ausführlich in Kapitel 9 bespreche). Für das Erwachen aller empfindungsfähigen Geschöpfe zu beten, nimmt einen ganz besonderen Platz in meinem Herzen ein. Mithilfe dieses altehrwürdigen Mantras entdeckte ich, dass die Liebe, die ich ein Leben lang außerhalb von mir gesucht hatte, genau in meinem innersten Herzen war. Ohne zu übertreiben, ist es das größte Geschenk, das ich mir überhaupt vorstellen kann. Dieses Gebet zu chanten, löst in mir immer wieder das Gefühl für das große Ich aus, was den belebenden Nektar des Mitgefühls aus meinem Herzen strömen lässt. Dieses Mantra ist das unerschütterliche Versprechen, dass niemand allein leiden muss oder vergessen wird.

Die Macht des Rituals

Täglich führen wir Hunderte von kleinen Beschäftigungen aus, die allerdings fast mechanisch ablaufen. Wenn wir *Absicht* in unsere Taten hineinlegen, lenken wir Gewahrsein auf sie, wodurch sich ein Gespür für deren immanente Bedeutung einstellt. Rituale sind Handlungen, die mit bewusster Absicht ausgeführt werden. Rituale erzeugen zeremonielle Nischen in unserem Leben, die uns ermöglichen, uns einer tieferen Kontemplation zu erschließen. Sie sind so machtvoll wie die Absicht, die man ihnen zuführt. Du könntest deinem Geliebten einfach sagen: Ja, ich will dich heiraten, und damit ist es getan. Wenn du indes das Hochzeitsritual mit einer tiefen Absicht erfüllst, wird es mit energetischer Kraft aufgeladen. In gleicher Weise kannst du täglich Rituale ausführen und sie mit einem Zweck versehen.

Viele unter uns mögen Rituale, die wir gleichbleibend wiederholen können. Die Wiederholung bereitet uns darauf vor, uns in einen gewissen Zustand zu begeben. Täglich unsere Meditation zur selben Zeit oder am selben Ort durchzuführen oder einen besonderen Schal oder Räucherstäbchen zu verwenden, kann uns dabei unterstützen, unvermittelt in den Meditationsmodus zu gleiten. Ebenso wie die regelmäßige Einnahme von Mahlzeiten den Körper schult, zu bestimmten Zeiten Hunger zu bekommen, entspannt und lockert sich der Körper allmählich, wenn die Meditationszeit anfängt.

Wenn ich, wie es häufig der Fall ist, auf Reisen bin, nehme ich stets Bilder, Schals und Räucherwerk mit, um – wo auch immer ich unterwegs bin – einen Altar damit zu gestalten. Dieses Ritual stimmt mich auf den Raum ein, in dem ich mit dem Heiligen in Kommunion sein kann. Es kann schon ein Ritual sein, wenn man eine Kerze anzündet oder ein Dankeschön sagt. Oder wenn man ein Fotoalbum mit den Fotografien eines geliebten Menschen anschaut. Es kann ein Bindungsritual mit der eigenen Familie sein, wenn man jeden Freitagnachmittag eine bestimmte Mahlzeit zubereitet, um das Wochenende einzuläuten.

Wenn wir allmählich die Wirkkraft von Ritualen erahnen, wird uns die Möglichkeit bewusst, jeden Raum und jede Handlung mit Absicht, Aufgeschlossenheit und Gewahrsein zu erfüllen und dadurch das ganze Leben zu ritualisieren. Wir können mit dem Geist des Rituals Geschirr abwaschen, indem wir die Absicht hinzufügen: Ich reinige, putze und schaffe Ordnung. Wir können beliebige, wiederholt ausgeführte Handgriffe, wie beispielsweise Zähne zu putzen oder sich morgens anzuziehen, mit Gewahrsein und Ehrerbietung beseelen. In einem Kloster in Frankreich, das der vietnamesische Mönch Thich Nhat Hanh gegründet hat, lässt jeder seine Arbeit liegen und versinkt in sich, sobald er den Klang der Tempelglocke hört.

Inspiriert durch diese Methode, hat ein anderes Thich-Nhat-Hanh-Kloster in den USA eine telefonisch ausgelöste Meditation in sein tägliches Übungsprogramm eingebaut. Jedes Mal, wenn dort das Telefon klingelt, beenden alle die Tätigkeit, die sie gerade ausüben, nehmen einige tiefe Atemzüge und verströmen Ruhe durch den ganzen Körper. Das Läuten des Telefons, das uns gewöhnlich abrupt aus dem Gleichgewicht wirft und uns roboterhaft zum Hörer hasten lässt, kann man kurzerhand mithilfe einer kraftvollen Absicht umwandeln. Inspiriert durch diese Anekdoten änderten wir in unserer Familie die Klingeltöne unserer Telefone auf Deva Premals *Om*-Lieder. Sie zu hören, wirkt so beruhigend, dass wir oftmals vergessen, den Telefonhörer abzuheben, um zu sprechen!

Solange wir uns erinnern können, haben Menschen Rituale abgehalten, sodass wir, wenn wir überlieferte Zeremonien abhalten, uns die beinahe genetischen Zeugungskräfte zunutze machen, die in unserer Kultur, unserer Religion oder unserer familiären Erbmasse enthalten sind. Wenn ich beispielsweise das Gayatri-Mantra singe, das von Millionen von Menschen seit Tausenden von Jahren gesungen worden ist, schwinge ich mich in einen Gebetsstrom ein und wachse über meine persönliche Geschichte hinaus. Es ist, als ob sich das Ritual selbst im Lauf der Zeit mit all den Absichten vollsauge, die ihm von so vielen Menschen zugeführt worden sind.

Viele unter uns verspüren außerdem das Bedürfnis, eigene Rituale nach Herzenslust zu entwerfen. Das gilt besonders für die westliche Kultur, wo sich so viele nicht mehr in jenen überlieferten judeo-christlichen Glaubensüberzeugungen heimisch fühlen, die unseren Fundus an Riten beherrschen. Deshalb mischen und vermengen wir allerhand spirituelle Traditionen und bedienen uns bei östlichen und westlichen Religionen, bei alten heidnischen Bräuchen und bei der modernen Popkultur. Aus dieser würzigen Mischung bilden wir neue Rituale, die unserem Ehegelübde Sinngehalt verleihen, das Namensgebungsfest unseres Kindes feiern oder den Jahreszeitenwechsel markieren können. Einige Künstler schaffen Ritualräume, worin sie Geistwesen um Unterstützung bitten, ehe sie mit einem Kunstwerk beginnen, und viele frisch geschiedene Frauen vollziehen ein Ritual, um die Bänder zu durchschneiden, die sie an ihren früheren Ehemann binden, damit sie sich frei bewegen können.

In den achtziger Jahren, als ich eine Heranwachsende war, trafen sich meine Freunde und ich in schmucklosen Fabrikhallen, wo wir tage- und nächtelang auf Raveparties tanzten, um unser Herz und unsere Seele auszudrücken. Wir vermischten Trancetanz, der ursprünglich aus schamanischen Traditionen entstammt, mit Popkultur. Das sahen wir als Ritual, um unser Bewusstsein zu erweitern und einander außerhalb der engen Wände des Denkens zu begegnen.

Wir müssen weder eine heidnische Priesterin noch ein Gelehrter der östlichen Sutras sein, um in unserem Leben kraftvolle Rituale gestalten zu können. Selbst wenn sich viele unter uns in den überlieferten Religionen nicht heimisch fühlen, können wir gleichwohl unseren Wunsch nach feierlichen Stationen in unserem Leben achten.

Die innere Stimme

Weshalb spricht man vom Beten, wenn wir mit Gott sprechen, und erklärt uns für schizophren, wenn hingegen Gott mit uns spricht?

LILY TOMLIN

Meinrad Craighead lebte vierzehn Jahre als Nonne in Standbrook Abbey in England, ehe sie die schwere Entscheidung traf, die Abtei zu verlassen. Mittlerweile lebt sie als bedeutende Künstlerin und weise Frau in New Mexico. In dem Buch *The Feminine Face of God [Das weibliche Gesicht Gottes]* von Sherry Ruth Anderson und Patricia Hopkins teilt sie mit, dass ihre Entscheidung, Nonne zu werden, einer starken inneren Stimme entsprang. Als sie zum ersten Mal die Abtei besuchte, war ihre anfängliche Reaktion, dass es dort „*entsetzlich, absolut entsetzlich*" sei. „*Aber du weißt*", fuhr sie fort, „*man macht erstaunliche Dinge, wenn einem von innen aufgetragen wird, sie zu tun. Der Umstand, dass ich die Stärke aufgebracht habe, das Notwendige zu tun, dass ich fähig gewesen bin, das zu tun, was schmerzlich oder hart gewesen war, erschien mir stets geheimnisvoll. Sogar ins Kloster einzutreten, wovon ich wusste, dass es sehr schwierig sein würde. Andererseits wusste ich auch, dass ich es tun musste.*"

Die Stimme, die uns sagt, dass wir etwas *bedenkenlos tun müssen*, ist die innere Stimme der Intuition. Wenn wir etwas *ganz einfach wissen*, ohne einen vernünftigen Grund dafür nennen zu können, liegt ebenfalls eine intuitive Eingebung vor. Viele Frauen sehen sie als die unmittelbarste Kommunikation mit dem Heiligen, als einzigartige Möglichkeit, das Leben jenseits der festgelegten Grenzen der vernunftmäßigen Welt wahrzunehmen.

Unsere Intuition einzusetzen, heißt, sich dem Fluss der Entfaltung zu überlassen, der unterhalb unserer Wünsche und Widerstände verläuft. Er fließt unterhalb von unseren wechselhaften Gefühlen. Zapft eine Frau diesen Fluss an, so hat sie ein Gefühl im Bauch und im Herzen und weiß, was zu tun ist. Einige Frauen haben gelernt, der inneren Führung mehr als anderen zu vertrauen, und die meisten von uns haben es als schmerzlich empfunden, ihr Bauchgefühl mithilfe von Logik und strategischem Denken zu unterdrücken. Mir sind Frauen begegnet, die den Großteil ihres Leben von dem Gespür für das Richtige geführt worden sind und gelernt haben, zu unterscheiden, ob Botschaften aus dem tiefgründenden Wissensstrom oder aus den Schichten der Persönlichkeit stammen.

Meine enge Freundin und Kollegin Helena Montelius *musste einfach* folgen, als eine innere Stimme sie nach dem Tod ihres Sohnes anwies, mit ihrem Mann und ihrer Tochter aus ihrem Geburtsland Schweden in die USA zurückzukehren. Ihre Mutter und ihre Schwester sind in Schweden. Sie war Teil einer erfolgreichen Frauengruppe und hatte eine starke Liebe für ihr Geburtsland und dessen Natur wiederentdeckt. Sie verspürte keinen Wunsch, es nochmals zu verlassen, aber das Ziehen war da und sie folgte ihm. Ich traf sie, als sie gerade umgezogen war, und es war faszinierend, ihr Vertrauen in etwas Tieferes als ihre eigenen Ängste und Anhaftungen zu spüren. Sie vermisste ihre Frauenfreundinnen sehr, und dennoch wusste sie einfach, dass sie ihren nächsten Schritt in Kalifornien zu gehen hatte. Ein Jahr danach sind sie und ihr Mann mittlerweile dabei, den Bau ihres ökologischen Traumhauses fertigzustellen, und ihr Buch über ihren Trauerprozess wird schon bald in englischer Sprache veröffentlicht.

Frauen wie Meinrad und Helena, welche die Kunst des Zuhörens gelernt haben, empfangen die unterschwelligen Botschaften der dem Leben innewohnenden Ordnung, und sie leben uns meisterlich vor, dieser Anleitung Folge zu leisten. Hier und in diesem Augenblick ist das Leben in ständiger Bewegung. Kannst du den Rhythmus dieses Augenblicks erfühlen? Kannst du fühlen, wie

natürlich es ist, in diesem Rhythmus zu schwingen? Kannst du fühlen, dass es tatsächlich einer enormen Anstrengung bedarf, ihm
entgegenzuwirken?

ÜBUNGEN

Das Intuitionsspiel

Diese Übung hilft dir, dich mit dem fundamentalen intuitiven
Fluss vertraut zu machen. Sie ist eine schöne Methode, Hinga-
be zu praktizieren, um zu sehen, wie das Leben sich entfaltet,
ohne dass du dich einmischt. Dafür benötigst du einen ganzen
Tag ohne Terminplanung. Wenn du Mühe hast, dir einen vollen
Tag freizunehmen, genügen auch ein paar Stunden.

Lass dir etwas Zeit, um dich auf deinen Körper einzustimmen. Schließe deine Augen, nimm einige wirklich tiefe Atemzüge, und achte lediglich auf deine innere Stimmung. Verpflichte
dich innerlich dazu, dem Körper zu erlauben, an diesem Tag
dein Führer und Anker zu sein. Bei jedem tiefen Ausatmen wie-
derholst du im Stillen den Satz „Ich überlasse mich, ich überlasse mich", oder du verweilst einfach achtsam in dieser Haltung.
Nun warte nur auf den Impuls, dich zu bewegen. Sobald er sich
einstellt, bewegst du dich und wartest sodann auf den nächsten. Anfangs mag es hilfreich sein, dich sehr sacht zu bewegen,
damit du wirklich auf diesen tieferen Handlungsstrom eingestimmt bleibst; wenn du jedoch vertrauter damit wirst, stellst
du fest, dass du dich so bewegen kannst, wie du normalerweise umhergehen würdest, und dich dennoch führen lassen
kannst.

Immer, wenn du zu sehr ins Grübeln verfällst, kannst du
deine Aufmerksamkeit schlicht wieder auf den Atem und den
Körper lenken. Letzten Endes tust du vielleicht nicht viel und

schläfst anfangs sogar ein. Vielleicht läufst du um einen See herum, streunst den ganzen Tag in der Stadt umher oder findest dich an unbekannten Plätzen ein und triffst dabei Leute, mit denen du normalerweise nicht reden würdest. Vielleicht bleibst du an inspirierenden Büchern hängen oder bemerkst schlagartig eine geschnitzte Skulptur, an der du in den letzten fünf Jahren täglich vorübergegangen bist, ohne sie je bemerkt zu haben. Vielleicht vermittelt dir diese Skulptur den Impuls, wohin du dich anschließend wenden sollst. Vielleicht rufst du Leute an, ohne zu wissen, weshalb, und bleibst trotz allem empfangsbereit für nachhaltige Verknüpfungen. Sei eine Abenteurerin ohne Landkarte und ohne Vorstellungen über dein Reiseziel. Setze dich nach Beendigung der Übung hin, und lasse das Geschehene eine Weile lang auf dich wirken und spüre, wie sich dein inneres Klima nun anfühlt.

Gebet als Tanz

Stelle eine CD oder eine Kassette zusammen mit einer dreißigminütigen Mischung aus lobpreisender Musik.

Beginne mit sanfter und sinnlicher Musik, die sich auf einige herbe Trommelstücke steigert, um wieder in sanften Melodien auszuklingen.

Einige meiner Lieblingsmusiker sind Oliver Shanti, Krishna Das, Sarah McNophel, Leonard Cohen, Tracy Chapman, Buddha Bar (oder andere orientalische Musikmischungen) sowie kd lang.

Lege die Musik ein und warte. Lass die Bewegungen einfach kommen, ohne sie zu erzwingen. Gib jedweden Gedanken auf, eine gute Tänzerin zu sein. Folge den spontanen Rhythmen. Wenn du bemerkst, dass du dich in eine gewisse Richtung drängst oder dich mechanisch bewegst, halte einfach inne. Warte und achte darauf, wie sich dein Körper bewegen möchte, und folge dem Impuls. Manchmal kommt überhaupt keine Bewegung zustande; manchmal schüttelt sich dein ganzer

Körper in Katharsis. Sei gegenwärtig in dem, was auch immer kommt.

Ende dein Gebet im Sitzen oder im Liegen. Visualisiere eine Weile lang, dass die Erde sich in deinem Herzen dreht, und gieße deine ganze Liebe auf sie aus.

Das Guruspiel

Mache diese Übung zusammen mit einer Freundin.

Beginnt mit geschlossenen Augen. Partnerin B ist die Schülerin, Partnerin A der Guru, der während der Übung so neutral und aufgeschlossen wie möglich ist. Du kannst dir bildlich vorstellen, so weit ausgedehnt und offen wie der Himmel zu sein, mit der Absicht, dich nicht in deinen persönlichen Vorlieben oder Abneigungen zu verheddern. Nach einigen Minuten öffnest du die Augen und stellst sachten Augenkontakt mit Partnerin B her. Sie beginnt damit, eine Frage zu stellen, wie etwa *„Ich habe wirklich ein Problem mit meinem ausgiebigen Fernsehkonsum. Was kann ich tun?"* Ungefähr fünf Minuten lang kann sie damit fortfahren, über ihre Schwierigkeiten zu erzählen.

Wenn Partnerin A an der Reihe ist zu antworten, wartet sie erst eine Weile und lässt die Antwort aus dem leeren Raum im Inneren aufsteigen, der sich jenseits ihrer Gedankenwelt befindet.

Vermeidet jede Art von Diskussion.

Finde den achtungsvollsten Weg, um deiner Partnerin zu danken, und tauscht anschließend die Rollen.

Komm dir näher

Lenke dein Gewahrsein in deinen Körper, der hier sitzt. Richte dein Augenmerk auf die Stimmung deines inneren Raums. Strecke deinen Körper und rücke ihn so zurecht, wie du es brauchst. Ermögliche ihm, sich so wohl wie möglich zu fühlen. Lasse deine Aufmerksamkeit im Herzen verweilen, während dein Atem sanft durch das Herz ein- und ausströmt. Genehmige dir etwas Zeit, um nach innen zu lauschen. Lasse nun dein Herz sprechen. Gewähre den Raum, so dass unwillkürlich ein Gebet aus deinem Herz aufsteigt. Du kannst es laut aussprechen oder leise in dir sprechen.

Kapitel 9

Großer Leib, große Liebe:
Mitgefühl als Lehrer

*Ein Mensch ist Teil des Ganzen, das wir „Universum"
nennen, begrenzt in Raum und Zeit. Er erlebt sich selbst,
sein Denken und Fühlen als abgetrennt gegenüber dem
Rest, eine Art von optischer Täuschung seines Bewusstseins. Diese Täuschung ist ein Gefängnis für uns, das uns
auf unsere persönlichen Bedürfnisse und die Zuneigung
zu einigen uns nahe stehenden Personen beschränkt. Es
muss unsere Aufgabe sein, uns aus diesem Gefängnis zu
befreien, indem wir den Kreis unseres Mitgefühls ausweiten, sodass es alle lebenden Geschöpfe und die gesamte
Natur in ihrer Schönheit umfasst.*

ALBERT EINSTEIN

Es ist Weihnachten, und unsere kleine Familie, mein Mann Arjuna,
meine beiden Stiefsöhne Shuba und Abhi und ich haben uns eingefunden, um miteinander Monopoly zu spielen und bergeweise
Plätzchen zu naschen. Ich hatte alte Rezepte von meiner allzu hilfs-
bereiten Mutter und Großmutter herausgesucht und die letzten
Wochen wie eine Verrückte Mandeln abgezogen, um dabei eine
verborgene Leidenschaft fürs Backen in mir festzustellen, von deren Existenz ich bislang keine Ahnung hatte. Kokosmakronen, Ing-
werplätzchen, Mandelplätzchen, von denen jeder Bissen mit Erinnerungen an die verschneiten norwegischen Weihnachtsfeste meiner Kindheit durchzogen war. An diesem Tag in Nordkalifornien
klopft der Regen an unsere Fenster, dass jeder Tropfen im Widerschein der Kerzen und Lichter am Weihnachtsbaum glitzert. Arjuna

und Shuba liefern sich eine heftige Diskussion über manche der Spielregeln, wobei sich ihre Augen allerdings gelegentlich begegnen, und sie in Lachen ausbrechen. Abhi, der Vorpubertierende, verdreht die Augen, während er sein neues Simpsons-Magazin liest und seine Hoffnung langsam schwindet, dass sie sich je einigen werden. Ich lehne mich zurück und nehme das Wohlbehagen des Augenblicks in mich auf. Mein Herz ist zutiefst mit Liebe erfüllt.

Als Shuba und ich den Tisch für ein vorzügliches Abendessen decken, wird uns die Nachricht überbracht. Arjuna hat sie auf einer Nachrichtenseite im Internet erfahren und steht nun mit blassem Gesicht im Esszimmer. Mit leiser Stimme sagt er uns, was passiert ist. Ein Erdbeben hat den Indischen Ozean erschüttert und eine todbringende Tsunamiwelle ausgelöst, die über alle Küstenstreifen und Inseln hinweggefegt ist. So wie die verheerenden Wellen heranrollen, mehren sich die Berichte, dass Tausende von Menschen getötet wurden und viele vermisst sind. In den kommenden Tagen und Wochen steigen die Zahlen auf mehr als dreihunderttausend. Dreihunderttausend Menschen, jeder von ihnen Teil im Leben eines anderen – eines Vaters oder einer Tochter, einer Mutter, eines Großvaters, die allesamt den schwersten vorstellbaren Schock und Kummer erleiden.

Es fällt uns anfangs schwer, es anzunehmen; und tatsächlich bezweifle ich, ob wir das je wirklich tun werden. Als wir jedoch Platz nehmen, um zu essen, und unsere Gebete nach Osten schicken, erreicht unsere Feier und Dankbarkeit für unser Zusammensein eine neue Tiefe. Wir schauen einander verwundert an. Angesichts dieser Tragödie erscheint es uns abwegig, einander als selbstverständlich zu nehmen.

Den großen Schmerz fühlen

Wir sind Zellen im Riesenleib von Gaia, dem lebendigen Planeten Erde. In einem gesunden Organismus kümmert sich das ganze System um jeden Teil. Ist ein Teil verletzt, so ist der gesamte Organismus davon betroffen. In dem Maß, wie wir anerkennen, mit allem verbunden zu sein, werden wir auch empfänglich für ein weitläufiges Meer an Gefühlen hinter unseren eigenen Gefühlen. Das bedeutet nicht, wie viele befürchten, dass wir deshalb überwältigt werden oder unter Schuldgefühlen zusammenbrechen müssen. Ganz im Gegenteil ist es möglicherweise das greifbarste Erleben von Liebe und Mitgefühl, das uns widerfahren kann.

Die meisten Menschen wehren sich nicht nur dagegen, sondern können den „großen Schmerz" des Riesenkörpers Erde auch nur sehr begrenzt tief erfühlen. Wir sind unwissend, wie man angesichts solch heftiger Gefühle einfach gegenwärtig zu bleiben vermag, weshalb wir tunlichst bemüht sind, sie zu meiden. Viele unter uns suchen im Reich der Vernunft und Schuldzuweisung Zuflucht, wenn wir oder andere unerträglichen Schmerz erfahren. Diese Strategie funktioniert am besten, wenn wir einer von Menschenhand ausgelösten Tragödie – wie Krieg oder terroristischen Angriffen, Vergewaltigung oder Mord – ausgesetzt sind. Geht es aber um eine Naturkatastrophe wie den Tsunami, kann man niemanden beschuldigen. Und so sehr wir auch versuchen mögen, logische Gründe ausfindig zu machen – es gibt keine. Die Mutter Natur hatte sich geschüttelt, und das tat weh. Es gibt keine Erklärung, nur rohen, kalten Schmerz.

Auf der Suche nach Wegen, die Emotionen zu vermeiden, versuchen wir, die Situationen verstandesmäßig in den Griff zu bekommen. Wir verwenden unsere Energie darauf, philosophische Fragen dazu zu stellen, wie wir damit fertig werden können. In den Tagen nach dem Tsunami-Unglück schwirrten viele verzweifelte Versuche, sich vor den Emotionen zu schützen, in der Luft: *Weshalb sollten wir Schmerz nachempfinden, wenn andere auf der gegenüberliegenden Seite des Globus leiden? Genügt es denn nicht, lediglich zu versuchen, einander zu lieben und Freude zu bereiten, so sehr, wie es uns nur möglich ist? Sollten wir es nicht vermeiden, uns in die Negativität hineinziehen zu lassen?* Ungeachtet dessen, wie schlagkräftig wir argumentierten, fanden wir dennoch keinen sicheren vernünftigen Grund, auf dem wir hätten verweilen können, und landeten wieder mitten in dem Paradoxon, das Unerträgliche zu tragen, wie es der Dalai Lama ausdrückt.

Wenn wir mit heftigen emotionalen Herausforderungen konfrontiert werden, ist unsere weibliche Praxis, im Körper gegenwärtig zu bleiben, gefordert. Unsere Fähigkeit, losgelöst in empfänglicher Gegenwärtigkeit zu verweilen, die alle Emotionen umfängt, wird geprüft. Gelingt es uns, diese empfängliche Gegenwärtigkeit zu bewahren, wenn wir dem Leben im ruhigen Zustand begegnen, so ist die Aufnahmebereitschaft, wenn es herausfordernder wird, eine natürliche Reaktion. Inmitten dieser Offenheit dehnt sich unser Ich-Empfinden aus und übersteigt sogar das kleine Ökosystem unseres Körper-Gemüts. Wir fühlen uns mit allen verbunden, nicht nur als Teil einer Großfamilie, sondern – weitreichender als das – als ein großer Leib. Nichts trennt uns; wie dem auch immer sei – sich zu lieben und andere zu lieben, ist dasselbe.

Die Nachrichten ansehen

Das Gesicht des schmächtigen, dunkelhaarigen Mädchens mit den winzigen Goldringen in den Ohren wird von einem unhörbaren Schrei zerrissen. In ihren geweiteten großen Augen ist schiere Panik zu lesen. Die Bildunterschrift sagt aus, dass sie nach ihrer Mutter ruft, die im dunklen Schlund des Meers verschwunden ist. Ein anderes Bild zeigt einen verzweifelten Vater, der mit seinem Kind auf den Armen gegen die Zeit läuft, während das Leben aus dem Körper des kleinen Jungen herausrinnt. Es hat den Anschein, als sei sein Sohn nur drei oder vier Jahre alt. Seine blonden Locken sprechen dafür, dass er ein Deutscher ist oder möglicherweise ein Skandinavier wie ich. Eine alte Frau steht inmitten von Kriegsruinen, die früher ihr Zuhause waren; alles wurde vernichtet und weggespült – mit all ihren Familienangehörigen. Ihre Augen sind wie zwei leere Brunnen, schwarz und ausdruckslos.

Ein Bild nach dem anderen stellt sich auf dem Bildschirm meines Computers ein; ich atme oberflächlich, und mein Mund ist trocken. Ist es überhaupt möglich, alle Informationen vollständig aufzunehmen, die mittels der modernen Kommunikationstechnologien auf uns einstürmen? Fördert diese Technologie unsere Fähigkeit, uns in andere einzufühlen? Statt mich strahlender und bewusster werden zu lassen, kommt es mir vor, als betäube sie mich. Die Welt wird zu einer abstrakten Realität, einer Cyber-Realität. Das Widersinnige ist, dass sich die Technik lediglich als ein weiterer Schritt erweist, uns voneinander abzukoppeln, sofern wir die vielen hilfreichen Werkzeuge, die uns zur Verfügung stehen, um uns miteinander zu verbinden, gedankenlos nutzen. Die Bilder und Geschichten überfallen uns, und wir übersehen, dass wir emotional oder körperlich nicht gerüstet sind, sie allesamt zu bewältigen.

Ich erfuhr von einer weisen Frau in Florida, die stundenlang die TV-Nachrichtensender anschaute und für jeden betete, den sie auf den Bildschirm sah. Das war ihre Meditation. Sie betete für die Politiker, die zum Krieg aufriefen, und sie betete für die Kriegsopfer. Als die Kinder Afrikas von AIDS heimgesucht wurden, betete sie fortwährend für sie. Sie zündete Kerzen an und machte eine Puja (ein verehrendes Gebetsritual) angesichts der Nachrichten.

Auch wenn diese Art der spirituellen Praxis nicht für alle geeignet ist, können wir den leidenden Menschen auf der Welt immerhin Würde zusprechen, wie es diese weise Frau tut. Hinterfragen wir unsere Absicht, wenn wir die Nachrichten im Fernsehen oder auf unserem Computerbildschirm ansehen, und seien wir uns der Anfechtungen bewusst, die von Bildern mit mäßigem Unterhaltungswert ausgehen. Nur wenn wir Nachrichten sehen, indem wir mit unserem Körper und Herzen verbunden und gegenwärtig sind, kommen dabei möglicherweise Empathie und Mitgefühl zum Vorschein. Meine Nachrichten erfahre ich über die Google-Nachrichtenseite im Internet, und ich habe es mir zur Meditationspraxis gemacht, nicht mehr davon anzuschauen, als ich bewältigen kann. Ich atme tief in meinen Körper hinein und überprüfe dabei, ob ich

noch gegenwärtig bin. Wenn ich feststelle, dass ich dazu überge-
gangen bin, so von einer Nachrichten-Geschichte zur nächsten zu
surfen, dass ich mich von der mir innewohnenden Quelle des Mitgefühls abkopple, halte ich inne und schließe meine Augen. Meistens benötige ich einige Minuten, um zu erkunden, ob ich noch
weitere Nachrichten auf bewusste Weise aufnehmen kann oder
besser aufhören sollte.

Meine Sache – deine Sache

Es ist natürlich, sich davor zu fürchten, sich in den Riesenkörper
und den großen Schmerz einzufühlen. Uns dem Herzen der Welt zu
schenken, bedeutet einzuwilligen, dass unser eigenes Herz immer
wieder gebrochen wird. Dieses Vorhaben klingt überwältigend.
Unversehens könnte die Vorstellung aufkommen: *„Ich habe mehr als
genug mit meinen eigenen Gefühlen zu tun. Alles, was ich tun kann, ist,
mich mit mir selbst zu befassen und meine Unzulänglichkeiten durchzuarbeiten, was mir als das Bestmögliche erscheint, die Welt zu heilen.
Wenn ich mich in das Ganze einfühle, werde ich untergehen."*

Selbstverständlich ist es eine feine Sache, sich seiner eigenen
Handlungen bewusster zu werden und liebevolle Beziehungen in
seiner Umgebung aufzubauen – was freilich nicht ausschließt, auch
das Ganze erfühlen zu können. „An sich selbst zu arbeiten", mag ein
Ausdruck großartigen Dienens sein, kann sich jedoch auch als narziss-
tische Falle herausstellen, von dem nicht endenden Prozess der Selbst-
verbesserung besessen zu sein. In dem Augenblick, in dem wir zu
einer größeren Rundumschau erwachen, erkennen wir, dass unsere
sogenannten „Angelegenheiten" lediglich die Wellen eines größeren
Meeres sind und nicht, wer wir wirklich sind. Unser ganzes Leben der
Verarbeitung der persönlichen Dinge zu widmen, hieße tatsächlich,
in einem recht kleinen Container zu hausen. Sich stattdessen tief in
die Menschheit und alle empfindenden Geschöpfe einzufühlen, vermag eine tiefere Erfüllung zu verschaffen als diejenige, die man verspürt, wenn man all sein „persönliches Zeug" durchpflügt.

Wenn wir für die große Liebe empfänglich sind, hat unser Leben eine ganz neue Zweckbestimmtheit; andererseits müssen wir auf die gewohnheitsmäßigen Verhaltensmuster unserer Persönlichkeit achten, die sich der Liebe in den Weg stellen, wenn wir uns verschließen. Anfangs ist es sicherlich ratsam, in der eigenen Umgebung liebevolle Beziehungen zu gestalten. Gingen wir alle so vor, lebten wir in einer besseren Welt. Was würde denn geschehen, wenn wir uns auf das Geschenk einließen, uns noch weiter als bisher zu öffnen, um arglos zu erkunden, was letzten Endes erdumspannendes Gewahrsein bedeutet? Vielleicht erlebten wir es ganz anders, als wir es uns vorstellen. Selbst wenn es die Fähigkeit verlangt, emotionales Leid zu erfahren, ohne sich dabei in Widerstände zu flüchten – was mich dann und wann tatsächlich zu überwältigen scheint –, habe ich in meiner eigenen Praxis festgestellt: Erdumspannendes Mitempfinden und Mitfühlen ist lediglich eine natürliche Folge, wenn man mit weit offenem Herzen in der heutigen Welt lebt.

Mutter Gottes

Die göttliche Mutter, die man in fast jeder Kultur antrifft, ist die Verkörperung des Mitgefühls in weiblicher Form. Der tibetische Buddhismus kennt Tara, die Mutter aller Buddhas. Aus dem antiken Rom wurde uns Mutter Gaia, die Erdgöttin, vererbt. Im Hinduismus tritt Maha Devi in vielen unterschiedlichen Verkörperungen auf. Die Navajo-Indianer kennen die Spinnenfrau, die ihre Lebensfäden einwebt. In China und Japan erhört die Göttin der Barmherzigkeit, Kuan Yin, die Schreie und Gebete der Welt. In Rumänien stellt die Zigeunergöttin Amari De die Gottheit aller Dinge dar, und in Kulturen unter christlichem Einfluss steht die Madonna für die große Nährmutter, die allen ihren Kindern nicht endendes Mitgefühl entgegenbringt.

Die Mutter ist nicht von ihren Kindern getrennt und kann es nie sein; sie bringt uns bei, alles zu umarmen. In schwierigen Zeiten ist sie ein Born des Trostes und Schutzes für Generationen von Menschen – in den verschiedenen spirituellen Traditionen – gewesen. Häufig wird jene Erhabenheit übersehen, in der sich weibliches Mitgefühl durch uns Frauen aus Fleisch und Blut ausgedrückt. Glücklicherweise sind wir heute mit Frauen gesegnet, die unter uns leben und uns hier das Kraftfeld der göttlichen Mutter widerspiegeln; sie erinnern uns daran, dass die göttliche Mutter eindeutig hier in unserem eigenen Herzen ist. Mutter Teresa, die 1997 gestorben ist, ist eine Symbolfigur für selbstloses Mitgefühl geworden, und Ammachi, eine ostindische weise Frau, schart, wo immer sie auf der Welt unterwegs ist, Tausende von Leuten um sich, die nur deshalb anreisen, um sich an ihren Umarmungen zu laben. Und weltweit waschen Mütter ohne Unterlass Wunden aus, füttern Hungernde und vergießen Tränen um die Verstorbenen.

Sofern die Rolle der Hausfrau und der Fürsorgerin häufig die einzige Möglichkeit war, die den Frauen zur Verfügung stand (was in vielen Kulturen immer noch der Fall ist), waren diese eingeschränkt und unterdrückt. Selbstredend wurde dieser Umstand als wichtiger Aspekt der Frauenbefreiungsbewegung thematisiert, die in den späten sechziger Jahren avancierte. Frauen warfen ihre Scheuerbesen und Schürzen fort und sehnten sich danach, eine bedeutendere Rolle in der Gesellschaft zu spielen. Ihre Botschaft war klar: *„Wir haben viel mehr als stillende Brüste und hausgemachte Kuchen zu geben."* Dies war eine der wichtigsten Revolutionen, welche die westliche Gesellschaft je erlebt hat. Im Rückblick wird offenkundig, dass wir mehr oder weniger das Kind mit dem Bade ausgeschüttet haben. Während des Prozesses, sich aus der Unterjochung zu befreien, durchtrennten die Frauen auch eine Menge weibliche Wurzeln. Wir dachten, der Gegenentwurf zum unterdrückten Weiblichen sei, so viel männliche Charakterzüge wie nur möglich zu übernehmen. Ebenso gut wie die Männer zu sein, erschien uns als eine Möglichkeit, sich innerhalb der patriarchalen Weltanschauung zu behaupten.

Heutzutage sehen wir die spirituelle Praxis des Weiblichen gedeihen, die uns eine weitere Alternative vorstellt. Inzwischen ist es offenkundig: Das Ungleichgewicht zwischen den Geschlechtern und die daraus folgende Diskriminierung werden nicht beseitigt, wenn Frauen sich wie Männer verhalten. Heilsam ist vielmehr, ein neues Seins-Modell zu begrüßen, in dem das Weibliche und das Männliche in uns allen gleichermaßen geachtet werden. Indem wir uns immer mehr auf das Männliche in uns einstimmen, wird es genauso wichtig, eine reife und eigenständige Weiblichkeit zu entwickeln und sie uns zu eigen zu machen. Stell dir eine Welt vor, in der wir Frauen sowohl unsere Sinnlichkeit als auch unsere Macht genießen, wo sich unsere nährenden Fähigkeiten nicht nur auf das Häusliche beschränken, sondern ebenfalls in den Führungsetagen und in der Politik geschätzt werden, und wo wir zugleich mit der Weisheit des Augenblicks als auch mit unserer Bestimmung verbunden sind. In der griechischen Mythologie verkörpert die Göttin Bellona die Vereinigung von zwei Aspekten des Weiblichen, zum einen den der nährenden Mutter und zum anderen den der temperamentvollen Kriegerin. Im visionären Leitspruch des zeitgenössischen Frauennetzwerks PEACE X PEACE heißt es:

Die Art der Frauen, wahrzunehmen, zu ordnen, zu kommunizieren, sich auszutauschen und die Elemente des Friedens zu kultivieren, bekundet eine Kraft, auf allen Daseinsebenen Frieden zu erzeugen, der ohne die gleichberechtigte Stellung der Frauen nicht erreicht werden kann. Dessen ungeachtet wird die Arbeit von Frauen herabgesetzt und sie werden – angefangen bei den ärmsten bis hin zu den hoch industrialisierten Nationen – weiterhin vom Friedensprozess ausgeschlossen, weshalb Friedensverhandlungen und deren Durchsetzung immer noch den unausgeglichenen und gewöhnlich wirkungslosen Erörterungen unter Männern überlassen bleiben. Nachhaltiger Frieden erfordert, dass Frauen ihre ebenbürtige Kraft vollständig nutzen.[1]

Jenseits der Getrenntheit – Spirituelles Handeln

Aus meiner Sicht dreht sich der Feminismus um Schwes-
ternschaft. Ich glaube, ich bin nicht frei, solange es
eine Frau auf der Welt gibt, die nicht frei ist. Ich bin
eine Kriegerin gewesen, und ich möchte, dass meine
Enkelinnen Kriegerinnen und Mütter sind. Ich empfehle
euch, nehmt den nährenden Anteil, den liebenden
Anteil, den sinnlichen Anteil wahr, seid dynamisch,
doch seid auch Kriegerinnen.[2]

ISABEL ALLENDE

Einmal habe ich folgende Geschichte über den Philosophen Descartes gehört: Ein Mann kam zu ihm und meinte: *„Das Leben ist schwer."* Descartes erwiderte ihm: *„Verglichen womit?"*

Dieser Augenblick ist vollkommen, einfach deshalb, weil er ist, was er ist. Alle Vergleiche oder Bewertungen darüber laufen lediglich im Verstand ab. Dennoch verspüren immer mehr Leute den dringenden Impuls, eine bessere Welt zu gestalten. Der spirituelle Aktivist entscheidet sich dafür, mit diesem Paradox zu leben.

Auch wenn wir allmählich dazu übergehen, uns gründlich der Welt anzunehmen und uns danach sehnen, anderen nach bestem Vermögen zu dienen, ist es entscheidend – vielleicht besonders dann –, weiterhin unsere Angewohnheiten, nicht nur des Vergleichens, sondern auch des Abspaltens, im Auge zu behalten. Solange wir die trennende Denkweise ausleben und die Welt in *uns da* und *die dort* aufteilen, sind wir ein Teil des Problems. Sofern die Leute, die *die dort* sind, *der Feind* oder *der blöde Präsident* oder *die Faschisten* sind, ist diese Abspaltung leichter wahrzunehmen. Wenn jedoch die Leute, die wir *die dort* nennen, *die Opfer* und *die Armen* sind, bewirken wir desgleichen Abspaltung. Sozialer Aktivismus wird zu spirituellem Handeln, sobald man die allem innewohnende Einheit erkennt. Wie sonst könnte die Welt nachhaltig und dauerhaft genesen – wenn wir unsere verstandesmäßige Gewohnheit, bruchstückhaft zu denken, nicht überwinden und uns jener Lebensmatrix zuwenden, die uns miteinander verbindet?

Ein leuchtendes Beispiel für dieses spirituelle Handeln wurde bei einer Vortragsveranstaltung gegeben, welche die Vertreter des ortsansässigen Hunger-Projekt-Büros in meiner Heimatstadt gaben. Diese Organisation investiert Millionen von Dollar in Projekte auf der ganzen Welt, die sich darauf konzentrieren, Frauen zu ermächtigen. Eine der Rednerinnen war ein elf Jahre altes Mädchen. Sie bezog sich auf den Begriff *Investition*. *„Wir leisten keine Wohlfahrtsarbeit"*, sagte sie. *„Wir investieren in eine Zukunft, die für uns alle rund läuft, denn es ist hochgradig offenkundig, dass wir mit dem Ungleichgewicht, das heutzutage an der Tagesordnung ist, keine Zukunft erleben werden. Die einzig denkbare Zukunft ist eine Zukunft, in der alle, Frauen, Männer und Kinder, eine Chance haben, ihre Gaben zu teilen."*

Einem Menschen wie dieser Botschafterin des wahren Mitgefühls zu begegnen, erinnert uns so unverkennbar daran, dass Mitgefühl kein Gefühlszustand ist, den wir „erlangen" müssen, oder eine moralische Entscheidung, die wir treffen müssen. Mitgefühl steigt auf, wenn man die Dinge sieht, wie sie wirklich sind. Es übersteigt die moralischen Ansichten von gut und böse, richtig und falsch, heilig und unheilig, deinem Gott und meinem Gott. Es ist schlicht die natürliche Bewegung der Liebe, die du und ich und alle Dinge sind.

Der Prinz der Mönche

„In der Welt, doch nicht von der Welt zu sein", ist eine Redewendung, die in vielen spirituellen Traditionen als Born tiefer Einkehr dient. Jesus spricht in der Bibel davon, doch auch im Sufismus und Buddhismus sind entsprechende Weisheiten zu finden.

Zu diesem Spruch habe ich viele Deutungen gefunden. Die verbreiteteste ist, eine losgelöste Lebensweise in der Welt anzustreben, sich von den eintretenden Geschehnissen nicht beeinflussen zu lassen. Ich muss gestehen, dass das Weibliche in mir oftmals heftig brüllend protestieren möchte angesichts dieser Deutung und ähnlichen, die erklären, Unnahbarkeit sei eine fortgeschrittene spirituelle Haltung. Was ist verkehrt daran, Ereignisse auf sich wirken zu lassen? Ist es nicht gesund, betroffen zu sein, wenn Rechtswidrigkeiten begangen werden? Ist es unnatürlich, vor Schmerz zu schreien, wenn Kinder im Krieg getötet werden? Ich bin ganz sicher davon bestürzt, und danke Gott dafür!

Eines Tages freilich, als ich ein Fernsehinterview mit Seiner Heiligkeit, dem Dalai Lama, anschaute, dämmerte es mir, dass diese Redensart noch eine weitere Dimension in sich birgt. Dieser Führer gibt nicht abgehoben Zeugnis von dem, was geschieht, sondern erinnert uns ständig an den größeren Kontext, in dem die Ereignisse im Leben geschehen. In einer kurzen Unterhaltung mit einem schwedischen Reporter verkörperte er ein solch leuchtendes Beispiel dafür, wie wir angesichts von Weltdramen unsere Rolle ausagieren können, während wir zugleich tief in der Wahrheit der Ewigkeit und der Liebe verwurzelt bleiben. Der Reporter schaute auf seine Notizen, während seine geröteten Wangen zeigten, dass es ein bewegender Augenblick in seiner beruflichen Laufbahn war, die Gelegenheit zu haben, diesem weisen Mann von Angesicht zu Angesicht zu begegnen. Nachdem sie ausgiebig die Invasion der USA im Irak diskutiert hatten, war die obligatorische Frage nach der Befreiung Tibets dran.

„*Sieht Ihre Heiligkeit demzufolge irgendwelche Fortschritte in den Bemühungen für ein unabhängiges Tibet?*"

Der Dalai Lama schaute ihn beinahe überrascht an, während er seine Augenbrauen wie die ausgebreiteten Flügel eines Vogels im Flug hob. Dieser wohlbekannte Gesichtsausdruck lässt ihn aussehen wie ein großes Kind, das allerdings überragende Weisheit und innere Stärke in sich trägt.

Er sagte: „*Wir engagieren uns nicht mehr für die Unabhängigkeit Tibets.*"

Ich erinnerte mich so lebhaft an meinen Aufenthalt in Dharmshala in Nordindien, das der tibetische Stammsitz ist, seit der Dalai Lama 1959 aus der chinesischen Besatzung fliehen musste. Ich war einundzwanzig und hatte zum ersten Mal in meinem Leben einen Eindruck von dem betörenden Geheimnis des Buddhismus erhalten, der im tibetischen Volk so lebendig ist, dessen liebenswürdige Freundlichkeit seine gehaltvolle Spiritualität wiedergibt. Und ich erinnerte mich daran, wie mich meine neu gewonnenen Freunde verabschiedeten, als ich die Gebirgslandschaft verlassen musste, die vom Geruch der Räucherstäbchen und vom Klang der Gebetsglocken durchdrungen ist: „Namasté (Ich sehe den Buddha in dir), wir sehen dich bald in Tibet. Nächstes Mal in Tibet! Sichere Heimreise. Wir werden einander wieder begegnen – in Tibet!"

Als ich in den Westen heimkehrte, hatte ich entdeckt, dass auch hier eine wachsende Bewegung das Anliegen eines befreiten Tibet unterstützte. Und zehn Jahre später sollte der tibetische Führer sagen, dass es nun ein anders Ziel gäbe!

Der Dalai Lama fuhr fort zu erklären, dass er als Buddhist stets nach der besten Lösung im größeren Zusammenhang Ausschau hielte und dass das Mitgefühl seine Leitfackel sei, nicht die Maxime des Stolzes. Im Lauf der Jahrzehnte, fuhr er fort, siedelten mehrere Generationen von Chinesen in Tibet und bezeichneten es als ihre Heimat, weshalb sich die tibetische Exilregierung mittlerweile dafür einsetzt, einen Dialog mit der chinesischen Regierung zu führen, um einen Weg zu finden, in einem Land zu koexistieren, in dem Chinesen und Tibeter gleiche Rechte hätten. „Wir müssen stets Mitgefühl walten lassen im Sinn des höchsten Wohls aller", sagte er.

Arrogant fragte ich nun, ob er wirklich befugt sei, sich mit Politik zu befassen. Seine Brillanz als spiritueller Führer taugte vielleicht nicht für die „reale Welt". Es klang zu einfach. Obwohl ich sehen konnte, dass seine Vorgehensweise die friedlichste war, spürte ich, dass sie demütigend für die Tibeter war. Der Unterricht hatte allerdings gerade erst begonnen. Direkt nach der Übertragung zeigte eine Nachrichtensendung Straßenszenen aus dem von den USA besetzten Irak. Hunderte von wütenden Männern schwangen ihre Fäuste in der Luft und schrieen: *„Tod den Vereinigten Staaten von Amerika!"*

Aus meiner Sicht haben die Iraker alles Recht der Welt, aufgebracht zu sein, doch der Kontrast erschütterte mich. Es fühlte sich an, als ob ich in jenem Augenblick einen Einblick in die menschliche Seele als solche erhalten hätte, und ich erkannte: *„Es gibt schlimmere Bedrohungen in den Klippen der Nordhöhen als die Orks"*, wie es Gandalf in *Der Herr der Ringe* ausdrückte. Die Worte des Dalai Lama hallten in meinem Kopf wider und bohrten große Löcher in meinen mitleidigen Schild der Unwissenheit. Ich sah, dass seine einfache Botschaft nachhaltig heilsam war und dass das, was er mit Seele und Tatkraft vor Augen führt, die Lösung unserer Konflikte ist. Sein schlichtes Eintreten für das Mitgefühl ist so radikal; es erschüttert das gesamte Gefängnis von Grundsätzen, von Stolz und von richtig und falsch. Mir wurde bewusst, dass ich just in jenem Augenblick seine Botschaft in mir aufnehmen und in ein gänzlich anderes Reich eintreten konnte, in das Herzensreich. Wann die Welt für solch eine grundlegende Veränderung bereit sein wird, weiß man heute nicht; doch in flüchtigen Einblicken kann man etappenweise die Tiefe begreifen, aus der er spricht, und sich inspirieren lassen von seiner unerschütterlichen Verpflichtung zu lieben.

Das immerwährende Gebetsnetz

Am Fuß der Vorberge des Himalaya-Gebirges, östlich von Dharmshala, wurde ich in der mythischen Stadt Lakshman Jula in die Linie der Sacha initiiert. Meine Lehrerin ShantiMayi ist eine US-Amerikanerin, die dank der unerklärlichen Wege des Lebens die Ehre hatte, eine der spirituellen Führerinnen des Sacha Dam, eines hinduistisch orientierten Ashrams (spirituelle Gemeinschaft), zu sein. Sie ist die erste Frau, noch dazu eine Westlerin, die in der Linie der altehrwürdigen Sacha-Meister einen Sitz übertragen bekommen hat. Sie lehrt von der Liebe, der glühenden, mitfühlenden Liebe für alle empfindungsfähigen Geschöpfe. Im Sacha-Dam-Ashram vergeht keine Sekunde, ohne dass dort jemand für die Welt betet. Tag und Nacht wenden sich viele ausdauernd starke Herzen der Welt zu. Gebete der Heilung und Freiheit für alle empfindenden Wesen werden vom Wind hinunter ins Gangestal getragen. Hunderte von Leuten aus dem Westen werden von ShantiMayi eingeweiht, täglich das Gayatri-Mantra in ihrem Heimatland zu singen.

Und sie sangen nicht allein. Dieses Sanskrit-Mantra, welches das älteste bekannte Gebet ist, wird täglich von Millionen von Menschen aus unterschiedlichen spirituellen Traditionen und verschiedenen Ländern gesungen, wodurch ein ununterbrochenes summendes Gebet entsteht, das nie endet. (Ein Mantra, so sagt man, ist ein Gebet, dessen Wortfolge besonders machtvoll ist.)

Weiter oben im Himalaya-Gebirge drehen sich die tibetischen Gebetsmühlen Tag und Nacht und das heilige buddhistische Gebet „Om mani padme hum" verteilt sich in alle Richtungen. (Obschon es vielerlei Möglichkeiten gibt, dieses Mantra zu übersetzen, ist die einfachste Übersetzung: „Gegrüßt seist du, Juwel im Lotus".) In südöstlicher Richtung reihen sich die Stämme der Ureinwohner Australiens ein, und weiter um den Globus schließen sich die Ureinwohnervölker Süd- und Nordamerikas mit ihren Liedern und Tänzen für den Frieden mit an, die sich mit dem traumähnlichen Drehtanz der Sufis im Nahen Osten, den Gebeten an der Westmauer Jerusalems und den christlichen Mystikern in Europa verbinden. Jede Tradition hat ihre Friedensgebete. Seit Tausenden von Jahren haben all diese Seufzer, Lieder und Gebete der Heilung einen fortdauernden Chor der Hoffnung und des Schutzes geschaffen, der unsere Welt umgibt. In der buddhistischen Tradition werden jene Wesen *Bodhisattvas* genannt; sie haben die Aufgabe übernommen, die tiefen Geheimnisse der Seele vor dem Zugriff der Welt zu hüten und heranzubilden, bis das Leid aller empfindungsfähigen Geschöpfe bereinigt ist.

Wie auch immer du deine Gaben weitergibst und zur Heilung und zu größerer Liebe beiträgst – sei dir bewusst, du bist nie allein.

Du handelst im Geist der Bodhisattvas. Wann immer du dich vom Leid der Welt bezwungen fühlst, wann immer du dich überwältigt und hoffnungslos fühlst, vergegenwärtige dir die Bodhisattvas. Wir sind alle in ihren Gebeten bedacht. Wenn du zeitweilig das Gefühl hast, dass es schwierig ist, den Erfolg all deiner Friedensbemühungen zu sehen, so bedenke, dass wir heute die Früchte des Schaffens vieler mutiger Menschen genießen, die es Jahre zuvor wagten, Liebe statt Angst zu wählen. In gleicher Weise wird sich jemand einige Straßen weiter an den Früchten deiner Entscheidung erfreuen, heute mit Intention und hingebungsvollem Einsatz zu leben.

ÜBUNGEN

Mitgefühl entwickeln

Auch wenn Mitgefühl kein Gefühlszustand ist, sondern die natürliche Folge, die Gegebenheiten so zu sehen, wie sie wirklich sind, kannst du diese weiter veredeln.

Du kannst dir beispielsweise täglich ein wenig Zeit gönnen, um die Welt und alle Geschöpfe einschließlich deiner selbst mit deinem Gewahrsein zu umschließen. Fühle dich wie Mutter Maria oder die Göttliche Mutter und liebe die Welt von ganzem Herzen, indem du dein Herz ausgießt. Sei bereit, alles zu fühlen, den Schmerz und die Angst, ebenso auch die Ekstase und die Freude. Sprich ein Gebet für die Erde mit den Worten, die dir am leichtesten in den Sinn kommen.

Die Herzensmeditation

Mein Mann Arjuna hat eine Spezialausgabe der Herzensmeditation, die ursprünglich von dem buddhistischen Meister Atisha verfasst wurde, in folgende Worte gefasst:

Lasse deinen Atem sich sanft aus der Mitte deines Brustkorbs hinein- und herausbewegen und dabei den Sitz deines
Brustkorbs, die Mitte deines Herzens, beleben. Du kannst dir
vorstellen, dass es in der Mitte deiner Brust eine kleine Flamme
gibt, die mit jedem Atemzug größer wird, als ob der Atem die
Flamme anfachte. Während die Flamme immer heller, größer
und heißer wird, stelle dir vor, dass sich dein Brustkorb mit warmer, heller Energie füllt, und dass es inmitten deines Brustkorbs
ein offenes Fenster gibt, ein offenes Fenster, das in den aufge-
spannten Himmel des Herzens weist, ein offenes Fenster, das
ins Bewusstsein reicht.

Während der Atem durch das offene Fenster deines Herzens einströmt, kannst du einatmen, was immer in diesem Augenblick auftaucht, und erlauben, dass es sich in der Quelle von
Allem auflöst. Wenn du Gedanken bemerkst, gib ihnen Gelegenheit, auf dem einströmenden Atem zu reiten, um vom offenen Fenster des Herzens aufgesogen zu werden und sich im
ausgedehnten Himmel des Bewusstseins aufzulösen, so wie
Wassertropfen im Meer vergehen.

Dem Zustand von Gegenwärtigkeit und Liebe kannst du
ermöglichen, mit dem Ausatmen auszuströmen und damit deine Umwelt zu segnen. Mit Gefühlen und Körperempfindungen
kannst du ebenso verfahren. Erlaube, dass sie beim Einatmen
einströmen und durch das offene Fenster des Herzens wieder
aufgenommen werden und sich in der Quelle des Alls auflösen.
Lasse beim Ausatmen Heilenergie ausströmen, welche die ganze Welt segnet.

Sobald dir die Übung im Umgang mit deinen inneren Empfindungen leichter und natürlicher gelingt, kannst du dein Gewahrsein auf die Gefühle, Gedanken und Körperempfindungen
anderer Menschen ausdehnen, sie allesamt durch das offene
Fenster deines Herzens aufnehmen und ermöglichen, dass
beim Ausatmen Segen ausströmt. Dehne dich weiter aus, atme
alles Leid, allen Schmerz und alle Missverständnisse ein, indem

du sie schlicht in die Alchemie des Herzens einatmest und den Raum gewährst, dass all das umgewandelt wird und Segen ausgeatmet wird.

Du kannst dir überdies vorstellen, dass sich dein Gewahrsein auf die ganze Erde ausdehnt. Beginne mit deiner Stadt, deinem Land und deinem Kontinent und dehne dich so weit aus, bis du die ganze Erde und alle Wesen zu allen Zeiten mit ihren Hoffnungen und Träumen, Freuden und Sorgen, Ängsten und Ärgernissen fühlen kannst, und atme all das einfach ein, um anschließend Segen auszuatmen.

Diese wunderbare Meditation kannst du morgens oder abends ausführen, sie ist allerdings auch eine Methode, jedem Augenblick zu begegnen. Wenn es dir gelingt, dein Herz auf diese Weise empfangsbereit zu halten, wirst du die Fähigkeit entwickeln, jedem Augenblick widerstandslos zu begegnen. So lernst du, der Macht der Alchemie, der Kraft des Herzens, zu vertrauen.

Das Gayatri-Mantra

Man erzählt sich, dass Brahma (der Gott des Hinduismus) das aus vierundzwanzig Buchstaben bestehende Gayatri-Mantra ersonnen habe, ehe er die Welt erschuf. Somit hat jeder Buchstabe dieses Mantras eine großartige potenzielle Kraft, die, so wird behauptet, im aktivierten Zustand heilend wirkt, sowohl für den, der das Mantra singt, als auch für die Welt.

Wenn dir das Mantra nicht bekannt ist, erleichtert es den Ablauf sehr, wenn es dir gelingt, eine Tonaufnahme davon anzuhören. Viele Musiker haben das Mantra vertont. Zwei der Versionen, die ich liebe, wurden von Deva Premal (Deutschland) und Premo (Dänemark) produziert.

Traditionsgemäß singt man das Mantra neun Mal, doch eine beliebige Anzahl von Wiederholungen ist ebenso möglich: *„Om Bhur Bhuvah Svah Tat Savitur Varenyam Bhargo Devasya Dhimahi Dhiyo Yonah Prachodayat."* Die Übersetzung dieses

Satzes aus dem Sanskrit lautet so: *„Immer und überall und in allen Reichen des Erlebens ist diese essenzielle in der Natur leuchtende Existenz das ehrwürdige EINE [das Göttliche]. Mögen alle Geschöpfe der herrlichen Strahlkraft des erleuchteten Gewahrseins durch den feinstofflichen und meditativen Verstand innewerden."*

Komm dir näher

Nimm einen tiefen Atemzug und stimme dich auf den Augenblick und deinen hier sitzenden Körper ein. Möglicherweise hörst du einige Geräusche um dich herum oder stellst fest, dass Gedanken kommen und gehen. Nimm die Gelegenheit wahr, dich einfach eine Weile lang hier auszuruhen. Stelle dir nun vor, dass im Inneren deines Brustkorbs ein winziges Licht vorhanden ist, so wie ein weit entfernter Stern am Abendhimmel. Lasse den Atem deinen Brustkorb durchströmen und dabei das Licht vermehren und es stärker und heller machen. Gewähre dem Licht, deinen ganzen Brustkorb zu erfüllen. Stelle dir sodann vor, wie sich inmitten dieses Lichts im Innern deines Brustkorbs die Erde dreht. Lasse die Erde und alle Geschöpfe auf ihr von dem heilenden Licht deines Herzens durchdrungen werden.

Nachwort

Unendliche Erleuchtung

Das Leben verringert oder erweitert sich im Verhältnis zum eigenen Mut.

ANAÏS NIN

Was für ein wilder Ritt ist dieses menschliche Leben. Jeder Augenblick bietet die Gelegenheit, vollständig in unserem Sosein zu erscheinen, eine Gelegenheit, zu gestalten und gestaltet zu werden. Wir haben stets die Wahl, dem Augenblick den Rücken zuzukehren oder unser verletzliches offenes Herz und unser Inneres dem Augenblick zuzuwenden. Wieviel Mut kostet es, der tiefsten Weisheit unseres Herzens zu erlauben, diese Wahl für uns zu treffen.

Das göttliche Weibliche geht radikal vor in seinem Gebaren, uns in das Reich zu geleiten, das weit über die festgelegten Grenzen des Denkens hinausreicht. Obwohl der Verstand es liebt, Schlussfolgerungen zu ziehen und Ziele zu erreichen, erscheint es mir zumindest, als habe dieses Leben jenseits der Bedeutsamkeit, die der Entfaltung, dem Entwicklungsprozess, dem Spiel des Lebens an sich innewohnt, keinerlei Bedeutung. Während der Verstand einen ultimativen Erleuchtungszustand zu erreichen wünscht, sind unsere wilden Herzen restlos an einem nicht endenden *Erleuchtungsprozess* beteiligt.

Im Reich des göttlich Weiblichen werden wir von anderen Regeln als denen der linearen Logik unseres Verstandes geführt. Wer im Herbst die beispiellose Farbenpracht des Hartriegelbaums bestaunt, dem fällt auf, dass der Baum nicht durchgehend gerötet ist, denn die Hälfte seiner Blätter färbt sich rot, während die andere Hälfte hellgrün bleibt. Es ist ein Rätsel. Wird der Verstand damit konfrontiert, bleibt ihm nichts, woran er sich halten kann. Sehnen wir uns nicht genau nach diesen echten Augenblicken, wo wir Ruhe vor dem geschwätzigen Verstand haben, wo wir einfach sind, wo wir mit einer Strömung verbunden sind, die größer, wilder und weiser ist als wir?

John Nash, der an Schizophrenie erkrankte Mathematiker, dem wir am Anfang des Buches begegnet sind, drückt es am Ende des Kinofilms *A Beautiful Mind – Genie und Wahnsinn* bei der Entgegennahme seines Nobelpreises mit folgenden Worten aus: *„Ich habe immer an Zahlen geglaubt. An die Gleichungen, die Gesetze der Logik, die zur Vernunft führen. Aber nach lebenslangen Bestrebungen dieser Art frage ich: Was ist die Logik in Wahrheit? Wer entscheidet, was Vernunft ist? Meine Sinnsuche führte mich durch das Körperliche, das Metaphysische, das Wahnhafte und wieder zurück. Und ich habe die wichtigste Entdeckung meiner beruflichen Laufbahn gemacht. Die wichtigste Entdeckung meines Lebens: Nur in den rätselhaften Gleichungen der Liebe kann man irgendwelche logischen Gründe finden."*

Aufgrund der multidimensionalen Natur der weiblichen Lebenspraxis vermag das vorliegende Buch nur einen winzigen Vorgeschmack, einen kleinen Ausschnitt des unendlichen Hologramms, das zu erforschen ist, zu geben. Ich hoffe, dass dieses kleine Bruchstück als Portal in die weitläufige Welt der weiblichen Lebensweise dienen konnte, und dass du als Forscherin und Abenteurerin in deinem künftigen menschlichen Leben damit fortfährst, neue praktische Wege und neue Lehrer zu entdecken. Vielleicht ist es angemessener zu sagen, dass wir weiterhin die gleichen Lehrer treffen werden, nur mit verschiedenen Gesichtern. Wahre Lehrer in jeder Erscheinungsform leiten uns an einen Ort, der sowohl unseren Verstand mit einschließt als auch ihn überschreitet, wo wir uns bewegt und lebendig fühlen, wo wir das Gefühl haben, *„Ja, danach habe ich mich gesehnt!"* Unsere Lehrer erinnern uns daran, dass ein erfülltes Leben zu führen weniger mit äußeren Umständen zu tun hat als damit, uns auf die ungeschminkte Wahrheit dessen auszurichten, wer wir sind.

Die meisten Menschen sind vertraut damit, ihr tiefstes Selbst verraten zu haben – und das ist schmerzlich –, doch selbst diese Qual ist bereit, als unser größter Lehrer aufzutreten, wenn wir uns nur darauf einlassen. Dieser göttliche Kummer ist der unnachgiebige Ruf unserer Sehnsucht, und wenn wir im Schmerz, einfach so, wie er ist, gegenwärtig bleiben, wird er uns wieder auf die tiefste Wahrheit unseres Seins einpegeln.

In dieser Ausrichtung zu leben, erfordert ein anhaltendes Engagement; es erfordert die umwandelnde Kraft der Inbrunst. Dich dem zu verpflichten, was wichtig ist, führt dich sowohl durch inspirierte Phasen als auch durch Zeiten, in denen du dich entkräftet fühlst. Wenn du einst auf deinem Totenbett liegen wirst, wirst du sagen können: „Ach! Ich lebte ein volles Leben." Auch wenn du abgelenkt wurdest und hunderttausend Mal gescheitert bist, bezogst du Stellung für ein Leben, das mit deiner innersten Sehnsucht übereinstimmte.

Früher dachte ich, dass Sich-Verpflichten mit Begrenzung gleichzusetzen sei. Wenn ich mich auf einen Mann einließe, schränkte dies meine Chancen ein, mit anderen Männern Liebe auszutauschen. Wenn ich mich für ein Projekt einsetzte, bedeutete es, dass ich nicht mehr verfügbar wäre, falls sich bessere Chancen böten. Nachdem ich allerdings im süßen Feuer der Verpflichtung gelodert habe, weiß ich mittlerweile, dass es einem den Zugang zu unendlichen Möglichkeiten erschließt. Wer sich nicht für sein wichtigstes Herzensanliegen engagiert und stattdessen am Zaun herumlungert, lebt beschränkt; er verweilt im traurigen Land des Wartens darauf, sich als derjenige zu zeigen, der er ist. Entweder wir verpflichten uns unserer tiefsten Sehnsucht mit unserem ganzen Sein, oder wir vergeuden unsere Zeit in oberflächlicher Ablenkung.

Indem wir für das eintreten, was uns wichtig ist, lassen wir uns von fundierteren und vertrauenswürdigeren Wegweisern führen als von unseren flüchtigen Wünschen, wechselhaften Gefühlen und banalen Ängsten. Verpflichtung ist Freiheit im umfassendsten Sinn.

Es ist die Freiheit, sich vollständig und ohne zu zögern auf das Leben einzulassen und mitzuwirken an einer bewussteren, wacheren und hoffentlich liebevolleren Welt. Jeder von uns ist unablässig Mitschöpfer; in jedem Augenblick erschaffen wir und werden wir erschaffen. Welche Welt erschaffst du?

Ich beziehe Stellung für eine Welt, in der das Weibliche und das Männliche gleichermaßen respektiert und geschätzt werden. Es ist möglich, dass wir während unseres Lebens keine vollkommene Ausgewogenheit erlangen – und dass es gar keine vollkommene Ausgewogenheit gibt, so wie der vollkommene Erleuchtungszustand nicht wirklich existiert. Der Ausgleich geschieht allerdings jetzt, und deswegen ist *Erleuchtung* – unendlich. Alles fängt genau hier an. Genau hier.

Ich nehme einen tiefen Atemzug und lasse ihn im nächsten Augenblick gehen.

Ich komme näher ...

Mögen alle Wesen glücklich sein, mögen alle Wesen Frieden im Herzen haben.

CHAMELI GAD ARDAGH
Nevada City, Kalifornien
Januar 2006

Anmerkungen und Quellenangaben

Einleitung

1 *Der Weg durchs Feuer. Tagebuch einer spirituellen Schulung durch einen Sufi-Meister*, Irina Tweedie, Heyne, März 2005.

Kapitel 1

1 *Rilke und Benvenuta. Ein Buch des Dankes*, Rainer Maria Rilke und Magda von Hattingberg, 2. Aufl., Wien, Andermann, (1943) 1947.

2 Die Übungen von *Living Essence* werden in den Buch *Releasing into Clear Seeing* von Arjuna Ardagh beschrieben. Nähere Informationen sind unter http://www.livingessence.com zu finden.

3 Ausführlichere Erläuterungen zu *The Work* sind auf Byron Katies Webseite http://www.thework.com zu finden.

4 *Das andere Geschlecht. Sitte und Sexus der Frau*, Simone de Beauvoir, Reinbek, Rowohlt Taschenbuch Verlag, 5. Auflage, Neuausgabe August 2000.

Kapitel 2

1 *What the Bleep Do We (K)now?! – Ich weiß, dass ich nichts weiß.* Deutsche Synchronisation, ca. 108 Min., DVD, HORIZON Film Distribution GmbH, 2006.

2 *Dust Tracks on a Road,* Zora Neale Hurston, Philadelphia, J.B. Lippincott Company, 1942.

3 Ausspruch des Indianerhäuptlings Crowfoot (1830-1890) auf seinem Totenbett.

Kapitel 3

1 Chameli Gad Ardagh.

2 *Solomons Lied* (Roman), Toni Morrison, Reinbek, Rowohlt Taschenbuch Verlag, 1993.

Kapitel 4

1 *Die Farbe Lila*, Alice Walker und Helga Pfetsch, Lübbe Verlag, 4. Auflage, Juni 2003.

2 Auszug des Gedichts *No plantar kvinna*, entnommen aus *Dict i sam-ling*, Halldis Moren Vesaas, Aschehoug, 1998. Aus dem Norwegi-schen ins Englische übersetzt von der Autorin mit der Abdrucker-laubnis des Aschehoug Publishing House, Norwegen.

Kapitel 5

1 Black Elk, Medizinmann und Ältester der Oglala-Lakota-Indianer (1863-1950).

2 Zitat von Patricia Smith Melton, Geschäftsführerin der Friedensor-ganisation PeaceexPeace; Webseite: http://wwwpeaceexpeace.org Email: globalnetwork@peacexpeace.org (Zitiererlaubnis vorlie-gend).

3 Zitat von Patricia Smith Melton, Geschäftsführerin der Friedensor-ganisation PeaceexPeace; Webseite: http://wwwpeaceexpeace.org Email: globalnetwork@peacexpeace.org (Zitiererlaubnis vorlie-gend).

4 Zitat von Patricia Smith Melton, Geschäftsführerin der Friedensor-ganisation PeaceexPeace; Webseite: http://wwwpeaceexpeace.org Email: globalnetwork@peacexpeace.org (Zitiererlaubnis vorlie-gend).

5 Chameli Gad Ardagh.

Kapitel 6

1 Chameli Gad Ardagh.

2 *Das Geheimnis des fünften Evangeliums. Warum die Bibel nur die halbe Wahrheit sagt*, Elaine Pagels, Beck, 3. Auflage, 2004.

3 *Briefe an einen jungen Dichter,* Rainer Maria Rilke (1875-1926), Frankfurt, Insel Verlag, 48. Auflage, 2000.

4 Zitat von Peggy Phelan aus ihrem Vorwort *Certain Fragments*: Con-temporary Performance and Forced Entertainment, Tim Etchells von Routledge, Taylor & Francis Books Ltd (Taschenbuch), 1999.

Kapitel 7

1 *I know Why the Caged Bird Sings*, Maya Angelou, Reissue edition, Bantam, 1. Mai 1983.

2 *In Search of our Mother's Gardens*, Alice Walker, Harcourt, 10. Okto-ber 1983.

Kapitel 8

1 Chameli Gad Ardagh.

2 Chameli Gad Ardagh.

Kapitel 9

1 Zitat von Patricia Smith Melton, Geschäftsführerin der Friedensorganisation PeaceexPeace; Webseite: http://wwwpeaceexpeace.org Email: globalnetwork@peacexpeace.org (Zitiererlaubnis vorliegend).

2 Zitat von Patricia Smith Melton, Geschäftsführerin der Friedensorganisation PeaceexPeace; Webseite: http://wwwpeaceexpeace.org Email: globalnetwork@peacexpeace.org (Zitiererlaubnis vorliegend).

3 Zitat von Patricia Smith Melton, Geschäftsführerin der Friedensorganisation PeaceexPeace; Webseite: http://wwwpeaceexpeace.org Email: globalnetwork@peacexpeace.org (Zitiererlaubnis vorliegend).

Danksagungen

Meine nicht endende Dankbarkeit richtet sich an ShantiMayi. Unendlich dankbar bin ich auch Pia Maria dafür, dass sie meine beste Freundin ist und immer da ist, wie dem auch immer sei, und auch ihren Familienangehörigen Christer und Elvira, die mir provokative Fragen stellten und mir den Raum zum Schreiben boten.

Diese Buch hätte nicht geschrieben werden können ohne die mutigen Herzen aller Frauen in meinem ausgedehnten Frauennetzwerk, sowohl in Gruppen als auch in Einzelsitzungen. Danke an euch alle! Ein besonderer Dank geht an die Schwestern Sariah, Diana, Carol, Zoë und Barbara aus meiner Frauengruppe für all ihre unterschiedlichen Beiträge. Danke dir, liebe Helena, für dein saftstrotzendes Licht und dein offenes Herz und dafür, dass du zusammen mit mir die Tempelgruppe aufgebaut hast. Dank sage ich auch allen meinen Praxis-Schwestern in der Tempelgruppe von Nevada City. Danke, Connie, für dein warmes großzügiges Herz und dafür, dass du so eine gute Freundin und Praxis-Partnerin bist. Ich danke auch Claire Kimmel, Martha Reich, Charlotte Thornton und Madeleine Rahm, dass sie mir erlaubten, ihre Geschichten zu verwenden.

Ich möchte meinen Herausgeberinnen Elisabeth Rose Raphael und Mimi R. Kusch für ihre „Hebammenleistung" an diesem Buch danken sowie meiner schwedischen Verlegerin Monica Katharina Frisk, die von Anfang daran geglaubt hat.

Und zuletzt, jedoch nicht weniger tief, möchte ich meiner Familie danken: meiner Mutter, die immer für mich da ist, meiner Großmutter, die so ein temperamentvolles Zigeunerherz hat, und meinem Vater, der so ein wichtiger Lehrer für mich ist. Ich danke meinen geliebten Stiefsöhnen Shuba und Abhi, dass sie mir eine sprudelnde Inspirationsquelle sind, und ich danke dir, Arjuna, meinem Lebenspartner, für deine unablässige Unterstützung, für deine Weisheit, dafür, dass du so ein Krieger der Wahrheit bist, aber vor allem für deine große Liebe, die mein Leben verändert hat.